西學東漸研究

第九辑

明清时期逻辑学与自然科学的东渐

中山大学西学东渐文献馆 主编

创于1897 商務印書館 The Commercial Press

2020年 · 北京

图书在版编目(CIP)数据

西学东渐研究.第9辑,明清时期逻辑学与自然科学的东渐/中山大学西学东渐文献馆主编.—北京:商务印书馆,2020
ISBN 978-7-100-18424-3

Ⅰ.①西… Ⅱ.①中… Ⅲ.①西方哲学—文集 ②西方哲学—影响—现代化—中国—文集 ③逻辑学—文集 ④自然科学—文集 Ⅳ.①B5-53 ②D61-53

中国版本图书馆CIP数据核字(2020)第072969号

西学东渐研究
第九辑
明清时期逻辑学与自然科学的东渐
中山大学西学东渐文献馆 主编

商 务 印 书 馆 出 版
(北京王府井大街36号 邮政编码100710)
商 务 印 书 馆 发 行
苏州市越洋印刷有限公司印刷
ISBN 978-7-100-18424-3

2020年9月第1版 开本640×960 1/16
2020年9月第1次印刷 印张19.5
定价:66.00元

西学东渐研究

编 者 的 话

2017 年 9 月 23—24 日，中山大学西学东渐文献馆、广州与中外文化交流研究中心举办了主题为“明清西方逻辑学等理论科学的东渐”的国际学术会议。会议期间国内外学者共发表论文 21 篇。

本辑《西学东渐研究》以这次会议的会议论文为基础，所收集的论文主要关注明清时期的逻辑学、数学和天文学等的东渐，从宏观与微观两个层面展开考察。在东渐的诸学科中，逻辑学为中国传统未曾有过的，其东渐的历史情况特别值得关注。国内学界以往对自然科学和数学的东渐有较多讨论，对逻辑学东渐的讨论较少。与逻辑学相比较，数学与天文学是中国传统中已有的学科，相关西学的东渐更为顺利，而且在历史上的影响更大，非常值得关注。本辑收录了以上领域专家学者的新近研究成果，以便让读者能够集中了解逻辑学与自然科学的东渐情况。除此之外，还收集了国内外西学东渐研究专家的几篇重要论文：林月惠教授的《黎贵惇与丁若镛对西学的吸纳》从越南和朝鲜儒家学者的角度来审视西学东渐；钟鸣旦的《应对模糊性：〈礼记〉之“拟如”礼仪在 17 世纪的文化间诠释》对比了中西的礼仪；郑诚的《〈中国概说〉插图考：欧洲出版物中最早的中国文房墨图像》基于珍贵的图书馆藏本，讨论了《中国概说》中的插图。这些文章对于了解中外文化交流有很大的助益。最后，收录了第一艘来华的法国商船“安菲特利特”号的旅行报告，由郭丽娜教授根据法国国家档案馆的王室档案译出，是一份重要的历史文献。

中山大学的张逸婧、蒋佳博士，梅谦立教授的硕士生陈莉和博士生王琦同学翻译了本刊收录的几篇外文论文。陈莉同学还整理、修订了整部书稿。他们的付出与努力使本辑《西学东渐研究》得以顺利刊出，在此特表谢意！

此外，本辑《西学东渐研究》的出版，得到了广州市人文社会科学重点研究基地以及中山大学重点发展项目的资助，特此致谢！

中山大学西学东渐文献馆

2019年12月20日

目　　录

“安菲特利特”号旅行报告

17世纪《穷理学》对亚里士多德知识论的翻译与传播*

山东科技大学马克思主义学院　杨爱东
中国科学院大学人文学院　尚智丛

从16世纪末开始，耶稣会传教士遵循“适应性”传教路线向中国输入了大量的西学知识。至17世纪，南怀仁将自利玛窦以来耶稣会士翻译与翻译未刻的，以及他自己接续翻译的逻辑学与自然哲学和技术方面的译著编纂汇集成六十卷的《穷理学》，这虽是基于钦天监官生学习历法的现实需要，但更是南怀仁有意向国人展示西方知识论及其知识体系的潜在需要所致。①《穷理学》逻辑学与方法论部分介绍了有关亚里士多德知识论的内容，整部集述的编纂结构则展示了以逻辑学贯穿诸学科的知识统一性特征，是早期翻译和传播西方知识论的重要著作。②但此书于1683年进呈康熙皇帝后，被驳回，散佚于民间而未能引起世人关注。自20世纪20年代以来，陈

---

* 本文系中国博士后科学基金项目“《穷理学》残抄本的整理与研究”(立项号:119103S273)的阶段性成果，同时受山东科技大学人才引进基金项目(立项号:2015RCJJ051)资助。本文的一个缩减版本发表在《科学技术哲学研究》2018年第3期。

① N.Golvers, “Verbiest's introduction of Aristoteles Latinus(Coimbra) in China: New Western evidence”, in *The Christian Mission in China in the Verbiest Era: Some Aspects of the Missionary Approach*, Leuven: Leuven University Press, 1999, pp. 33－51.

② 在此之前，《灵言蠡勺》曾简要介绍认识事物之所以然的三个步骤:“直通”“推通”与“断通”。《名理探》也涉及一部分知识论内容，但《名理探》仅刊刻了“理辩之五公称”五卷和“十伦卷”五卷，即《范畴篇》《解释篇》和波菲略对此二篇的注释，尚未涉及知识性质、知识的获得等知识论的核心问题。因此，《穷理学》是早期较完整介绍亚里士多德知识论的重要著作。

垣、马相伯、英敛之、徐宗泽、方豪等学者都关注过此书，其后考狄、杜鼎克、钟鸣旦对其文献来源与存本内容做了考订与研究，高华士对其编纂背景进行了梳理，张西平、张晓对其主要内容做过简要介绍，尚智丛对其主体内容与基本结构做过推断与分析，但该书涉及的亚里士多德知识论的内容及其在中国的遭遇尚未有学者探讨。亚里士多德知识论的传入是中国知识史、思想史、文化交流史乃至科学史上的重要事件，而其在彼时遭受的冷遇及其深层的文化原因与时代原因亦应作为近代知识史、思想史、文化交流史与科学史上的重要问题。因此，笔者不揣浅陋，对该问题做一尝试性分析。

一、《穷理学》译介的亚里士多德知识论之内容

《穷理学》译介的知识论的相关内容主要包含在逻辑学部分，该部分的底本是17世纪欧洲非常流行的逻辑学教材《亚里士多德辩证法大全疏解》，其内容是中世纪哲学家对亚里士多德《工具论》进行的注疏与辨析。[①]其中"理辩之五公称"和"理推之总论"包含了亚里士多德关于什么是知识、知识的性质、如何获得知识等基本理论与知识的等级和分类方面的思想与观点，数学、自然哲学及技术部分则是依照这一知识论划分的知识体系的展示。

（一）关于知识的基本理论

首先，关于什么是知识。《穷理学》观点与亚里士多德《工具论·

① 方豪先生核对过《穷理学》逻辑学部分与底本 *Commentarii in universam dialecticam nunc primum* 的对应关系，笔者亦再次对比《穷理学》逻辑学部分与底本及《工具论》章节内容，三者基本一致。因此，尽管《亚里士多德辩证法大全疏解》包含了大量中世纪哲学家的注释和辨析，但其主要内容和基本观点是为亚里士多德辩护的，只有个别地方对其做过修正或补充。

后分析篇》是一致的。在《后分析篇》中，亚里士多德提出："所谓科学知识，是指只要把握了它，就能据此知道该事物的东西。"①具体来说，"知道某事物"就是知道该事物的固有属性或本质属性，"一切知识都是关于某种存在或种的……或者把是什么当作一个假设，这样或者较为必然地或者较为松散地证明他们所研究中固有的属性"②。《穷理学》虽未出现关于知识的严格定义，但其关于知识的描述与《工具论·后分析篇》一致："明悟（即人的理智或理性）之于明物性也，必须从一知识以得他一知识者，缘因明悟本性之光有限，又所得物象不尽足用故也。如欲人之明悟洞晓夫天神所直达之物，必须有多知识周达而后，可得知其物也。"③这里虽然强调的是对于某一事物的知识必须从已有知识通过推论获得，但也说明了知识就是理智对于"物性"的把握，有了关于事物的知识就可据此知道该事物。

其次，关于知识的性质。亚里士多德《后分析篇》主要讲论如何通过证明获得知识，其所用语词"episteme"是指经过证明的"知识"。④对于此种知识，其最根本的性质就是必然性，"通过证明科学而获得的知识具有必然性"⑤。也就是说，知识是经由必然性的前提按照证明推理"必然得出"的结论，因此只要证明由之进展的前提是必然性的，证明推理的规则是正确的，所得结论就是必然的。⑥所谓"必然"就是"不允许别的样子"⑦，必须如此，不能不如此。吕穆迪神

---

① 亚里士多德著，苗力田等译：《亚里士多德全集》第一卷，中国人民大学出版社，1993 年，第 247 页。

② 亚里士多德著，苗力田等译：《亚里士多德全集》第七卷，第 145 页。

③ 南怀仁：《穷理学》，北京大学图书馆存"进呈本"光盘版，第 35a 页。

④ David Bronstein, *Demonstration and Learning, The Posterior Analytics*, Oxford: Oxford University Press, 2016, p.17。布隆斯坦因对《后分析篇》的"知识"做了梳理与分析，指出该篇所论"episteme"是一种经过证明的严格意义上的知识，而非一般意义上的"知识"（gnosis）。

⑤ 亚里士多德著，苗力田等译：《亚里士多德全集》第一卷，第 253 页。

⑥ 王路：《逻辑的观念》，商务印书馆，2001 年，第 21—47 页。王路教授对三段论"必然得出"的性质有过充分论证。

⑦ 亚里士多德著，苗力田等译：《亚里士多德全集》第七卷，第 116 页。

父则将经过证明的知识解释为“明确知识”，“明确知识是明证法（即证明推理）的结论，证自必然真确的原理和前提：真知如何之事，则不得不如何”①。而彼时李之藻与傅汎际将亚里士多德所论“episteme”译为“确知”，说明二人理解得非常透彻，能够深刻把握“episteme”的“必然性”特征，即经过证明、确定如此、不能不如此的必然性结论。不仅如此，李、傅还将《后分析篇》译为如何获得确知的学问：“亚利《究后者》二卷（即亚里士多德《后分析篇》——引者注），皆论如何能就指显之理推（即证明推理），以得确知之学；确知即就真且初且无隔之元始，而推其义理也。”②“指显之学非论指显理推也者之学，乃明悟就指显之理推所得之确知也。”③而“理辩总论”对知识的解释亦使用该词：“识（知识），乃明悟由推论以得确然知识之习熟。”④因此，《穷理学》对“episteme”之必然性的理解和翻译真实传达了亚里士多德的原意。

再次，关于如何获得知识。如何通过证明获得知识是《后分析篇》的核心问题，但此篇所论毕竟只是知识的一种特殊类型，即“episteme”，所以亚里士多德并没有排除获得知识的其他途径与方法。首先，某些知识依靠感觉，因为缺少感觉我们就不能使用归纳，而不使用归纳就无法获得普遍命题，也就是“必须通过归纳获得最初前提的知识”⑤。其次，亚里士多德也说明了每个种的特有本原是不能被证明的，本原是被“断定的”。⑥但实际上，对于感官知觉如何获得“prior knowledge”，亚里士多德在《后分析篇》中并未解释。⑦众

① 吕穆迪：《分析学后编：明证法之分析》，北京时代华文书局，2014 年，第 26 页。

②③ 南怀仁：《穷理学》，第 6b 页。

④ 傅汎际译义，李之藻达辞：《名理探》，生活·读书·新知三联书店，1959 年，第 31 页。

⑤ 亚里士多德著，苗力田等译：《亚里士多德全集》第七卷，第 348 页。

⑥ 亚里士多德著，苗力田等译：《亚里士多德全集》第七卷，第 265—266 页。

⑦ 亚里士多德在《灵魂论》中通过将理智机能赋予灵魂的方式，说明了我们是如何通过感官知觉得到普遍概念的，但其过程还是比较神秘的。

所周知，亚里士多德本人是重演绎、轻归纳的，他的《工具论》只讲演绎法，《后分析篇》则仅是讲如何应用演绎推理获得知识，因此《穷理学》对此亦是忠实于底本内容，“理推总论”反复强调由证明推理可得出确定性的知识，而获得知识就是证明推理的根本作用：“今能生确知于明悟者，本为指显理推之独情，则所由能证此情之知用，即谓指显之学。”①“夫指显之理推，其受成以后，必有显且确之知留于明悟。”②“生知识于明悟，乃为理推也者之本效。”③这与《后分析篇》强调演绎推理是获得知识的必要途径完全一致：“我们知道，我们无论如何都是通过证明获得知识的。我所谓的证明是指产生知识的三段论。”④这就是接受过系统的亚里士多德哲学教育的南怀仁一再向康熙表明“理推之法”之重要性的原因，他认为钦天监官生和士人学习天文、历法所缺乏的正是这种方法。⑤

(二) 关于知识等级和分类的观念与方法

关于知识的等级，《穷理学》“诸艺之序”虽是《亚里士多德辩证法大全疏解》编者所加，但其目的在于诠释亚里士多德的思想。一是诸学之中哲学最贵。“若论各学差等，莫贵于超形性学，而因形性之学次之，审形学又次之，而克己，而齐家，而治世诸学又次焉。原夫属明诸艺，贵于属用之艺；原凡为己之艺，贵于为他事之艺。夫明艺为己，而用艺非为自己，乃为引制其作用而有者。故明学，必贵于用学也。”⑥首先，此处对哲学的定位与亚里士多德十分相似。“(哲学)是诸科学中占主导地位的，和从属的科学相比，它起更大的指导

---

① 南怀仁：《穷理学》，第6b页。

② 南怀仁：《穷理学》，第50a页。

③ 南怀仁：《穷理学》，第42a页。

④ 亚里士多德著，苗力田等译：《亚里士多德全集》第一卷，第247页。

⑤ 虽然南怀仁也希望通过演绎法的学习将中国士人导向上帝和基督教的终极真理，但此时他还不敢表露这一目的和企图。

⑥ 南怀仁：《穷理学》，第12a页。

作用。……总而言之，在整个自然中它是最高贵的。”①其次，此处将哲学、几何学与修齐治平之学等级次序划分为两个层次的原因也与《形而上学》《论题篇》一致：所谓“明学贵于用学”，即亚里士多德所论“思辨科学比其他科学更受重视”。思辨科学指哲学、数学、物理学等理论科学，其他科学指语言、文艺等创制科学与政治、伦理等实践科学。所谓“为己之学贵于为他之学”，即亚里士多德所论“在各门科学中，那为着自身，为知识而求取的科学比那为后果而求取的科学，更加智慧”。②前者是表层原因，后者是深层原因，亚里士多德之所以将哲学置于知识等级的顶端主要原因是哲学是为自身而存在的最自由的学问：“在各种科学中唯有哲学才是自由的，只有它才仅是为了自身而存在。”③

二是“名理学”与“审形学”“修身治世之学”地位的比较。“如比审形学，则名理尤贵。缘明悟之用，贵于几何之属故。如比克已齐治之功，则名理更贵。其故有二：从各所向之界而论，盖修身治世所向，在制诸德之作用，属于爱欲；而名理推之所向，在制诸学之作用，属于明悟。而明悟之神，且纯且神，过于爱欲，则（名理）岂不贵于以上三学乎？二、从所循之规而论名理推之本务，在辨明悟所推或有之谬。故其辩论，皆明显而确定者。若修身治世之学，其务惟在习俗，风化，一切当然之事，而不暇推究于其所以然者。夫推究义理而明显其所以然，固贵于徒循事迹，而不究其义理之原者；则名理推，必贵于修身治世之学矣。”④对“名理学”与其他科学的比较未见于亚里士多德原著，但此处的比较依据确属亚里士多德的思想无疑。一方面，理论科学为亚里士多德所重前已有述，“名理学”的功能在于为各门科学获取知识所用，属于理智层面的学问，较之究修身治世的实践知识更纯粹，更接近哲学，因而也自然贵于前者。⑤另一方面，

---

①②③ 亚里士多德著，苗力田等译：《亚里士多德全集》第七卷，第 31 页。

④ 南怀仁：《穷理学》，第 13a 页。

⑤ 亚里士多德著，苗力田等译：《亚里士多德全集》第七卷，第 29 页。

探究事物原因的科学具有更高的价值亦是亚氏重要观点："研究最初原因和本原才可称之为智慧"，"在全部科学中，那更善于传授各种原因的，有更大的智慧"。[①]因此，"名理学"研究思维规律，辨明是非、推论确知，属于推究义理的学问，推究义理、探究事物的原因比仅了解事实的学问为贵。实际上，亚里士多德认为只有研究原因的学问才叫科学，"智慧是关于某些本原和原因的科学"[②]，"所谓科学显然应该是对开始原因的知识的取得"[③]。

《穷理学》知识分类的思想亦从属于亚里士多德的知识等级观念。在《论题篇》中，亚里士多德以知识的目的为依据把全部知识划分为理论知识（或思辨知识）、实践知识与创制知识。在《形而上学》第六卷中，他又以知识的对象、性质为依据，对三类知识做了进一步划分。《穷理学》"诸艺之析"则是中世纪哲学家在此基础上进行的更加细致的划分。首先，根据知识的对象，所有知识可分为关于语言的和关于事物的两大类。其中，语言类包括"谈艺""文艺""辩艺"，即修辞、文学、逻辑，文艺中又包括诗学、历史，其余皆属关于事物的知识。其次，根据知识的性质与功能可将全部知识分为"明艺"与"用艺"，也就是"务穷物理，不必致用"的"知学"与"穷物理以致诸用"的"用学"，其中"知学"相当于亚里士多德的理论知识，"用学"相当于亚里士多德的实践知识与创制知识。对于"用艺"，按照其作用对象又可分为作用于人之思维的"韫艺"和其作用留存于物的"业艺"。其中，"韫艺"又分两种，一是主于思维之作用的"辩学"，包括辩证法与逻辑学，一是治理人之情感意志、社会行动的"修学"，即亚里士多德所谓"为行动而被追求的""实践知识"，包括关于个人行为的伦理学，关于家庭行为的治家之学，关于国家社会的治世之学。"业艺"即亚里士多德所谓"为创作和制造而被追求的""创制知识"，包括语言类和施之"杂用"两类，前者包括语法和修辞学，后者涵盖

① 亚里士多德著，苗力田等译：《亚里士多德全集》第七卷，第30页。

② 亚里士多德著，苗力田等译：《亚里士多德全集》第七卷，第29页。

③ 亚里士多德著，苗力田等译：《亚里士多德全集》第七卷，第32页。

甚广，有画、乐舞、兵器等。“明艺”，即亚里士多德所谓思辨知识或理论知识，按其研究对象又分为“形性学”“审形学”和“超形性学”。其中，“形性学”即讨论有形质事物的性质与规律的物理学，包括医学；“审形学”是研究数量与算法的数学，包括纯粹研究数量性质的几何学与算术学，研究数学应用的视学、乐学、星学；“超形性学”是人通过思辨研究超越于有形质事物的哲学。这里有一点要说明的是，虽然在亚里士多德那里，逻辑学作为普遍适用于各门科学的工具未被置于知识体系，但《穷理学》申明其兼有“明”“用”二义，因此，将其与辩证法一起置于“用艺”类并没有违背亚里士多德的知识分类思想。

二、《穷理学》展示的亚里士多德知识论之特征

通过《穷理学》的有关探讨可以发现亚里士多德知识论的两个特征：一是强调演绎推理在知识形成中的重要作用，突出逻辑学与方法论对于各门科学的重要性；二是各学科知识的统一性，即南怀仁所论“穷理诸学”的统一性。该书的编纂结构则进一步展示了这两个特征。

（一）强调演绎推理在知识形成中的重要作用

演绎推理对于知识获得的重要性，亚里士多德在《后分析篇》中有详尽论述，他甚至把“证明推理”视为获得“科学知识”的必要条件，“我们无论如何都是通过证明获得知识的”①，“要相信和认识某个事物的前提条件是必须具有我们称作证明的那种三段论”②。因

① 亚里士多德著，苗力田等译：《亚里士多德全集》第一卷，第 247 页。

② 亚里士多德著，苗力田等译：《亚里士多德全集》第一卷，第 250 页。

此，尽管亚里士多德并没有在他的科学体系里给逻辑学一个位置，但逻辑学尤其是演绎推理在整个知识体系方法论里的地位毋庸置疑。《穷理学》亦承袭了亚里士多德的这一方法论思想，“今能生确知于明悟者，本为指显理推（即证明推理）之独情”①，“生知识于明悟，乃为理推也者之本效”②。而受过严格学院教育的南怀仁也对演绎推理推崇备至，因为在当时的大学教育中，逻辑学的地位非常高，“各种观点是否符合逻辑的导出，是判断其是否符合科学方法的标准，而一门科学是否成为一门令人尊崇的‘科学’，就在于整个理论系统是否为严格的演绎推理的产物”③，这样的观点是 12 世纪以后学者的普遍认识。也因此，南怀仁在《进呈〈穷理学〉书奏》中一再强调“理推之法”即演绎推理的重要性，而他对《穷理学》内容次序的安排与编纂结构亦突出了演绎推理与方法论在“穷理诸学”中的重要地位。

在《进呈〈穷理学〉书奏》中，南怀仁一再申述演绎推理的重要性。首先，他明确指出推理方法对于学习天文历算的重要性：“夫见在历指等书所论天文历法之理，设不知其推法，则如金宝藏于地脉，而不知开矿之门路矣。”④钦天监监生不懂历理就是因为不知推理方法：“今习历者，惟知其数，而不知其理；其所以不知其理者，缘不知理推之法故耳。”⑤进而他又举例说明推理方法对于历法制作的重要性：“所以前代历法坏乱失传，朦胧不明者，皆不知理推之法故也。”⑥最后他还总结道，各类知识没有推理方法都不能成为精确的科学：“如兵工医律等学，若无理推之法，则必浮泛而不能为精确之艺。”⑦因此，古今大学问家都一致肯定理推之学对于诸学知识形成的重要

① 南怀仁：《穷理学》，第 50b 页。

② 南怀仁：《穷理学》，第 42a 页。

③ 张凯：《欧洲中世纪大学逻辑学的发展与学术思维转变》，《史林》2012 年第 2 期。

④ 韩琦、吴旻校注：《熙朝崇正集 熙朝定案（外三种）》，中华书局，2003 年，第 153 页。

⑤⑥ 韩琦、吴旻校注：《熙朝崇正集 熙朝定案（外三种）》，第 153 页。

⑦ 韩琦、吴旻校注：《熙朝崇正集 熙朝定案（外三种）》，第 154 页。

作用:“古今各学之名公,凡论诸学之粹精纯贵,皆谓穷理学为百学之根,谓订非之磨勘,试真之矿石,万艺之司衡,灵界之日光,明悟之眼目,义理之启鑰,为诸学之首需者也。”①由南氏的论证可知演绎推理或曰逻辑学与方法论对于西学知识传统的重要性。

从南氏对各部分的次序安排来看,逻辑学部分被置于全书首位,之后是数学、自然哲学和技术,这一方面是突出逻辑学在诸学中的基础地位,另一方面则是表明其他各门科学乃应用演绎逻辑方法所得。据推断,逻辑学部分总共应有二十五卷。②现存“理推之总论”五卷与“理辩之五公称”五卷,分别是《前分析篇》及其注释和波菲略为《范畴篇》写的“导论”及其注释。据底本内容与南怀仁的自述,可知还有“理推之总论”至少五卷(即《后分析篇》及其注释)、“理辩之十伦”五卷(即《范畴篇》及其注释),剩余应还有无法知晓其命名的《论题篇》与《辩谬篇》及其注释五卷。由此可知,《穷理学》的前半部分实际上翻译了《工具论》全部以及当时逻辑学家们对它的注释和辨析,亚里士多德逻辑学中的范畴理论、命题理论、词项理论、三段论推理、证明推理以及如何避免自相矛盾的方法都有述及,亚里士多德关于知识性质、知识的获得、知识的等级与分类等内容主要包含在这几部分中。总的来说,逻辑学部分内容完整,译文简洁流畅,而且底本本身就是16—17世纪最流行的逻辑学教材,应该具有较强的可读性。“形性之理推”各卷,即数学、天文学、物理学、生理学、医学部分被置于逻辑学之后,原书应有三十五卷,但现存仅有物理学部分四卷。这样的编排次序将逻辑学与其他各门科学的关系很直观地呈现给读者,以实际的内容告诉士人演绎推理实为获得各门知识的首要之需和必要途径:“理辩学虽不易究,因其开辟他学之路,故穷理者,必借以为先资。”③

---

① 韩琦、吴旻校注:《熙朝崇正集 熙朝定案(外三种)》,第153页。

② 尚智丛:《南怀仁〈穷理学〉的主体内容与基本结构》,《清史研究》2003年第3期。

③ 傅汎际译义,李之藻达辞:《名理探》,第31页。

从逻辑学所占全书比重来看，亦可知推理方法的重要性。《穷理学》原书共六十卷，逻辑学部分有二十五卷，占总数的 42%，逻辑学所占比例之大超过了它在一部西学集成之作中应有的分量。实际上，当时传入的西方科学的书籍远比南怀仁收入的多，其中数学、天文、历算类最多，自然哲学所占比例也远不止于此。①但是南怀仁汇编《穷理学》的目的主要是凸显演绎推理作为“百学之根”与“通贯众学之具”的性质与功能，而中国士人对此了解甚少，因此有意加大了逻辑学部分的比例。可见，南怀仁深知向一个文化范型非常成熟的社会输入一种新异思想与方法的困难，所以才在内容编纂上做了如此细致的考虑与权衡。

(二) 亚里士多德知识总体的统一性

《穷理学》关于西学知识分类与等级的介绍好像构建了一座有内在结构的知识大厦，其中，各门知识相互联系各得其所地被置于大厦的恰当位置，呈现出知识统一性的特征。

从其对知识的分类来看，无论依研究目的还是依研究对象划分的各类知识，都是人类知识总体的一部分，彼此之间具有某种逻辑关系。如“超形性学”(哲学)与“形性学”“审形学”等学科的关系，即亚里士多德所论哲学与具体科学的关系：“存在着一种研究作为存在的存在，以及自身而言依存于它们的东西的科学(即哲学)。它不同于任何一种各部类的科学，因为没有任何别的科学普遍的研究作为存在的存在，而是从存在中切取某一部分，研究这一部分的偶性，例如数学科学。”②也就是说，哲学与各门具体科学具有统一性，它们分别从不同层面研究存在，哲学是整个知识系统的母体，其他学科是其分支，“有多少种实体，哲学就有多少种分支，因而其中必然存在着一种第一哲学以及后继的分支。因为存在一旦有了种类，知识

① 钱存训、戴文伯：《近世译书对中国现代化的影响》，《文献》1986 年第 2 期(较早载于《明报月刊》1974 年 8 月号)。

② 亚里士多德著，苗力田等译：《亚里士多德全集》第七卷，第 84 页。

或科学就要相应地分门别类”[①]。除此之外,“明学”与“用学”关系,即亚里士多德思辨或理论科学与实践科学和创制科学的关系。一方面,“明学”与“用学”的联系很密切,很多领域内部往往二者兼有,如医学,既有病理之学,又有药用之学;有些领域内部则须二者兼备,如形性学的“运重之学”,既需要属于“明学”的重学原理,又需要属于“用学”的技术方法。另一方面,“用学”内部与“明学”内部各科亦相互关联,如同属“用学”的“辩学”(逻辑学)与“修学”(修身之学)分别作用于人的理智思维和道德情感,共同制约与影响着人的思想、情感与行为。

从《穷理学》对知识的秩序划分来看,无论“肇序”(产生顺序)、“学序”(学习顺序),还是“贵序”(等级顺序)都使人看到各门知识的内在联系。就产生顺序来说,首先产生的是满足人类生命存在之需的知识,然后才能发展其他:“盖古人习艺,先务生命所须,后乃旁及其他。”[②]学习顺序则须由易至难,由“因性之学”达“超性之学”,“缘凡因性之识,皆以引人灵性,渐升超义故”。[③]这是符合人的认识从具体到抽象的逻辑进程的。等级次序前已有述,哲学与具体科学在研究内容的层次方面是上下统属的关系:“那种懂得个别事情应该为什么而做的科学,是诸科学中占主导地位的,和从属的科学相比,它起更大的指导作用。”[④]

虽然亚里士多德并未直接阐述关于知识统一性的问题,但他各门著作的逻辑关系却体现了知识或科学之间的统一性。比如他的自然哲学,首先讨论关于自然的一般概念和关于运动、空间、时间等原理性的问题,即《物理学》或《论原理》;紧跟其后的是讨论具体物理问题的《论天》《论生灭》《天象学》《论宇宙》,即关于物体的性质、物理运动过程,自然界实际发生的一般物理过程;然后转到有机界,讨论动物以及人的生理与心理。其知识体系之间的逻辑关系是非

---

① 亚里士多德著,苗力田等译:《亚里士多德全集》第七卷,第 86 页。
② 南怀仁:《穷理学》,第 10b 页。
③ 南怀仁:《穷理学》,第 11b 页。
④ 亚里士多德著,苗力田等译:《亚里士多德全集》第七卷,第 30 页。

常明确的。因此，亚里士多德研究专家安南教授即曾指出，在亚里士多德那里，“不仅每一门科学是这样，而且人类的整个知识，各门科学之间也具有逻辑上的必然联系。‘一门科学可在逻辑上先于另一门科学。’”①

除了从知识分类与秩序划分上体现各门知识逻辑上的必然联系，《穷理学》各卷册的命名方式亦显现出由演绎逻辑贯穿的“穷理诸学”的统一性。前已有述，《穷理学》包括逻辑学与方法论部分二十五卷，数学与自然哲学部分三十五卷。南怀仁将逻辑学的推理规则与方法论部分置于前，命名为“理推之总论”，将“形性诸学”之数学、物理、地理、水文、气象各部分置于后，均命名为“形性之理推”。“形性之理推”各卷内又按研究内容之不同分别命名为“……之理推”，如“形性之理推七卷”又分为“轻重理推”与“力艺理推”两部分。这样的命名方式表明数学、物理学等各门知识均是通过证明推理所获得的，具体科学可以看作“理推之各论”，人类知识整体乃由演绎推理贯穿起来的统一体，南怀仁所要表达的“理辩学”乃人类理智“贯通诸学之具”的思想亦再次凸显。

综上可知，南怀仁编纂的《穷理学》在内容和卷册结构上都忠实地传达了亚里士多德知识论的基本思想，且展示了由此而建立的西学知识的统一体系，突出了逻辑学与方法论对于各门知识形成的重要性，是中西文化的又一次深度接触。

三、《穷理学》译介的亚里士多德知识论在华遭遇及其原因分析

《穷理学》所阐述的亚里士多德知识论与儒学传统知识观念有

---

① D.J. Allan, *The Philosophy of Aristotle*, Oxford: Oxford University Press, 1952, p.144。转引自陈锐：《亚里士多德的知识理论》，《杭州师范大学学报》1992年第4期。

着明显区别，与此同时，清初士人亦未有对隐藏其后的中西思维方式差别的深刻认识与了解西方西思维方法的迫切需求。这使得亚里士多德知识论在此后融入中国文化的过程极其曲折与漫长。

（一）亚里士多德知识论在华的遭遇

首先，康熙与明珠等人未能认识到亚里士多德知识论的价值，《穷理学》进呈遭拒。当南怀仁将费时二十四载编撰的“格物穷理之书”递交康熙帝审阅时，康熙本人却认为“此书内文辞甚悖谬不通”①。而翰林院与礼部官员审核后也认为该书记载的知识有问题，《康熙起居注》所录当时大学士明珠有奏：“其所云人之知识记忆皆系于头脑等语，于理实为舛谬。”②于是，该书被发还南怀仁，而没有按南氏当时所预想的可以由官方“镂版施行”。南怀仁自己的解释是明珠等人怀疑有教理隐藏其中，其目的在于借此传教：“我们的哲学不能发表，因为拉比们（翰林院官员）说服皇帝相信其中包含基督教的基本原理。”③其次，民间士人亦未能理解亚里士多德知识论的意义，因而没能给予应有的关注。由于未能得到官方资助，《穷理学》的刊行计划搁浅，其书流传民间后散佚严重，仅留存数学一卷、物理学三卷、逻辑学与方法论十卷。大概是因为对数学、天文学、生物医学以及物理学感兴趣者较多，故而在收藏或传抄过程中散佚，而逻辑学与方法论部分因无人感兴趣，所以留存较多。遗憾的是，尽管包含亚里士多德知识论的“理推”五卷和“理辩”五卷保存完好，但却始终未引起士人重视，遑论对其背后隐藏的西方理性思维方式的深刻洞察。

（二）亚里士多德知识论在华遭遇的原因剖析

《穷理学》译介的亚里士多德知识论并未使士人认识知识论本

---

① 《康熙起居注》（二），中华书局，1984 年，第 1104 页。

② 《康熙起居注》（二），第 1104 页。

③ N.Golvers, *Letters of a Peking Jesuit: The Correspondence of Ferdinand Verbiest, SJ (1623－1688)*, Leuven: Ferdinand Verbiest Institute, 2017, p.621.

身及其包含的西方理性思维方法的价值，因而使中国错失了吸收西学知识论之长，以更新旧的知识观念和改造传统思维方法的机会。分析其遭受冷遇的原因，对于今天的文化交流与文化建设仍有重要启示。

首先，中西知识观念的巨大差别应是最为重要的原因。《穷理学》阐释的知识内涵与中国学者的理解不同。对于知识的内涵，《穷理学》所论“知识”主要是指主体对于事物固有属性的把握，其前提是物我二分，其目的是人依靠理性获得对事物分析性的理智说明。而中国传统的认知与知识讨论其前提不在于分别物我，其目的也不在于对事物做理智分析，而是在物我关联中获得对事物的综合的看法，最终指导人的实践。如孔子论“知人”并非对“人”的学院式或纯粹理智认知，而是理解“人”，知道“如何待人”。[①]而朱熹虽然讲要了解事物的“当然”和“所以然”，但他始终只关注“当然之则”而未对事物的“所以然”做说明[②]，他虽讲“即物而穷理”，但也未对“物之理”给予具体阐释。[③]关于知识的性质，《穷理学》指出知识是经过证明推理“必然得出”的“确知”，这实际也是自柏拉图以来西人对知识的基本观点，“任何未经严格地逻辑论证的知识都不是真正的知识”[④]。而中国古代学者则强调知识的“效验”性，即知识必须具有实际的功效或被经验验证。“凡论者贵其有辩合，有符验。”[⑤]“事莫明于有效，论莫定于有证。”[⑥]此处“有证”指事实验证而非推理论证。关于知识如

---

① 何莫邪著，高菱译，刘梁剑校：《中国古代的知识概念》，《思想与文化》第16辑，2015年。

② 黎靖德编：《朱子语类》，中华书局，2003年，第399页。另《朱文公文集》《朱子语类》中朱熹多处提及“当然”和“所以然”，但他通常只对“当然之则”做阐述。

③ 金永植著，潘文国译：《朱熹的自然哲学》，华东师范大学出版社，2003年，第24页。

④ 柏拉图著，郭斌和、张竹明译：《理想国》，商务印书馆，1986年，第299页。

⑤ 荀况：《荀子》，中华书局，2016年，第381页。

⑥ 王充：《论衡》，转引自张岱年：《中国哲学大纲》，江苏教育出版社，2005年，第470页。

何获得，中西差别更大。《穷理学》强调正确的推理方法是获取知识的必然途径，认知是纯粹客观而独立的过程，而中国古代学者所论认知事物主要是通过观察、体验、直觉、类推等方法，偏重直觉与主观体验，“获取知识同事物根本是相互交织的，不能被看作是超越了事物的自觉行为”①。因此，即便辅之以理智思辨的“类推”也仍须诉诸直觉，如程颐所论“但于一事上穷尽，其他可以类推”②，就不是通过归纳推论出普遍理则，“伊川之由特例达到通则，非由特例归纳出通则，而是观察事物既多后觉悟到通则；不是精密归纳，而是恍然觉悟”③。因此，理性论证并未成为中国古代学者自觉的认知方法，曾经详细讨论过纯粹推论之知的《墨辩》，湮没在古籍堆中无人问津，此后再无人关注知识的细密论证问题。④也因此，尽管南怀仁力陈推论方法对于知识形成的重要性，“理推”部分也翻译得简洁流畅，但康熙和明珠等人仍未认识到它的价值。

中西双方在知识分类方面的差别也是亚里士多德知识论不能被接受的重要原因。在西方学术传入以前，中国没有如西方那样以“学科”为标准的学术分科，而是有自己独特的分科体系和知识传统。⑤中国最早、最完整的典籍分类《七略》的“六略分类法”，即把所有收录书籍按学术流派与研究内容划分为六艺略、诸子略、诗赋略、兵书略、术数略、方技略等，此后《隋志》建立了“经、史、子、集”四部分类法的框架，此分类框架一直延续至清代。虽然从知识分科角度来看，标准较杂，但千百年来一直为学者所接受和认可。而《穷理学》按照研究目的、研究对象以及各学科在知识体系中的地位所做

---

① 成中英著，曹绮萍译：《中国哲学中的知识论（上）》，《安徽师范大学学报（人文社科版）》2001 年第 1 期。

② 程颢、程颐：《二程遗书》，上海古籍出版社，2000 年，第 203 页。

③ 张岱年：《中国哲学大纲》，第 493 页。

④ Joachim Kurtz, *The Discovery of Chinese Logic*, Leiden: Brill, 2011, pp.345 - 349.

⑤ 左玉河：《从四部之学到七科之学——学术分科与近代中国知识系统之创建》，上海书店出版社，2004 年，第 19 页。

的分类虽条理清晰,但与传统的中国典籍分类方法迥异,对于从小浸润在儒家典籍中的士子来说仍属另类。最后,也是最为重要的一点,中西双方在知识等级划分上的差别是亚里士多德知识论难以为中国士人接受的深层原因。第一,就知识总体而言,《穷理学》强调理论知识(或思辨知识)优于实践知识,与中国传统文化的实用理性观念相悖。传统士人偏重于经验积累和实用知识,不太热衷于纯粹的理论知识,《穷理学》所列的知识等级秩序自然会被排斥。第二,就具体学科而言,《穷理学》将哲学置于知识等级最高端,与儒家伦理中心主义的价值观相冲突。儒家一向以修身治世为本,其中修身更为根本,所以在传统学术中,修齐治平之学是最高的学问。因此,以"探究本原为目的"的哲学为最高贵的学问看似与儒家的学术分科相冲突,实质是与儒家核心价值观的冲突,明珠等人抱怨其"经常有偏执的判断"就是证明。[①]除此之外,《穷理学》还将逻辑学置于高于修齐治平之学的地位,并强调其为"百学之根",这既与儒家伦理中心主义价值观冲突,也与传统的实用理性观念冲突。因为儒家自荀子起就对"辩学"持贬低态度,荀子一再批评惠施与公孙龙,认为他们的辩说皆是"治怪说,玩奇辞,甚查而不惠,辩而无用,多事而寡功"[②]。《墨辩》论及的推理方法没有得到发展亦说明逻辑方法因不能直接服务于修身治世,或未见实际功效而被士人所忽略。综上可知,亚里士多德的知识观念不但与儒家知识观相冲突,更几欲颠覆儒家的核心价值观,由此使得康熙与明珠等人极力拒绝它,民间士人亦无从认识其价值。

除了中西知识观念的差别,《穷理学》成书时的社会环境也影响到亚里士多德知识论的接受与传播。第一,康熙时代政治统治渐趋稳定,社会秩序良好,士人既没有如明中后期士人改造虚浮学风和

① N.Golvers, "Verbiest's Introduction of Aristoteles Latinus(Coimbra) in China: New Western Evidence", in *The Christian Mission in China in the Verbiest Era: Some Aspects of the Missionary Approach*, pp.46 - 50.

② 荀况:《荀子》,第 71 页。

挽救王朝的社会责任，也没有如清末知识分子救亡图存的历史重任，除了引进维护国家统治所需的数学、天文历法与制造火炮等相关技术之外，整个国家对异质文化的需求不迫切，儒家接应西学所需要的“格物”与“穷理”两个层面的需求均不具备。此时接受西学几乎完全依赖康熙个人的喜好，而康熙对西方哲学感兴趣时恰逢他罹患重病，学习西学的热情已退，对于白晋等人为他编写的哲学讲义（包括逻辑学）已不能像学习数学那样投入。①而且，康熙根本就没有认识到中西思维方式的差别，更不可能有以之改造民族思维方法的觉悟。第二，与明末相较，清初的文化环境趋于保守。明末文化风气比较开放，士人思想开明，加之徐光启、李之藻眼光独到，对公理化演绎方法与传统思维方法的差异有深刻洞察，所以徐光启热情翻译、介绍《几何原本》，李之藻克服种种困难翻译《名理探》，其希望以西学思维方法改造传统思维方法的迫切心情，与清末民初严复等人一般无二。而清初士人并未有对亚里士多德知识论背后的中西思维方式差别的深刻认识与了解西方思维方法的迫切需求。所以，《几何原本》当年流传甚广，而《穷理学》仅有天文、数学、生理医药部分可引起士人兴趣，知识论的内容并未被关注。

最后，南怀仁交游圈狭窄，也是亚里士多德知识论未能在中国民间传播的重要原因。南氏的活动区域主要是宫廷，其交往范围也局限于宫廷内部，主要是钦天监的官生，而与士人群体交流较少，与之有交往记录的京城士人并不多。主要原因是南怀仁的日常工作相当繁忙，除了天文观测、历法编写、给钦天监官生授课等常规性事务，他还亲自设计制造天文仪器，编写天文著作。此外，他还参与造炮、运输、测量、外交等临时性事务，其中为朝廷制造火器是耗时又耗力的大事。据《熙朝定案》记载，从康熙十三年至康熙二十六年，南氏先后主持造炮四次，每次少则数月，多则近两年，从制造到试验都需要他耗费很多精力与时间。这一点由他向康熙的临终奏言可

① 白晋：《中国（康熙）皇帝的故事》，《国际汉学》2000 年第 5 期。

证:“臣以在生之年几近用之于尽臣职。”[①]因此,南怀仁不会有太多时间与士人交往。当时与西洋传教士有过交往的理学名士陆陇其在日记中所录其与利类思会面较多,而所录与南氏相关之事,仅南氏遣人送他星图一件,可证南氏少有闲暇与士人交流,即便与陆氏有交往,也远不如利类思交往密切。[②]也因此南氏很难有机会通过直接交流与传授,将《穷理学》知识论的观点与逻辑学方法传播于士人圈子中。这与当年利玛窦、艾儒略等传教士传播西学形成鲜明对比。利氏等人广交朋友,尤其是儒家士人,其中不乏与利氏交情深厚的徐光启、李之藻、杨廷筠、叶向高等人。一方面,他们与利氏交情深厚,对其学颇为信服,乐于学习。另一方面,他们也乐于为利氏等传教士的著作润色、校稿、撰写序跋,积极宣传,助资出版,所以《几何原本》在当时民间传播很广,公理化论证方法被部分学者关注且模仿。而南怀仁因交往局限,使得《穷理学》成书之后首先被礼部、翰林院否定,不能得到官方的出版资助,同时也没有士人朋友为其做鼓动宣传,其中自然科学部分被收藏、传抄,而包含亚里士多德知识论的逻辑学部分遭受冷落是很自然的事情。

四、结　语

《穷理学》译介的亚里士多德知识论不仅展示了西方知识论的基本内容与观点,还展示了以逻辑学与方法论贯穿其中的西学知识体系的内部结构与特征,而其背后隐藏的则是亚里士多德的理性精神与西方的理性思维传统。[③]如果当时能够被接受,亚里士多德知识

① 李明:《中国现势新志》卷一,第 75 页,转引自费赖之著,冯承钧译:《在华耶稣会士列传及书目》,中华书局,1995 年,第 349 页。

② 陆陇其:《三鱼塘日记》卷三,中华书局,2016 年,第 60 页。

③ 王路认为亚里士多德逻辑学乃至贯穿现代逻辑的是“必然得出”的理性精神。见王路:《逻辑的观念》,第 21—47 页。

论不仅可以改造中国传统的知识观念，加速古代知识体系向近代的转化，还可以改造传统直觉思维，促进民族思维方式的理性化，而后者对于中国近代化来说更为关键。但是由于中西知识观的差别以及社会文化环境趋于保守等原因，使得清初士人未能认识到它的价值及其背后隐藏的中西思维方式的差异，使我们丧失了吸收西方思维方法与西方文化进行深度交流的重要机会。由此亦可知，新知识与新思想的输入与传播需要适宜的文化环境与制度环境，以及开放文化氛围下具有远见卓识与敏锐洞察力的开明士人。但上述条件在历史上却常常是在整个社会有迫切需求之时方能出现和形成（如明末与清末）的。因此，今天回顾亚里士多德知识论传入的历程对当今的文化建设与文化交流仍有重要启示。

黎贵惇与丁若镛对西学的吸纳*

台湾“中研院文哲所”　林月惠

一、前　　言

位于东南亚的越南与东北亚的朝鲜①，虽然在地理位置上，南北遥隔数千里，但在文化、政治、经济上，曾因同属于汉字文化圈而有间接的关联。众所周知，从15世纪以降，发源于中国的宋明理学（尤其是朱子学）对朝鲜、越南等地都有深远的影响。在文化上，朱子学东传至朝鲜半岛，成为朝鲜时代的正统思想；南传至安南，也成为越南的主流思想。就政治而言，越南与朝鲜虽都建立自主的封建王朝，但都与中国保持“宗藩”关系，同属于以中国为中心之天下秩序的一员，故与中国互派使节往来。且越南与朝鲜，大多沿袭中国制度，也实行科举制度取士。另就经济来说，越南与朝鲜皆因“朝贡体制”，而与中国紧密相连。由此可见，传统的越南与朝鲜，深受儒家文化的影响，加之中国的媒介，而有文化上的家族类似性（family resemblance）。

尽管如此，从朱子学的南传与东传来看，越南与朝鲜各自呈现在地化的特色。在越南儒学的发展上，后黎朝（1428—1788）是国祚最长

---

* 本文为专题研究计划“朝鲜后期儒学的交错——以阳明学、实学、性理学为中心”（MOST107—2410—H—001—MY3）之部分研究成果，其中，丁若镛对西学的吸纳，与专题研究计划相关。

① 本文所谓“朝鲜”，就地理位置而言，指朝鲜半岛；从政治实体来说，指朝鲜朝（1392—1910）。

的王朝，也是越南儒学的鼎盛期。而朝鲜儒学的发展，则以朝鲜时代(1392—1910)为全盛期，名儒辈出。其中，黎贵惇(1726—1784，字尹厚，号桂堂)是越南后黎朝的儒学巨擘，丁若镛(1762—1836，字美镛，号茶山)则是朝鲜后期实学思想的大家，两位儒者在越南与朝鲜的儒学史上举足轻重，皆具代表性。他们相差三十六岁，都植根于朱子学的文化土壤，也曾在政治上一展抱负，更同样博览群书，著述很多，皆属于集大成的儒者。他们也对当时来华的耶稣会士所撰写的汉译西学书籍展现出高度的兴趣，以及宽阔的视野与开放精神。

当然，19 世纪后期以后，越南与朝鲜面对西方文化的冲击、帝国殖民主义的侵略，各自有不同的抗拒、吸收、回应与融合。如果我们着眼于如何从传统走向现代的问题意识，就有必要溯源而上，探究深受中国儒家文化影响的越南与朝鲜，在与西方文化初次相遇时，如何吸纳"西学"。职是之故，本文以越南后黎朝的黎贵惇与朝鲜后期的丁若镛为例，分析他们对于西学的吸纳，借此呈现越南与朝鲜儒学回应西方文化的异同，也试图在现当代开启越南与韩国在文化上对话的可能性。

二、后黎朝与朝鲜后期的西学传入之背景

在探讨黎贵惇与丁若镛对于西学的吸纳之前，我们有必要理解后黎朝与朝鲜后期西学传入的背景。本文所谓的"西学"，有特定的指涉。它意味着由 17 世纪来华耶稣会士介绍到中国的西方学问，包括天主教信仰(西教)与文艺复兴时期的西方科学技术(西学)；用中国明代儒者李之藻(1566—1630，号凉庵)的区分，前者属于"理"，后者属于"器"。[①]而西学传播的媒介，就是来华耶稣会士所撰写的汉

① 明末李之藻编辑《天学初函》，刊于崇祯元年(1628)。天学即天主教。收书二十种，分"理篇""器篇"各十种，大多为明末来华耶稣会士之编著。

译西学书。因此，本文论及黎贵惇与丁若镛对西学的吸纳，主要是从耶稣会士的汉译西学书来分析，亦即越南与朝鲜儒者对于西学的认识，都来自以汉字书写的汉译西学书，并借此打开与中华文明相异的西学视域。

（一）黎贵惇与后黎朝西学传入的背景

就越南而言，在探究黎贵惇对于西学的吸纳时，我们有必要理解黎贵惇的儒学素养，以及概述清代与后黎朝时期，西方传教士在中、越的遭遇，以便理解当时西学的传播情形。如前所述，后黎朝是越南儒学的鼎盛期，黎贵惇就成长在此学术环境中，成为集大成的儒者。他出身于士大夫家庭，少年时已经博览四书五经与诸子百家思想，有深厚的汉学根底与儒学素养，也是一位百科全书式的儒者。他是越南著述最多的儒者，其著作内容涉及文学、哲学、经学、宗教、历史、地理、经济、医学、天文学、农学等领域。主要著作有《四书略解》《书经衍义》《芸台类语》《群书考辨》《阴骘文注》《圣谟贤范录》《见闻小录》《黎朝通史》《国史续编》《北使通录》《桂堂诗集》《全越诗录》《皇越文海》等。因此，黎贵惇在当时或现代越南学术界有极高的评价。如其学生裴璧就称赞黎贵惇“聪明冠世，博及群书，能著述为文章，足以行世而传后，我国一二百年乃有一人”[①]。后黎朝末期的儒者吴时仕也称赞黎贵惇：“以文章冠世，三元及第，名重两国，卓然为斯文领袖。”[②]尤其在儒学的素养上，黎贵惇对朱子学有极高的造诣。其重要著作《芸台类语》的编纂理念就来自朱子“格物致知”的思想，并以两汉以来气化宇宙论的大传统为基底，吸纳朱子“理气不离”的论述，既主张宋明理学“天人合德”的思想，又保留两汉“天人感应”的气化宇宙论思维。同时还能兼容儒、释、道三教，且对于

---

① 裴存庵：《桂堂先生成服礼门生奠祭文》，《皇越文选》（越南：出版者不详，出版年不详）卷四，第 5a 页。

② 黎贵惇：《抚边杂录》吴时仕跋，转引自于向东主编：《东方著名哲学家评传》越南卷，山东人民出版社，2000 年，第 199 页。

医卜、风水、鬼神之说，相应于越南的风土民俗，予以肯定。①值得注意的是，黎贵惇的儒学素养，就是他吸纳西学的前见（prejudice），亦即黎贵惇以其儒学素养来接轨 17、18 世纪传入中国的西学。

另从黎贵惇的仕途表现与经历来看，他是后黎朝时期最具有国际视野与文化交流经验的越南儒者。他二十七岁中进士，入翰林院任国史馆纂修，历任翰林院侍讲、秘书阁学士、海阳参政等官职。他曾于 1760—1762 年两次出使中国。在华期间，黎贵惇历览山川，留心中国政治，以“观上国政治如何、人物如何”②，并与中国官员文士、朝鲜的燕行使者如洪启禧（1703—1771）③等人交往，呈现越南儒者与韩国儒者的友好交流经验。由此可推知，黎贵惇对于西学的吸纳，与他出使中国的经验相关。他在北京时，曾参访天主教堂，也直接接触耶稣会士的汉译西学书。然而，黎贵惇出使中国时，当时清朝的西学传播情形如何？笔者略述如下。

从历史溯源来看，耶稣会士所传来的西学，以利玛窦（Matteo Ricci，1552—1610）在 1583 年（明万历十一年）抵达广州肇庆开教而揭开序幕。利玛窦在肇庆六年，专研中文，其所制的《山海舆地全图》意外地受到中国士大夫的青睐，于 1584 年制作后，1598 年曾修改，后在南京印行，共发行 12 版。嗣后，利玛窦由肇庆往韶关，北上南京、南昌等地。终于在 1601 年 1 月与另一位耶稣会士庞迪我（Diego de

---

① 参林月惠：《黎贵惇的理气论》，钟彩钧主编：《黎贵惇的学术与思想》，台湾“中研院文哲所”，2012 年，第 247—279 页。

② 黎贵惇：《北使通录题辞》，《越南汉文燕行文献集成（越南所藏编）》第 4 册，复旦大学出版社，2010 年，第 11 页。

③ 如黎贵惇的《圣谟贤范录》就有洪启禧的序。序云（节录）：“安南国桂堂黎公遇余于中州，脉其纂《圣谟贤范录》一书，观其篇目，已知旨意之所在。凡经、传、史、子之有当于身心者，采缀精华，卅次部居，盛矣哉！编书目固不当如是耶？于未知其气质之偏在五行何当，而刚则以是书之柔治之，柔则以是书之刚治之。希圣希贤，自当不外求焉。公可谓以不如是是药之药，治如是是病之病，而于前言往行，真有所得力。不惟求自得力，以是淑世，而公之积善亦于是乎在。东海之东，此心此理，同者驳矣。是为序。乾隆二十六年二月上澣，朝鲜国正使崇禄大夫行吏曹判书、兼知经筵事、弘文馆提学、世子左宾客，南阳洪启禧谨序。”见越南哲学院抄本。

Pantoja，1571—1618)抵达北京，并获得官方与学术界的接纳，顺利传教，将西学(含天主教信仰)传给中国人。利玛窦除了传播西方的科学知识之外，也撰写哲学与伦理学的著作。其中，《天主实义》一书影响东亚甚为深远。此书于1595年在南昌初版，1601、1603年在北京再版，而1604年译成日文，最后也译成高丽文[①]，安南(越南)也重刻此书。利玛窦于1610年去世，庞迪我与熊三拔(Sabatino de Ursis，1575—1620)因参与修订历法的工作，继续将西方的天文、数学、水力与农业相关的知识传入中国。嗣后，因高一志(Alfonso Vagnone，1566—1640)违反利玛窦所坚持的传教原则，引来1617年的"南京教难"。虽然如此，耶稣会士金尼阁(Nicolas Trigault，1577—1628)、汤若望(Johann Adam Schall von Bell，1591—1666)、艾儒略(Giulio Aleni，1582—1649)等人的西学仍受到关注。清朝定鼎之后，因摄政王多尔衮的重用，授予汤若望"钦天监监正"一职，而南怀仁(Ferdinand Verbiest，1623—1688)也被派来当汤若望的助手，维系耶稣会士在中国的传教活动。然而，顺治十七年(1660)，因杨光先(1597—1669)的参劾，反对西方历法，耶稣会士再度受到迫害。嗣后，虽未开传教之禁，康熙帝对待耶稣会士也优厚[②]，但之后又因礼仪之争，全面禁教。雍正与乾隆对天主教更为严厉，严格限制传教士入境，对西学采取严格的分裂政策，利用他们的技艺，摒弃他们的学术。故雍正、乾隆时期，中国天主教陷入危险境地。[③]因而，黎贵惇出使中国时，也是天主教被禁的低潮期。

另一方面，在越南的后黎朝时期，自有欧罗巴人前来安南贸易起，就有传教士随之而来传教。据《钦定越史通鉴纲目》的记载，黎庄宗元和元年(明嘉靖十二年/1533)就有西洋人衣泥枢(Inis?)布教于沿海胶水南真(南直县)，谓之天主之道，又曰十字教。又1596

---

① 参徐宗泽：《明清间耶稣会士译著提要》，上海书店出版社，2010年，第107页。

② 参萧若瑟：《天主教传行中国考》卷三至卷六，上海书店出版社，1989年。

③ 参李天纲：《中国礼仪之争：历史、文献和意义》，上海古籍出版社，1998年，第87—100页。

年，西班牙传教士迪戈·阿伟特(Diego Adverte)最先到越南南方传教。后至1624年，法兰西传教士让·罗德(Jean Rhodes)到富春传教，并设立教堂。黎神宗之世(1626)，传教士巴迪诺蒂(Baldinoti)到越南北方传教，遭郑主拒绝。不过，在1613年，南方上主阮福澜下令禁止西洋人前来传教。又1663年，北方郑主郑祚驱赶传教士，并禁止国人信奉耶稣教。1696年黎熙宗之世，郑根下令焚毁全部耶稣教经典与各地教堂，并驱逐传教士出境。黎裕宗时(1712)，郑枫逮捕耶稣教徒，削其额发，黥"学花郎道"四字于其面。"花郎"即荷兰(Holland)。由于荷兰人最先到越南北方贸易，越南人未能分辨其为何国之人，凡见西洋人，都称为荷兰人，称其教为花郎道(教)。景兴年间(1754)，郑楹以更严酷的方法，禁荷兰之左道(指耶稣教)，禁止越南人信教，对各教长与教徒格杀勿论。此乃因景治、正和年间，屡屡禁止天主教且无法收效，故更为严厉。①由此可知，黎贵惇出使中国之前，越南的后黎朝也严厉禁止天主教。

(二) 丁若镛朝鲜后期西学传入的背景

至于朝鲜后期西学传入之背景，我们可以从韩国学者李元淳的《朝鲜西学史研究》得见清晰的历史图像。李元淳将朝鲜西学史分为四阶段。②

1. 接触西学期

1601年利玛窦得到明神宗的许可，长住北京，开始传教活动，并刊行大量的汉译西学书。此一时期内，朝鲜与中国西学接触的途径有二：一是靠赴京使者在北京与耶稣会士直接面谈；二是赴京使者从耶稣会士处或北京收集并携回、导入西洋文物、汉译西学书。借此，朝鲜儒者得以接触到中国的西学。不过，此时对西学的接纳仅止于如李睟光(1563—1628，号芝峰)般的短评、李荣俊出于本职工作的探问，或李颐命(1658—1722，号疏斋)出于好奇的记录，还没有专门的研究。

---

① 参陈重金著，戴可来译：《越南通史》，商务印书馆，1992年，第252—253页。

② 参李元淳：《朝鲜西学史研究》，首尔一志社，1986年，第14—18页。

2. 探究西学期

随着汉译西学书数量的增加与内容的丰富，一些赴北京使者或官方技术人员，最多的是在野儒生，开始带着问题而有意识地研读汉译西学书。此一风气从 18 世纪中期的李瀷（1681—1763，号星湖）与洪大容（1731—1783，号湛轩）探求开始，不仅儒者之间进行讨论，也鼓励弟子们研习西学，而研究地则是在朝鲜国内与北京。此一时期，星湖学派开创了西学热，并出现排斥西学的安鼎福（1712—1791，号顺庵）、慎后聃（1702—1761，号遯窝），以及接受西学的权哲身（1736—1801，号鹿庵）、李檗（1754—1786，号旷庵）、丁若镛等人物。此外，由于洪大容直接入北京，后继者如朴趾源（1737—1805，号燕岩）、李德懋（1741—1793，号雅亭）、朴齐家（1750—1805，号楚亭）等北学派学者也直接入北京，与耶稣会士、清朝学者进行学术交流。

3. 实践西学期

朝鲜正祖一代（1776—1800）为实践西学期。在西学的“器”层面，早在孝宗时，已经采用汤若望的《时宪历》。在此基础上，正祖六年（1782）制成《千岁历》。丁若镛建造水原华城时，研究西洋的起重架说而采用滑车辘轳。在“理”层面，部分在野南人萌发天主教信仰的研究与信奉。如天真庵走鱼寺讲学会就开启朝鲜儒者信奉天主教的先声。正祖八年（1784），李承熏（1756—1801，号蔓川）在中国受洗后归国，并与李檗、权日身（1742—1791，号移庵）等人定期举行信仰集会，开创朝鲜天主教会。虽然人数不多，在受到乙巳（1785）秋曹摘发事件、丁未（1787）泮会事件、辛亥（1791）珍山事件等迫害后，却扩大声势，并将周文谟（1752—1801）神父从中国迎入朝鲜。故至正祖末年，朝鲜天主教徒已达约 3 000 名。

4. 弹压西学期

纯祖一年（1801）的辛酉迫害，执政者为捍卫性理学的价值体系，开始采取激烈的排斥天主教运动。纯祖即位，便发布“斥邪纶音”，不仅天主教遭到全国性的迫害，就连西洋的科学、技术也一概被拒斥。换言之，西学遭到全面的封锁与弹压。

回顾朝鲜西学传入的背景，本文所探讨的丁若镛，正是朝鲜西学探究期、实践期与弹压期的重要人物。丁若镛一生的经历与朝鲜后期西学的传入也直接相关。他自幼颖悟，长而好学，在朝鲜后期的政治与学术上，皆具有举足轻重的地位。他的生平学思经历，大抵可分为四期。一是受学时期（1762—1788）。根据他的《自撰墓志铭》，他早在十六岁（1777）时，就私淑李星湖，二十三岁（1784）因李檗而开始接触西学，得见《天主实义》《七克》等汉译西学书，产生极大的兴趣。他自述道："既娶游京师，则闻星湖李先生瀷学行醇笃，从李家焕、李承熏等，得见其遗书，自此留心经籍。既上庠，从李檗游，闻西教，见西书。丁未（1787）以后四五年，颇倾心焉。"①二是从政时期（1789—1800）。他二十二岁（1783）以经义为进士，二十八岁（1789）殿试居甲科第二，深受正祖器重；也因正祖的知遇，他在政治上有所作为，历任要职，不负所望。三是流配时期（1801—1818）。随着正祖于1800年逝世，他的命运转为坎坷。1801年纯祖即位，弹压西学，李家焕（1742—1801，号贞轩）、李承熏等下狱，而他的长兄丁若铨（1758—1816，号巽庵）、仲兄丁若锺（1760—1801，号选庵）皆被逮。一死二生，丁若铨流配薪智岛（黑山岛），他则流配长髻县（康津县），直至1818年才得还乡里。在此流配时期，他动心忍性，大量撰述，重要著作都写于此一时期，学术上也达到高峰，对于朱子性理学与西学，都能系统性地批判与继承，回归洙泗学（先秦儒学），成为朝鲜后期最具开创性的学者。②四是解配时期（1819—1836）。丁若

① 《与犹堂全书·自撰墓志铭（圹中本）》第3册，《文集Ⅱ》，韩国茶山学术文化财团，2012年，第250页。

② 根据《与犹堂全书·自撰墓志铭（集中本）》第3册，第269页。丁若镛的著作有："以先大王所批《毛诗讲义》十二卷为首，而别作《讲义补》三卷、《梅氏尚书平》九卷、《尚书古训》六卷、《尚书知远录》七卷、《丧礼四笺》五十卷、《丧礼外编》十二卷、《四礼家式》九卷、《乐书孤存》十二卷、《周易心笺》二十四卷、《易学绪言》十二卷、《春秋考征》十二卷、《论语古今注》四十卷、《孟子要义》九卷、《中庸自箴》三卷、《中庸讲义补》六卷、《大学公议》三卷、《熙政堂大学讲录》一卷、《小学补笺》一卷、《心经密验》一卷，以上经集共二百三十二卷。"

镛归还乡里后，逍遥山泽间以终焉。他感叹："人生否泰，可曰无定命乎？"又回顾："镛既谪海上，念幼年志学，二十年沉沦世路，不复知先王大道，今得暇矣。"①

若将黎贵惇与丁若镛的学思经历及其西学背景相较，就可以发现，黎贵惇与丁若镛的思想都植根于朱子学的土壤。因此，他们二人对西学的认识或接受，都以朱子学为前见，或转化，或批判，或创新。就黎贵惇与丁若镛而言，朱子学与西学之间既有连续性，又有断裂性。同样地，黎贵惇与丁若镛在政治上都有杰出的表现，一展抱负。黎贵惇比丁若镛幸运，仕途与讲学兼得；丁若镛却因朝鲜王朝弹压西学而流配十八年，命运多舛。值得注意的是，丁若镛虽然没有黎贵惇那样出使中国的外交经验，也没有直接接触过耶稣会传教士，但他却透过汉译西学书，大量吸收西方的科学知识，加上自己深厚的儒学经世思想，另辟蹊径，成为实学大家。亦即，丁若镛已经将朱子学、西学、实学等熔于一炉，开创新的哲学思想。

三、黎贵惇对西学的认识与评价

如前所述，黎贵惇对西学的吸收与认识，与他出使中国的经验直接相关。他曾于后黎朝景兴十九年（清乾隆二十三年/1758）被选为副使，继而于景兴二十一年（清乾隆二十五年/1760）至景兴二十三年（清乾隆二十七年/1762）出使中国，不仅对于当时清朝的学术有所理解，也对于当时由耶稣会士引入而流传于中国的西学颇为关注，表现出开明的态度。根据黎贵惇的相关著作，我们可以推知，黎贵惇出使中国期间，曾阅读一些在华耶稣会士的著作，并对耶稣会士利玛窦、南怀仁等人的西学有不错的评价。

尽管中国与越南，在黎贵惇所处的后黎朝之世，都严厉禁教，但黎贵

① 《与犹堂全书·自撰墓志铭（集中本）》第3册，《文集Ⅱ》，第268—269页。

惇对于传教士所带来的西学,仍抱持高度的关切与开放的态度。而且,黎贵惇对于西学的关切,显然来自耶稣会士在中国所撰写的著作与传闻。整体而言,黎贵惇对于西方传教士给予高度评价。黎贵惇说:

> 昔人谓南北东西之海有圣人出焉,此心同也,此理同也。回回默德那国王建国,当随(隋)开皇初,制历法,考天象,自成一书。西洋欧罗巴国人利玛窦、南怀仁、艾儒略等,以明万历间入中国,谈天说地,渊奥无穷。治理历法,亦多先儒所未发。言语文字,虽不相通,义理之得于心身,才识之具于学问,与中州何以异?①

在黎贵惇看来,明末进入中国的耶稣会士如利玛窦、南怀仁、艾儒略等人,所传来的天文历法知识,超迈先儒;而在义理方面,也能体之于身心,令人深有所得。故以耶稣会士为主所传入的西学,绝不逊于中国文化,更证明东方、西方皆有圣人出,所体现的文化各有所长。由此也可推知,在越南儒者黎贵惇的视野中,西学与中国文化皆有极高的评价,中国文化也不可能以中心自居。

黎贵惇对西学的吸纳与评价,多见于其所著《芸台类语》。笔者曾从"自然现象与自然知识""天文学""地舆学""利玛窦与天主教"来加以探究。②本文为凸显黎贵惇与丁若镛对于西学吸纳的异同,故仅择要分析。

(一)自然现象与自然知识

在传教士所传入的西学中,自然科学知识首先受到关注,也对

---

① 黎贵惇:《芸台类语》,台湾大学出版中心,2011 年,收入《越南儒学研究丛书》七,卷一,第 46—47 页。笔者所见之《芸台类语》有两种手写本:一是影印自越南社会科学院哲学所的三册九卷手写本;一是台湾大学出版中心影印自越南汉喃研究院图书馆的手写本。二者有些许差异,本文以台湾大学出版中心出版的影印手写本为主。

② 参林月惠:《黎贵惇与西学》,钟彩钧主编:《黎贵惇的学术与思想》,第 181—209 页。本文分析黎贵惇对西学的吸纳,取自此文。

中国传统儒家的宇宙观有所冲击。黎贵惇就提到：

西洋人《坤舆图说》云："无气，则天内空矣。地何以悬空而得居于其中？"又曰："禽鸟飞者，以翼御气。如人用手御水而浮。"又曰："人向空挥，便有声响。若中无有气，必无他物以生声矣。""空中静寂无风，见隙影内尘埃滚滚上下，必气使之然。"言此数端，以证气之寔（实）有，人皆诧以为奇。按明薛瑄《通论》①有曰："摇扇有风，见得天地间无处无气。"又曰："天地间游尘纷扰，无止息、无间断，是皆气机使然，观日射窗屋之间可见。"其说正与此合。《素问》亦云："升降出入，气无不有。"②

且对于宇宙组成的基本元素，黎贵惇也做比较：

为中国之学者曰："五行：金、木、水、火、土。"为天竹（竺）之学者曰："四行：地、水、火、风。"为西洋之学者曰："四行：火、气、水、土。"五行，举人生日用言之也。四行，举其全体大用者之言也。金、木皆生于土，风即气也，理初无异。③

黎贵惇所提及的《坤舆图说》，即南怀仁所作，该书"乃论全地相联贯合之大端也。如地形、地震、山岳、海潮、江河、人物、风俗各方生产"④。可见此书所探究偏向自然现象与地理等知识。而在南怀

① 两种手写本都作《通论》，笔者推测黎贵惇可能误植，当为《道论》。黎贵惇所抄录之文与薛瑄之《薛子道论》略有差异。薛瑄《薛子道论》（据百陵学山本影印，收入《丛书集成初编》，中华书局，1985年）云："摇扇有风，见天地间无处无气。""天地间游尘纷扰，无须臾止息，无毫发间断，是皆气机使然，观日射窗屋之间可见。摇扇有风，见得天地间无处无气。"

② 黎贵惇：《芸台类语》卷一，第16页。

③ 黎贵惇：《芸台类语》卷二，第97—98页。

④ 南怀仁：《坤舆图说》（据指海本影印），收入《丛书集成初编》卷上，商务印书馆，1937年，第5页。

仁之前,利玛窦与艾儒略已有论及,南怀仁再加以发挥。南怀仁在《坤舆图说·气行》一节中,以六大证据证明无形无色之气存在,也证明不可见之魂存在。[①]南怀仁之说之所以引起中国人的诧异,不在气之存在实有,而在于其所言之灵魂不灭。不过,南怀仁在《坤舆图说》中所举的例证,都涉及自然现象与知识,这在黎贵惇看来,明代理学家薛瑄(1389—1464,号敬轩)在论及理气不离问题时,已有触及。虽然薛瑄的问题意识与南怀仁不同,但黎贵惇认为二者对于气的见解相符。再者,传统医书《素问》言及气时,也强调气之存在。同样地,在论及宇宙生成时所构成的基本元素时,黎贵惇认为中国学者所言的五行(金、木、水、火、土),佛教所言的四行(地、水、火、风),与西洋学者所言的四行(火、气、水、土),其中,金、木生于土,风即为气,因而东、西方学者对于宇宙的组成元素所见相同。在此我们可以清楚地看到,黎贵惇以其理气论为资源,来理解、吸纳与评价传教士所言的自然现象与知识。笔者曾于《黎贵惇的理气论》一文中指出,黎贵惇以两汉以来气化宇宙论的大传统为基底,吸纳朱子"理气不离"的论述,宇宙论的兴趣特别浓厚,强调"盈天地皆气也""理在气中"。相对地,形而上学的探问并非黎贵惇关切的重点。[②]事实上,在新儒学传统中,朱子无疑是对自然现象与知识关切、理解最多的思想家之一。虽然自然知识并非朱子关注的焦点,但他的知识兴趣却涉及天文历法、自然地理、动植物、医学养生等;在科学技术方面的知识上,达到很高的水平,且对自然界的知识有时还独具慧眼。[③]在朱子的思想世界里,并没有现代世界中人文与自然的严格区分,也没有物理/生理/心理等分类,举凡形上与形下世界都可由理气论来解释。因此,当黎贵惇吸纳西学时,即使面对自然现象背后

① 南怀仁:《坤舆图说》,第47—49页。

② 参林月惠:《黎贵惇的理气论》,钟彩钧主编:《黎贵惇的学术与思想》,第247—279页。

③ 参金永植著,潘文国译:《朱熹的自然哲学》,华东师范大学出版社,2003年,第1—19页。

所涉及的纯粹自然知识，他所能对应的，仍是以宋明理学（特别是朱子学）“理气论”中的“气”来理解。

（二）利玛窦与天主教

除了对西学所传入的自然知识之外，黎贵惇对于西学传播的关键人物利玛窦及其所信奉的天主教也有所关注。在明末清初之时，利玛窦其人其事的传闻，就已见诸中国的诸多笔记小说与文集。黎贵惇就提到：

> 《坚瓠秘集》云：“大西洋国，在中国西六万里之遥，地名瓯海国。列三主：一理教化，一掌会计，一专听断。其尊虽等，人皆畏听断者。旁国侵掠，亦听断者征发调度。然不世及，须其人素积望誉，年过八十而有精力者，众共推立之，故其权不久，而劳于运用，人亦不甚羡之。地多犀象虎豹，人以捕猎为生，亦有稻麦菜茹之属。文字自为一体，皆奉教于天主，不知有中国儒、释、道教。天主者，最初生人生物之主者也，立庙共祠之。其言天，谓天有三十三（二）层，地四面悬空。日大于地，地大于月。地之最高处有阙。日月行度适当阙处，则光为掩（映）蔽而食。五星高低不等，火最上，水最下，金、木、土参差居中，故行度周天有迟速，皆著图立说，颇有可采处。世庙末年，国人利玛窦者，结十伴航海。漫游经（历）十余国，历（经）六万里，凡六年。抵安南，入广东界，时从者俱死。玛窦有异术，善纳气内充（观），（故）疾孽不作。居广东二十余年，尽通中国言语（语言）、文字。玛窦紫髯碧眼，面色如桃花。年五十余，如二三十岁人。见人膜拜如礼，故人乐与之交。万历丁酉，李君寔（实）遇之豫章。与剧谈，出示其国异物：一玻璃画屏、一鹅卵沙漏，状如鹅卵。寔（实）沙其中而颠倒渗泄之，以候更数。携有彼国经典，彩厠金宝杂饰之具。其纸如美妇之肌，云真（其）国树皮治薄之耳。因赠之诗曰（云）：‘云海荡朝日，乘流信彩霞。西来六万

里，东泛一孤槎。浮世常如寄，幽栖即是家。那堪作归梦，春色任天涯。’玛窦不复作归计。以天地为阶闼，生死为梦幻，较之达摩流沙之来，抑又奇矣。”①

黎贵惇抄录清人褚人获于康熙三十九年（黎熙宗正和二十一年/1700）所撰写的《坚瓠秘集》来理解利玛窦其人其事，这意味着黎贵惇对于利玛窦的想象。事实上，有关利玛窦其人其事的传闻，明末清初诸多文集或笔记小说多有记载。②褚人获《坚瓠秘集》所载，似乎又抄录自李日华的《紫桃轩杂缀》。在此记载中，先勾勒出利玛窦所处大西国的典章制度（列三主）、风土人情、宗教信仰，再叙述利玛窦从西洋远渡重洋而抵达中国的经过。然而，依现有的记载，利玛窦似乎未曾到过安南（越南）。最后作者则描述出利玛窦作为一个修道奇人的传奇，包含其容貌、言行举止、所示来自异邦的异物。对中国人而言，其冲击不亚于达摩东来，同样也吸引黎贵惇的关注。

面对利玛窦在中国文集中的传奇性书写，黎贵惇有如下的评述：

愚按：大西洋自宋、元以前，未通中国。明永乐中，始航海入贡。万历三十年，其国人利玛窦与其徒南怀仁、艾儒略、熊三拔、高一志等五六人，由广东入闽。过上金陵，称瓯逻巴洲人。路远十万，泛海九年，出其千里镜、自鸣钟、浑天仪、量天尺、勾股法，算时测度、卜影景星，谈理气历数，极其精妙，诸台省官，尊为“西儒”，称为“西土圣人”，因咨送北京，引达上听。利玛窦既至京，建天主堂于宣武门外。南怀仁等著有《坤舆图说》二

---

① 黎贵惇：《芸台类语》卷三，第196—198页。笔者核对褚人获《坚瓠秘集》（收入《续修四库全书》第1262册，第197—198页），抄录异者，以（）标示之。

② 参方豪：《中国天主教人物传》，宗教文化出版社，2007年，第53—59页。

卷，自称耶苏会士，盖其国奉耶苏教，不致敬父母，惟尊天主。右设国母堂，貌若少女。手一儿，耶苏也。皇清用其国人掌钦天监，令造新历，颁行天下，赐名《时宪书》。世宗宪皇帝《圣谕广训》又云："西洋尊天主，亦属不经。因其人通晓历数，国家用之。"①

黎贵惇的按语，以较为确切的史实记载修正了《坚瓠秘集》《紫桃轩杂缀》的传奇性书写。不过，黎贵惇对于利玛窦等耶稣会士的来华时间，也无法精确考证。因为，利玛窦于万历十一年(1583)，同罗明坚抵达肇庆，并未入闽。而高一志于万历三十三年(1605)抵达澳门，赴南京。又熊三拔于一年后(1606)来华赴北京，从利玛窦学习汉语。艾儒略则于利玛窦去世翌年(1611)先入广州，两年后(1613)才奉命至北京。南怀仁则是利玛窦等人的后继者，他直到清顺治十四年(1657)才东渡来华。也许黎贵惇所接受耶稣会士信息多来自南怀仁，因而也分不清楚第一代来华耶稣会士与其后继者的关系。然而，黎贵惇对于利玛窦等耶稣会士的贡献是肯定的。他们不仅带来自然科学新知，也带来新的测量仪器。除此之外，他们也能谈理气历算，其文化造诣不亚于中国士人。黎贵惇也注意到耶稣会士所带来的天主教信仰，虽未深入教义的探讨，但他从北京所见的天主堂，已经观察到天主教的一些外显特色(如圣母马利亚与耶稣像)。他同时也指出清初皇帝乃因耶稣会士对于历法的造诣而加以利用，亦即清廷并未正视天主教，他们对待耶稣会士纯粹是工具性的政治考虑。

我们从黎贵惇对于利玛窦等耶稣会士的肯定与理解，及其敏锐的外交观察与文化敏感度，可以推知，黎贵惇虽然深受儒学的熏陶，但他在宗教上持包容的态度，如他并未排斥佛、老二家。同样，黎贵惇对于西洋耶稣会士所传入的天主教，应该也不会排斥。而根据越

① 黎贵惇：《芸台类语》卷三，第198—200页。

南范悟轩、阮和堂等编撰的《西洋耶稣秘录》记载，就有某广东商人向黎贵惇讲述有关耶稣教圣饼、圣药的故事。[①]换言之，黎贵惇对于天主教的仪式，也应略有所知。事实上，后黎朝景兴年间，就有《会同四教》之书出现[②]，儒、佛、老、耶四教的会通或撞击，已经在后黎朝登场了。

此外，除了上述的西学内容外，黎贵惇也察觉到在音韵文字上，中国与外国的差异，所谓："中国记字，义理在字，不在音；外国记音，义理在音，不在字。"[③]这其中涉及不同文字语言系统的转译，不能只以中国文字音韵为唯一标准。至于器物层面，黎贵惇也提到西洋的火炮[④]、望远镜[⑤]、西洋参[⑥]，对其功用的利弊得失，也有一番评论。

四、丁若镛对西学的吸纳与转化

从前述丁若镛的学思历程与朝鲜后期的西学传入背景来看，丁若镛之前的朝鲜后期儒者对西学的吸纳，已经有相当深厚的积累。根据李元淳的研究，从17世纪到18世纪前半期，朝鲜学者阅读过而有记载的汉译西学书目有《天主实义》《畸人十篇》《交友论》《二十五言》《七克》《灵言蠡勺》《辨学遗牍》《盛世刍尧》《万物真原》等有关宗教的西学书，以及《治历缘起》《天问略》《同文算指》《几何原本》《西学凡》《主制群征》《泰西水法》《职方外纪》等科学、技术与包括世界地图在内的西学资料，朝鲜后期学者抱持学术好奇心与之接触。[⑦]丁

① 参刘春银、王小盾、陈义主编：《越南汉喃文献目录提要》，台湾"中研院文哲所"，2002年，第555页。

② 刘春银、王小盾、陈义主编：《越南汉喃文献目录提要》，第556页。

③ 黎贵惇：《芸台类语》卷六，第339页。

④ 黎贵惇：《芸台类语》卷四，第286页。

⑤ 黎贵惇：《芸台类语》卷九，第535页。

⑥ 黎贵惇：《芸台类语》卷九，第629页。

⑦ 参李元淳：《朝鲜西学史研究》，第37页。

若镛于《自明疏》中就提及对汉译西学书的涉猎与研读，是他青年时期的一种社会风气。丁若镛就在星湖学派、北学派学者所累积的西学知识上，进行对西学的吸纳与转化。

事实上，丁若镛不仅广泛涉猎汉译西学书，也曾接触天主教，并主张导入且运用西方科学技术。他不仅研究理论，也付诸行动。他主张派使臣去北京积极引入先进的技术与仪器，提倡引进安坑、烧瓦、造车、炼钢、砖瓦，以及引重、起重、解木、解石、转磨、取火、代耕、风车、输机之法、虹吸鹤饮之制等技术。他还主张引进全部农器、织器、兵器、火器、风扇、水铳，以及用于天文、历法的仪器、测器等实用之器。这些技术与机器，不只是传统中国的技术或机器，还有体现西欧文明的技术与机器。丁若镛还身体力行，在建筑水原华城时运用了起重机、滑车系统，又通过接受种痘法而著述《科麻会通》。[①]由此可见，无论在理论或实务上，丁若镛对西学的吸纳是全面性的，成就斐然。学界对于丁若镛的西学[②]着墨甚多，本文不再赘述。限于笔者的学力与本文的篇幅，仅就两方面来分析丁若镛对西学的吸纳与转化。

（一）太极、阴阳与理气论的解构

就朱子性理学的宇宙观而言，人与万物的生成可由理气论来解释。同样，对于自然现象与自然知识，也以理气论为根本的思考框架。朱子认为“太极”作为万物的存在之“理”，具有存有论上的优先性；但从宇宙生成论上看，太极如何化生万物的过程，还涉及创生动力问题，故朱子必须援引“气”的概念。在朱子看来，太极之理要化生万物，使万物成为具体的存在，必须凭借阴阳之气的交感。在这个意义上，太极是形而上的存在之理，阴阳之气属于形而下的质料层面，也是实现之动力。一方面理气不杂，有形上与形下之分；另一

---

① 参李元淳：《朝鲜西学史研究》，第231—232页。

② 参《茶山丁若镛의 西学思想》(《1993年茶山文化祭纪念论丛》)以及琴章泰、宋荣培相关著作。

方面，理气不离，理与气无先后、无离合，理气相即不离才能"生"万物。在此理气论下，对于自然知识与自然现象，性理学者大抵以"理(太极)→阴阳五行→天地万物"的图式来理解。然而，丁若镛受西学的影响，却将朱子学的理气论解构了。

在丁若镛看来，朝鲜性理学者环绕理气论而有的诸多争论，只呈现思考的僵化与惰性。他急欲摆脱此思考框架。他曾向友人表明："然理气之说，可东可西，可黑可白，左牵则左斜，右掣则右斜，毕世相争，传之子孙，亦无究竟。人生多事，兄与我不暇为是也。"①因此，对于朱子学的"太极"(理)、阴阳五行(气)，丁若镛都提出质疑与批判。

首先，丁若镛批判太极之理不能作为天地万物之主宰，其言曰：

> 《太极图》上一圆圈，不见六经，是有灵之物乎？抑无知之物乎？将空空荡荡，不可思议乎？凡天下无灵之物，不能为主宰。故一家之长昏庸不慧，则家中万事不理；一县之长昏庸不慧，则县中万事不理。况以空荡荡之太虚一理，为天地万物主宰根本，天地间事，其有济乎？②

又说：

> 乃后世之论，推尊太极为形而上之物，每云"是理非气，是无非有"，不知形而上之物，何以有黑白交圈也？③

丁若镛指出，朱子所推崇的周濂溪《太极图》《太极图说》之太极，不见于六经，乃受佛老影响而有的观念。他认为太极无灵、无知，只是一空荡荡的太虚之理，更非形上之实体，不能主宰天地万

① 《与犹堂全书·答李汝弘》第4册，《文集Ⅲ》，第145页。
② 《与犹堂全书·孟子要义》第7册，卷2，第228页。
③ 《与犹堂全书·易学绪言》第17册，卷2，第110页。

物。这样的思路，与利玛窦《天主实义》对太极的批判如出一辙。

利玛窦于《天主实义》批判太极之理，其言曰：

> 太极之解，恐难谓合理也。吾视夫“无极而太极”之图，不过取奇偶之象言，而其象何在？太极非生天地之实，可知已。①

又说：

> 若太极者，止解之以所谓理，则不能为天地万物之原矣。盖理亦依赖之类，自不能立，曷立他物哉？②

利玛窦对于“太极”的理解，是以亚里士多德对存有者（being/物）的分类来理解的。根据亚氏的《范畴篇》，存有者可分为“自立体”（substance）与“依赖体”（accident）两大类。此分类若从逻辑上看，是主词与谓词的关系；若就形而上学而言，则是“实体”（substance）与“附质”（accident）的关系。从利玛窦的论述来看，他采取的是形而上学的角度。他依据亚氏之说，指出“自立体”是不依赖他物而能自立之物（物之不恃别体以为物），如天地、鬼神、人、动植物等；“依赖体”必须依赖他物才能存在（托他体以为其物），如五常、五色等。在利玛窦的认知里，自立体在存有论、逻辑、时间、价值上，都有优先性，充分表现亚氏哲学的实在论立场。在亚氏的分类下，朱子以太极为理的论点，恰足以证明太极为依赖体（附质），而非自立体，它必须依靠在实体上才能存在。

对比丁若镛与利玛窦对于朱子太极的批判，思路类似，都认为太极并非形而上的终极实体，不是存有（Being）本身，而是位于存有

① 利玛窦著，梅谦立注，谭杰校勘：《天主实义今注》：2—80，商务印书馆，2014年，第94页。本文所引用的《天主实义》即以《天主实义今注》为主，编号与页码均从此书。

② 《天主实义今注》：2—84，第95页。

物(being)层次上,无形的依赖体。丁若镛甚至将太极还原到两汉气化宇宙论的脉络,将太极视为“一团元气”。所谓:“太极者,天地未分之先,浑敦(混沌)有形之始,阴阳之胚胎,万物之太初也。”①又说:“无声无臭之同于无极者,臣以为无声无臭,是形容上天之不言不动之功化也。无极太极,不过以一团元气,从无物中凝成之谓也。”②当丁若镛将太极视为“元气”时,已经解构朱子太极作为“理”的形上性格,太极不再是第一原理,而相当于“原质”(materia prima、primary matter)。这也是利玛窦之后,耶稣会传教士对太极的理解。

同样地,丁若镛也解构朱子洁净精微的“理”(性理)世界。他从理的字义、内涵来否定理的主宰性,取消理的形上性格。丁若镛说:

> 理字之义,因可讲也。理者,本是玉石之脉理,治玉者,察其脉理,故遂复假借,以治为理。……治理者,莫如狱,故官之谓理。……曷尝以无形者为理,有质者为气,天命之性为理,七情之发为气乎?③

又说:

> 夫理者何物?理无爱憎、理无喜怒、空空漠漠,无名无体,而谓吾人禀于此而受性,亦难乎其为道矣。④

在丁若镛的理解中,“理”的本义不过是可见的玉石之脉理,假借为治理,并非无形之物。再者,理本身不具能动性、意志性、主宰性,与人性、天道无关。这样的理解,我们似乎也在利玛窦对朱子之“理”的批判中看到类似的论证:

---

① 《与犹堂全书·易学绪言》第17册,卷3,第178页。
② 《与犹堂全书·中庸策》第2册,《文集Ⅰ》,第76页。
③ 《与犹堂全书·孟子要义》第7册,卷2,第202页。
④ 《与犹堂全书·孟子要义》第7册,卷2,第228页。

理者，灵觉否？明义者否？如灵觉、明义，则属鬼神之类，曷谓之太极，谓之理也？如否，则上帝、鬼神、夫人之灵觉，由谁得之乎？彼理者，以己之所无，不得施之于物，以为之有也；理无灵无觉，则不能生灵生觉。请子察乾坤之内，惟是灵者生灵，觉者生觉耳。自灵觉而出不灵觉者，则有之矣；未闻有自不灵觉而生有灵觉者也。子固不逾母也。①

利玛窦以有灵（理性）觉（知觉）之物从何而来质问太极是否有灵觉。在利玛窦看来，上帝、鬼神、人皆有灵觉的实体。最高的第一实体天主本身就有灵觉（不同于人与物之灵觉），故能创造有灵觉的鬼神、人、禽兽等实体。但理无灵无觉，如何能生灵生觉？就存有位阶言，无灵无觉之物为粗下之“下物”，如何能含有灵有觉之“上物”呢？亦即无灵无觉之物，无法生有灵有觉之物。再者，理虽然无形，即使是一物，也是依附于自立体的依赖体而已。所谓：“理也者，……是乃依赖之类，自不能立，何能包含灵觉，为自立之类乎？”②自立体可以含依赖体，即实体含附质；反之，附质无法含实体。在这个意义下，无灵无觉之理，是彻底的依赖体，绝不是自立体，也不属于精神体。如此一来，在利玛窦的诠释下，太极＝理＝依赖体＝无动静＝无灵觉之物，太极作为“形上之理”“存在之理”的含义尽失，属于形而下的无形之依赖体。

经由上述的分析，在消解朱子的“太极”“理”之形上性格上，丁若镛的思路与论据颇受利玛窦《天主实义》的影响。

其次，随着朱子“理气论”之“理”的形上性格之瓦解，“气”也不再是宇宙论或存有论上的重要概念，“阴阳”“五行”不是自然世界的建构原则，也无法生成万物。丁若镛以经验实证的角度理解“阴阳”“五行”，他说：

---

① 《天主实义今注》：2—91，第97页。

② 《天主实义今注》：2—98，第98—99页。

阴阳之名，起于日光之照掩。日所隐曰阴，日所映曰阳。本无体质，只有明闇，原不可以为万物之父母。……阴阳曷尝有体质哉？……由是观之，上天下天、水火土石、日月星辰，犹在万物之列，况可以铜铁草木，进之为万物之母乎？今试书之曰“天以阴阳、水火、铜铁、松柏化生万物”，其说自觉难通。分而言之而远于理者，难混言之，岂得合理乎？①

又说：

况五行不过万物中之五物，则同是物也，而以五生万，不亦难乎？《礼运》曰“人者，五行之秀气”，先儒所宗，皆此一言。今夫血气之伦，剨而观之，不见金木等物，将于何验得此理？②

丁若镛从实证的角度指出，“阴阳”二气，从自然现象来看，只不过是因日照之有无而显示出来的“明暗”，本身是属性，而非实体。从利玛窦的思路来看，阴阳也是依赖体，不是自立体，故阴阳不是化生万物的原理或元素。同样地，金、木、水、火、土等“五行”，也是万物中的五种不同种类的物质，有形质，各自不同，不能生万物。五行也不属于“气”，因为血气中也不见五行等物质。

此外，丁若镛也从易学的角度，指出“太极”或“阴阳”，皆是“揲蓍”之名。他说：

太极、两仪、四象，皆揲蓍之名。太极者，太一之形。两仪者，两合之仪。四象者，四时之象。虞氏直以天地为两仪，四时为四象，非矣。仪者，依仿也。象者，摸状也。岂实体之谓乎？③

① 《与犹堂全书・中庸讲义补》第6册，第283—284页。
② 《与犹堂全书・中庸讲义补》第6册，第285页。
③ 《与犹堂全书・易学绪言》第17册，卷1，第48页。

丁若镛并没有否定“太极”“阴阳”在易学中的重要性，但它们却不是宇宙论或形上学的概念，而是就“揲蓍”而言。在此意义下，太极是太一之形，是象征混沌的一团元气之形；而阴阳是指“蓍数之奇偶”，四象也非实指四时。太极与阴阳，皆非实体，没有实在性。论述至此，丁若镛已经解构了朱子从理气论所建构“太极→阴阳→五行”之宇宙生成论、形上世界的图式，全然超脱性理学的主要思考框架。

（二）西学的“上帝”与“灵明主宰之天”

如前所述，从丁若镛对“太极”“阴阳”“五行”的解释，我们看到在解构朱子学的理气论上，丁若镛受到西学的影响。此影响还使丁若镛积极地凸显作为人格神之“上帝”的存在。丁若镛也与利玛窦一样，从先秦的《诗经》《尚书》《中庸》等经典中，证实“上帝”为先秦儒学本有的概念。丁若镛说：

> 《诗》云：“明明在下，赫赫在上。”《诗》云：“荡荡上帝，下民之辟。”《诗》云：“昊天上帝，则不我遗。”《诗》云：“天之牖民，如埙如篪。”《诗》云：“昊天曰明，及尔出王。昊天曰旦，及尔游衍。”《诗》云：“畏天之威，于时保之。”《诗》云：“敬天之怒，无敢戏豫。”先圣言天，若彼其真切分明；今之言天，若是其渺茫恍惚，岂可知耶？①

在丁若镛看来，《诗经》中出现的“上帝”（天）是一具有意志、主宰的人格神，也是超越且具绝对权威的存有，能创生、主宰万物。借此，丁若镛以“上帝”作为终极的实在（ultimate reality），取代朱子学抽象的太极观念，并批判朱子学的“苍苍之天”：

> 臣以为高明配天之天，是苍苍有形之天。维天于穆之天，

---

① 《与犹堂全书·孟子要义》第7册，卷2，第228—229页。

是灵明之天。①

又说：

天之主宰为上帝。其谓之天者，犹国君之称国，不敢斥言之意也。彼苍苍有形之天，在吾人不过为屋宇帡幪，其品级不过与土、地、水、火平为一等，岂吾人性道之本乎？②

丁若镛认为，朱子学所谓的“天”是“苍苍之天”，是有形之天，是覆盖屋宇的自然之天，与土、地、水、火一样，都属于自然界的物质性存在，不具存有论的上位位阶，没有意志与主宰，不能化生万物。因此，丁若镛宣称“天之主宰为上帝”。再者，此“上帝”亦是《中庸》所谓“维天之命，于穆不已”之“天”，是“灵明之天”，能降临并监视人的一言一行，所谓：“古人实心事天，实心事神。一动一静，一念之萌，或诚或伪，或善或恶，戒之曰：‘日监在兹。’”③在此意义下，“事天”即“事神”，“天”（灵明知天）、“神”（鬼神之为德）、“上帝”三者名异实同，不仅作为终极实在，且是主宰人与万物的“唯一神”④、“人格神”。由此可见，丁若镛所强调的“上帝”，与利玛窦《天主实义》的“天主”相似。

利玛窦《天主实义》论及“天主”，也援引《诗经》《尚书》《中庸》为证：

---

① 《与犹堂全书·中庸策》第2册，《文集Ⅰ》，第76页。

② 《与犹堂全书·孟子要义》第7册，卷2，第228页。

③ 《与犹堂全书·中庸讲义补》第6册，第316页。

④ 丁若镛对朱熹之注释《中庸》“郊社之礼，所以事上帝也”加以批判：“天神、地示，虽分二类，万物一原，本无二本。日、月、星、辰、风、雨、司命之神，社稷、五祀、五岳、山林之神，都是天之明神。特其所掌，有司天、司地之别，故或云‘天神’，或云‘地示’也。……上下神、示，皆受帝命，保佑万物，而王者祭而报之，无非所以事天。故曰‘郊社之礼，所以事上帝’。不言后土，非省文也。”见《与犹堂全书·中庸讲义补》，第338页。

> 吾天主,乃古经书所称上帝也。《中庸》引孔子曰:“郊社之礼,以事上帝也。”朱注曰:“不言后土者,省文也。”窃意仲尼明一之以不可为二,何独省文乎?①
>
> 《周颂》曰:“执兢武王,无兢维烈。不显成康,上帝是皇。”又曰:“于皇来牟,将受厥明,明昭上帝。”《商颂》云:“圣敬日跻,昭假迟迟,上帝是祇。”《雅》云:“维此文王,小心翼翼,昭事上帝。”②
>
> 《汤誓》曰:“夏氏有罪,予畏上帝,不敢不正。”又曰:“惟皇上帝,降衷于下民。若有恒性,克绥厥猷惟后。”《金滕》周公曰:“乃命于帝庭,敷佑四方。”上帝有庭,则不以苍天为上帝,可知。历观古书,而知上帝与天主,特异以名也。③

显然,在利玛窦“容古儒、斥新儒”④的论述策略下,天主教的“天主”即古经书的“上帝”。就此而言,丁若镛也有相同的见解。

值得注意的是,丁若镛虽凸显儒学中“上帝”的人格神特征,但却未必接受西学的“上帝”之启示宗教(revealed religion)的某些内涵。天主教作为严格意义的启示宗教,包含自然启示与超自然启示。“启示”(revelation)一词,拉丁文是“revelatio”,“掀开帐幕”之义,表示将藏在帐幕之后的事物显露出来。就自然启示部分,即透过理性能力来认识上帝,丁若镛应不陌生,也能接受。但对于天主教超自然启示所呈现的历史启示,如上帝的最后审判,天堂地狱之说,耶稣的降生成人、被钉十字架等历史启示,丁若镛就不易接受。就此而言,西学的“上帝”与丁若镛所高举的儒学之“上帝”,仍然不同。

---

① 《天主实义今注》:2—104,第 100 页。

② 《天主实义今注》:2—105,第 100 页。

③ 《天主实义今注》:2—108,第 101 页。

④ 参孙尚扬:《明末天主教与儒学的互动——一种思想史的视角》第 2—3 章,宗教文化出版社,2013 年。“古儒”指先秦儒学,“新儒”则指宋明理学(宋明新儒学)。

我们可以说，丁若镛接受西学“上帝”(天主)作为人格神、唯一神、超越绝对他者的内涵，但他也基于儒学的立场，强调“上帝”与“道德”的联结，他指出：

天之喉舌，寄在道心，道心之所儆告，皇天之所命戒也。人所不闻，而已独谛听，莫详莫严，如诏如诲，奚但谆谆而已乎？……《诗》云：“天之牖民，如埙如篪。”非是之谓乎？“对越上帝”之只在方寸，正亦以是。求天命之图箓者，异端荒诞之术也，求天命于本心者，圣人昭事之学也。①

又说：

道心与天命，不可分作两段看。天之所儆告我者，不以雷不以风，密密从自己心上丁宁告诫。……丁宁谛听，无所熹微。须知此言，乃是赫赫之天命。循而顺之，则为善为祥；慢而违之，则为恶为殃。②

丁若镛一方面强调上帝的意志与主宰，及其对人之内心的鉴临作用；另一方面，他也指出道心与天命不可分割，透过道心，吾人可以谛听天之所命。换言之，上帝正是透过人之道心，得以落实其命令；也可以说，道心的命令意味着上帝的命令。就此而言，对越上帝，昭事上帝，必须求之本心(道心)。笔者认为，丁若镛的上帝观虽受西学影响，但与基督宗教的上帝(天主)仍有距离。他吸纳并转化西学的上帝观，强调儒家的“敬天”思想，此“天”具有人格性，是绝对的超越者，吾人当以自我修养、道德实践来“事天”，以臻至“圣人”的完美人格。

---

① 《与犹堂全书·中庸自箴》第6册，卷1，第231页。
② 《与犹堂全书·中庸自箴》第6册，卷1，第233页。

五、结　　语

由于越南后黎朝与朝鲜后期西学传入背景的不同、管道有别、学术文化积累深浅不一，黎贵惇与丁若镛对西学的吸纳也有差异。大抵而言，黎贵惇对于西学的吸纳，呈现广度的认识，丁若镛则彰显深度的理论转化。从本文的对比可知，黎贵惇对于西方近代的自然科学知识与理论只能凭借朱子理气论，以及传统气化宇宙论为思维框架，逐步吸收西学。这样的吸纳过程，难免呈现“西学中源”的现象，仍未摆脱朱子学与中国传统思想的影响。他对于利玛窦与天主教的关注，虽给予正面的评价，却未触及理论内部的深究。相对地，丁若镛对于西学的吸纳，则与其一生学术思想与命运紧密相关。他吸纳西学，进而超脱朝鲜时代的朱子学思考框架，解构朱子的理气论。同时，丁若镛也吸纳西学的“上帝”概念，转化并重构儒学的“上帝”观，强调儒学的“敬天”思想。

黎贵惇作为越南后黎朝的儒学巨擘，以及丁若镛作为朝鲜后期的实学大家，两者对于西学的吸纳，对当代学者的思想探索，仍有启示作用。身处当今全球化的时代，我们如何看待异质文化与他者，影响着我们的文化创造力。18 世纪越南黎贵惇与朝鲜丁若镛对于西学的吸纳所展现的视野与开放性，皆具典范性的意义。

学习如何教书:《科因布拉评注》对《后分析篇》篇首的解释

波士顿学院 C.卡萨里尼(Cristiano Casalini) 撰;
中山大学哲学系 张逸婧 蒋 佳 译

尽管教育哲学成为一个学术研究领域的时间并不长,但其基本问题在古希腊时代就已经是热门话题了。

在这些基本问题中,有些曾经是柏拉图和智术师之间纠缠不清的问题。例如高尔吉亚、美诺和普罗塔戈拉等智术师反对真理(和美德)存在、可以认识以及可以由一个人告诉另一个人。柏拉图认为这些问题非常棘手,以致他不得不为了解决它们而诉诸回忆理论。在他的对话《美诺篇》中,他确实明确地反对人类有可能找到他们已经知道的东西之外的真理,因为人类如果不事先具有真理的概念,他们就无法识别出真理。①

当然,这样的学习理论也反映在柏拉图的教育观念中。回忆是一种可以完全在某人的灵魂中进行的过程。一个有知识的人完全没有必要向一个无知的人交流或者传播真理,哪怕是从老师到学生。结果,柏拉图用来命名其教学理论的著名比喻也就是助产术②,因为苏格拉底声称继承了他母亲的工作,即他不断地追问他的学生,直到让他们从自己身上产生出清晰的概念。

学习的过程便是超越真理在物质的,也就是变化的、不真实的世界中的反映,从而达到理念世界,一个人的灵魂在进入肉体之前

① Plato, *Meno* 70a and ss.

② Plato, *Theaetetus* 149a and ss.

就已经静观过的理念世界。同理,教学的过程也就是把某人的概念中来自感性和意见的偶然性清除出去,以便概念之光照亮心灵的眼睛。

亚里士多德的知识理论则相当不同,因为在他看来,感官在人类认识中必须起着主要并且多少是正面的作用。然而,由于亚里士多德本人也同样对感官的欺骗性抱着警惕态度,为了避免陷入怀疑主义和相对主义,他只能强调理智在认识过程中的积极作用。认识是对于"种相"(species)的认识,而种相只能通过理智获得,因此对真理的认识取决于把感性知觉和抽象推理以恰当的方式联系起来。[①]并且,和真理更为接近的知识种类,即亚里士多德称为"科学"(science)以区别于意见和修辞的那种知识,要求根据一些特定规则来指导抽象推理,只有这些规则能确保所得出的结论是确定无疑的。这些规则是由逻辑学来建立的。逻辑学在这里泛指"推理的技艺"。三段论及其模态显然是逻辑学的核心,但有一点需要注意:根据亚里士多德的理论,概念和词项跟随感觉经验而来,因此感觉经验对于学习是至关重要的,因其不仅为回忆提供可能性,而且是理智赖以运作的种相和想象的必不可少的传达者。显然,感官和经验的作用和柏拉图的回忆理论是不相容的,因为亚里士多德对此的著名论断是人的心灵像一块白板。这样一来,任何学习所得都应被看作是全新的。如果这是亚里士多德关于学习的基本理论,那么他的教学理论则不那么一目了然。亚里士多德视为学习所得之基本特性的"崭新性"是否对他的教学理论有所影响?从这个角度来看,真理能否被传播、讲授和学习?如前所述,这些问题都是教育哲学的核心问题,它们虽然散见于亚里士多德的多部著作中,但其答案可以在一本书中找到,即逻辑学讲稿的一部分,标题为"后分析篇"。在这一著作中,亚里士多德专门探讨了科学推理的规则和结构,或

---

① See Terence Irwin, *Aristotle's First Principles*, Oxford: Clarendon Press, 1988, p.4.

者换句话来说，演绎推理的规则和结构。

当然，这不是说，亚里士多德认为只有科学可以在人与人之间传授，因为技艺和意见也是人们通常教给别人的东西。小偷教授如何偷窃；演说家把他的技艺教授给想成为律师、政治家和演讲者的人。这些技艺没有一个和真理有关，因为后者（即演说——译者）着重于说服别人，而前者（即偷窃——译者）着重于实用技巧。不过，既然“理智的品质”（dianoethical virtues）高于任何其他品质，事关真理的知识也就因此被看作高于其他东西。由此，对于教育和教学相关问题的探讨显然要借助学习科学知识过程的内在逻辑。

鉴于感官和经验在触发学习过程中的作用，人们有理由认为，亚里士多德所说的教师的主要职能应该是提供说出或写出的语言符号，从而让学生形成正确的想象，使他们的理智能开启认知的过程。的确，这就是亚里士多德的理论，并且包括经院哲学家在内的许多后代评注者都同意这一点。显然，教学并不是在另一个人身上导致知识产生，因为这就意味着把创世者的能力授予人类，而创始者用柏拉图的话来说也就是“大工匠”（demiurge）。因此，教学的能力是指帮助、指导和支持别人的正确推理过程的能力，这一过程必须遵循逻辑规则进行。但是，如果了解亚里士多德对柏拉图的心灵回忆理论的批判，就会提出这样的问题：如果逻辑规则本身大都是教学的主题（事实上，逻辑是一种技艺），那么似乎应该也有一些非常普遍的逻辑原理，它们是人类只要一进行最起码的推理就需要的。它们就好像使计算机能够运行的软件。这是些什么样的原理，它们又是如何被习得的？它们本身能否被教授？

这些问题在一些学者看来曾使亚里士多德陷入悖论。它把教学的问题放到了亚里士多德逻辑证明的核心位置。①探究证明的结

① See Irwin, *Aristotle's First Principles*, p.6; Murat Aydede, "Aristotle on *Episteme* and *Nous*: The *Posterior Analytics*", *Southern Journal of Philosophy*, vol.36, no.1(1998), pp.15-46.

构,以及人类运用归纳和演绎来产生关于实在世界的知识的过程,意味着追问人们可以彼此教授什么以及如何教授。事实上,学习的过程明显可以通过两种不同的方式进行,或者某人发现了一些东西并且自己进行学习,或者他在别人的教学指导下学习。更加基本的原理就被看作由于不证自明而被人们自然而然接受的结果,不那么重要的才是教师在学习过程中所起的作用。最后,如果人类本应该自然而然地同意最基本原理之类的自明命题,那么关于"自然"的概念还是有些东西必须加以解释,因为学习的过程不能建立在带有柏拉图理论色彩的天生论上,这是亚里士多德所公开反对的。

我将稍后解释亚里士多德的论据。在此只需指出,他在前认知结构、前提、自明命题和原理之间所做的区分,较之他用来描述接受自明性之过程的用语更为详细。这一关于一个人"学习"基本原理时所发生的事情的描述,是难以捉摸而零散分布的,由此引发了自菲洛波努斯(Philoponus)始,直至17世纪中叶的最后一代晚期经院哲学家,对亚里士多德卷帙浩繁的解释。①

奥古斯丁和托马斯·阿奎那代表了基督教哲学内部的两种不同的解释传统。②尽管和关于逻辑学其他方面的争论相比,这似乎是一个小问题,但一个人是否可以被看作另一个人的老师这一问题恰好位于两个不同的神学范式的分歧点上。

奥古斯丁在《论教师》中否定了一个人可以被称为另一个人的老师。而令人吃惊的是,这一著作被经院哲学的逻辑学评注所忽视。在他自己的语言哲学,尤其是符号理论的基础上,奥古斯丁的这一否定多少回应了柏拉图的回忆理论:如果没有人能够导致知识在别人身上产生,因为符号不是知识的充分原因,那么严格来说,没

① See John Philoponus, *On Aristotle Posterior Analytics 1.1–8*, edited by Richard D. McKirahan, London: Duckworth, 2008.

② 关于这一观点的历史学意义及其局限,参见 Étienne Gilson, *Tommaso contro Agostino*, edited by Cristiano Casalini, Milan: Medusa, 2010。

有人能够教授任何东西。一个教师应该做的不外乎提供物质符号(手势、说出的话),让学生在自己内心重复,让理智活动起来,使得启示内容从概念角度被理解,由此启动学习过程。[①]奥古斯丁说:“不要向外走,回到你自身。真理栖身在人之内在。”(Noli foras ire, in te ipsum redi. In interiore homine habitat veritas)[②]

当然,那种居于内心的真理不是别的,就是上帝本身。奥古斯丁解决回忆问题(以及相关的灵魂转世问题)的方法是把作为创世主的上帝引入人的内心,就好像启发人认识的光。[③]

由此可以引出,对于从中世纪到早期近代的修辞学、逻辑学以及科学知识都至关重要的“发现”(inventio),其过程从根本上是人赖以学习的唯一真实的方法。[④]发现的可靠性完全来自它是上帝的映照,它比任何其他学习过程来得首要,为此仅仅需要清楚和专门的教学法,也就是柏拉图所说的助产术,以及在新柏拉图主义语境中,赫尔墨斯(Hermes Trismegistus)在其《赫尔墨斯总集》第一章中所展现的对话的、渐进的内在启蒙,学生主要靠自己的理智成长而获得它。

在阿奎那的时代,巴黎大学里流传着许多种奥古斯丁主义。吉尔松阐明了阿奎那的攻击对象之一就是把奥古斯丁柏拉图化并和阿拉伯“理智主义”成功混合起来的学说,例如阿维森那和阿维洛伊的学说。[⑤]关于阿奎那与奥古斯丁之间的分歧,十分明显的主题之一是教师问题,阿奎那在《论真理》第 11 章中探讨了这个问题,并且在其他一些著作中也在同样的地方探讨过。

简言之,阿奎那的两难困境在于如何同时否定知识从老师向

---

① Augustine of Hippo, *De Magistro* 14.45.

② Augustine of Hippo, *De vera religione* 39.72。在 *De Magistro* 11.38 中,奥古斯丁提到同样的概念。

③ Augustine, *De Magistro* 14.46.

④ Edda Ducci, “Introduzione”, in Tommaso d'Aquino, *De Magistro*, Rome: Anicia, 1995, p.28.

⑤ See Gilson, *Tommaso contro Agostino*, p.8.

学生传递时的因果关系,并且承认这一传递确实发生了。阿奎那的解决办法是"手把手的指导"(manuductio)概念。他将其解释为教师的教学作用是为学生提供向导,让他们运用自己的"想象力"(phantasia),并形成正确的想象,可以抽象出来并提供给作为接受者的理智,就像"理智种相"(species intelligibiles)。[①]向导功能比奥古斯丁所赋予教学技艺的东西要多。阿奎那成功地把这一概念融入亚里士多德的认识理论。然而,发现的作用虽然被削弱了,但仍然存在,因为阿奎那的结论是,人只能在"不恰当"的意义上被称为另一个人的老师,原因是人"恰当的"、真正的老师是上帝自身。[②]

经院哲学家一直对奥古斯丁和阿奎那已经解决的问题争论不休,常常在争论中宣称站在某一边,但又模糊了这两个截然不同的立场之间的界限。在这场争论中,根特的亨利(Henry of Ghent)和邓斯·司各脱(Duns Scotus)之间关于直观认知、习惯和种相的分歧有非常重要的地位,它至少塑造了方济各会中典型的奥古斯丁传

---

① Thomas Aquinas, *De veritate*, q. 11 a. 1 co。阿奎那提出如下例子来说明教学如何进行:"如同人们说医生通过天性自身起作用来给病人带来健康,那么同样可以说,人通过他的自然理性自身起作用来给他人带来知识。这就是教育。由此可说,一个人教育另一个人,前者为后者的老师。"(Sicut igitur medicus dicitur causare sanitatem in infirmo natura operante, ita etiam homo dicitur causare scientiam in alio operatione rationis naturalis illius: et hoc est docere; unde unus homo alium docere dicitur, et eius esse magister.)

② "借助理性之光,此类原则为我们认识,而这种理性之光是上帝植入我们之中的,就像非受造的真理的某种相似物在我们身上产生的结果。所以,由于所有人类学科只有依靠那一种光才会有效,那么显而易见,唯有上帝能够内在地和依据原理地教导,就像天性内在地和依据原理地治愈一样。即便如此,依照前文所述方式依然可以正确地说人可以进行医治和教导。"(Huiusmodi autem rationis lumen, quo principia huiusmodi nobis sunt nota, est nobis a Deo inditum, quasi quaedam similitudo increatae veritatis in nobis resultans. Unde, cum omnis doctrina humana efficaciam habere non possit nisi ex virtute illius luminis; constat quod solus Deus est qui interius et principaliter docet, sicut natura interius et principaliter sanat; nihilominus homo et sanare et docere proprie dicitur modo praedicto.) Aquinas, *De Veritate*, q. 11 a. 1 co。

统,直至16世纪末。①

不过,在那一时期,耶稣会士为这个论题提供了清晰的阐释,但其中大部分都被广泛地认作司各脱主义和托马斯主义两种论据的调和,并在此基础上建立了所谓的"折中主义"传统。

这是由于这样一个实际情况:耶稣会的章程规定每个耶稣会哲学家和神学家必须遵循阿奎那,但是并没有详细规定"阿奎那"具体是什么含义。章程的规定所留下的这个可供任意阐释的空子,使得一些耶稣会士从司各脱那里借来一些理论,理由是司各脱看起来在很多地方和阿奎那是一致的。②对于本文的主题而言,这两个传统是相当不同的,而对于一个耶稣会哲学家而言,强调阿奎那的学说可能意味着表现出自己是严格遵循章程的,言下之意就是比其他人更加靠近耶稣会的精神。

科因布拉教科书很可能就属于这种情况。这一多卷本哲学教科书由科因布拉的耶稣会士出版,想要在全世界的耶稣会学校推广。即便这些书都没有注明作者的名字,现在我们还是知道曼纽

---

① 参见 Jennifer Ashworth, *Language and Logic in the Post-Medieval Period*, Dordrecht: Reidel, 1974; Ashworth, *The Tradition of Medieval Logic and Speculative Grammar from Anselm to the End of the Seventeenth Century: A Bibliography from 1836 Onwards*, Toronto: PIMS, 1978; Ashworth, "Logic and Language: Traditional Logic," in *The Cambridge History of Renaissance Philosophy*, edited by C.B.Schmitt, Quentin Skinner, Eckhard Kessler, and Jill Kraye, Cambridge: Cambridge University Press, 1988, pp. 139 – 172; Henrik Lagerlund, "Trends in Logic and Logical Theory", in *The Routledge Companion to Sixteenth-Century Philosophy*, New York: Routledge, 2017, pp.99 – 120。关于16世纪葡萄牙司各脱派背景,参见 F. Félix Lopes, "As doutrinas escotistas na cultura e escolas de Portugal," *Revista Portuguesa de Filosofia*, Fasc. 3, 1967, pp.235 – 249。

② 关于司各脱的认知理论和基本原理,参见 *De doctrina Ioannis Duns Scoti: Acta Congressus Scotistici Internationalis Oxonii et Edimburgi 11 – 17 sept. 1966 celebrati*, Rome: Societas Internationalis Scotistica, 1968; Antonie Vos, *The Philosophy of John Duns Scotus*, Edinburgh: Edinburgh University Press, 2006; Richard Cross, *Duns Scotus's Theory of Cognition*, Oxford: Oxford University Press, 2014。

尔·德·果伊斯(Manuel de Goís)撰写和编订了大部分评注。在他死后(1598),塞巴斯提阿·德·库托(Sebastião do Couto)编写了该系列的最后一本,即关于逻辑学的评注(1606)。①

如果说库托的逻辑学教科书中关于科学知识的获得和传播有一个容易分辨的特征,那就是他从批判柏拉图的回忆理论及其所有中世纪派生形式中所得出的结论。②这类批判在经院哲学评注中并非鲜见,但库托对科学知识作为外来的新东西及其社会根基的强调比前人更为彻底。认识是人类的自然倾向,但是如果没有教师的介入,任何与知识相关的东西都不会进入他们并发生活动。笔者想要指出的是,这一介入尽管不会在实际上导致认识,但甚至对于发现(inventio)都是必不可少的,哪怕发现应该是某人仅靠自己来学习的过程。教师的作用不是被设想为仅仅点燃学习或认识的过程,而是参与其中,传播逻辑规则。只有严格遵循这些规则,认识即所谓人类特有的行动,才能自然地成为可能。更进一步,通过强调理智(通过推理来认识的能力)和习惯之间的区别,以及习惯只能被习得而不是天生的这一事实,库托论证道,人类那种追求科学进步的态度只能通过教学的外来行为来实现。

这一理论的许多论据,都可以在库托的《后分析篇》评注中找到。《后分析篇》的篇首由于备受争议而广为人知:"一切理智层面

① See Mário Santiago de Carvalho, "Introdução Geral à Tradução, Apêndices e Bibliografia", in *Comentários do Colégio Conimbricense da Companhia de Jesus Sobre os Três Livros da Alma de Aristóteles Estagirita*, Tradução do original latino por Maria da Conceição Camps, Lisboa: Silabo, 2010, pp.7 - 157. Carvalho, "Filosofia da Educação Conimbricense. Sobre o 'De Magistro' de Sebastião do Couto (no 'Curso Aristotélico Jesuíta de Coimbra', 1606)", *Revista Filosófica de Coimbra* 24, 2015, pp.149 - 165. António Manuel Martins, "The Conimbricenses", in Mª C. Pacheco et J. Meirinhos (eds.), *Intellect et imagination dans la Philosophie Médiévale/Intellect and Imagination in Medieval Philosophy/Intelecto e Imaginação na Filosofia Medieval*. Actes du XIᵉ Congrès International de Philosophie Médiévale de la S.I.E.P.M.(Porto, du 26 au 31 août 2002), Turnhout: Brepols, 2006, pp.101 - 117.

② See Cristiano Casalini, *Aristotle in Coimbra. The Cursus Conimbricensis and the Education at the College of Arts*, New York: Routledge, 2017, pp.90 - 120.

上的教学和学习都产生于事先存在的知识。”①

《后分析篇》探讨演绎证明，这是亚里士多德科学知识理论的基础。②证明是推理的结构或形式，是人类用来从已知前提推出结论的工具。当前提本身是确定无疑的，并且中项允许形成严格的结论，那就是一个证明三段论，它是科学的基石。笔者暂时不准备涉及这一论点的各种经院哲学阐释。完全可以恰当地说，科学只是推理学说和学科的一种：辩论和演说的技巧是其他的种类，也适用这一论点。

根据大部分经院哲学家的观点，这一论点必须从柏拉图回忆理论的对立面来理解，也就意味着学习和认识就好像回忆起我们在游过忘川之前所具有的知识。在柏拉图的灵魂转世说的世界图景中，没有任何事物是全新的。这一理论必须被基督教经院哲学摒弃，尽管回忆理论在某些基督教传统中保留下来，其中一个追溯到奥古斯丁并且在15世纪重新得到例如“菲奇诺”(Marsilius Ficinus)的肯定。

基于亚里士多德在《论灵魂》中的论点，即人的潜在理智就好像一块白板，经院哲学家们论证道，人在其一生中所能得到的知识是全新的，并且离不开感官的介入(这是亚里士多德的另一句话)。

由于感官既是必要的又带有欺骗性，亚里士多德不得不把感官的介入和理智的认知结合起来，唯有后者可以保证确定性和真实性。

---

① 我在后文引用的是库托逻辑学评注的第一版：*Commentarii Collegii Conimbricensis S.I. in universam Dialecticam Aristotelis*, Coimbra: Loureiro, 1606(abbreviation: *In dialecticam*)。Aristotle, *Posterior Analytics · Topics*, edited and translated by E. S. Forster, Cambridge MA, London: Harvard University Press, 1960, p.25。

② 关于亚里士多德逻辑学的研究很多，此处参见 H. Apostle, *Aristotle's Posterior Analytics*, Grinnell: Peripatetic Press, 1981; M. Ferejohn, “Meno's Paradox and *De Re* Knowledge in Aristotle's Theory of Demonstration”, *History of Philosophy Quarterly*, vol. 5, no. 2(April 1988), pp.99－117; R. Bolton, “The Epistemological Basis of Aristotelian Dialectic”, in *Biologie, Logique et Metaphysique chez Aristote*, edited by D. Devereux e P. Pellegrin, Paris: CNRF, 1990, pp.213－219; William Wians, “The Philosopher's Knowledge of Non-Contradiction”, *Ancient Philosophy*, vol. 26, 2006, pp.333－353。

因此,《后分析篇》篇首所引发的问题就是:倘若正确的推理基于前提的确定性,而前提缺乏由经验提供给论证的中项,那么人又是如何知道这些前提的,既然已经否定了它们的真实性已经进入人的灵魂并且不同意回忆理论的话?

简言之,如何调和一切知识都是全新的这一观点和一切知识来自事先认知这一事实?

《科因布拉评注》中一切推论科学都是"教学"(doctrina)和"学习"(disciplina)的观点面临两种反对意见。[①]第一种反对意见是:由一个人自己发现所学到的科学知识是推论性的;但它既不是从教师而来的教学,也不是学习(的确,"学生"一词只用于和教师相对的语境)。更有甚者,学习和推论似乎是互相矛盾的,因为推论意味着从先在的东西导出,而先在的东西要么在教师身上,要么在学生身上。

a. 第一种情况是错的,因为教师的科学知识不是通过自身导致学生的科学知识。这是因为推论是一种必须从潜能得来的运动。因此,一个人必须从同一个潜能中找到这两种认知。

b. 第二种情况是错的,因为进入学校的人是完全无知的。[②]

在针对亚里士多德《后分析篇》第一句话的"解释"部分,《科因布拉评注》这样说:根据亚里士多德的观点,我们需要事先知道一些东西,科学知识才能通过证明开始。

亚里士多德的论据如下:

a. 一切理智上的教学和学习都从事先的认知得来;

b. 科学知识,即通过证明手段得到的结论,是理智上的教学和学习;

c. 因此,科学知识必须从先在的认知得来。

那么,事先知道的东西是什么呢?

经院哲学对亚里士多德逻辑学的评注中,通常承认任何先于其

---

① Couto, *In dialecticam*, In Post. An., lib. 1, cap. 1, "Explanatio".

② Couto, *In dialecticam*, In Post. An., lib. 1, cap. 1, Quaest. 3, Art. 1.

他的认知都可以称为前认知。最基本的前认知，即处于演绎证明的开端的前认知，是关于命题的组成部分或者它们在命题中的连接。例如，《科因布拉评注》认为，前认知包括对主词、谓词（仅限于作为主词的第一性质的谓词）和原理的认知，这是自明的命题。[①]一个附加的区分是，人是把这些组成部分作为词项（仅为语言学知识）来认识，还是作为事物的本质来认识。经院哲学家们往往区分认知的意向对象（上面列举的三个组成部分）和认知的内容，通常分为"是什么""是否存在"和"是否为真"。[②]

严格说来，虽然对"借着自身而知的命题"（propositiones per se notae）比对组成部分的认知来得晚，但它是推理开始的关键。这类命题的自明性在逻辑上取决于它们没有中项这一事实，也就是说它们是直接的，可以得到任何人的赞同，只要他懂得其组成部分的意义。经院哲学学者之间有一个争论：关于这些命题有多少种类，尤其是关于从认识论角度来看最重要的命题，也就是原理的种类和结构。

大多数人都同意的关于原理的区分是这样得来的：原理或者是非复合的（简单事物），或者是复合的（命题）。关于复合即命题的原理是自明命题中最重要的种类。它们没有任何中项，是直接的，并且可以根据一些标准来分类，其中最普遍的标准是一个原理是首要和共同（和一切科学有关）的，还是专门的（有关一门或几门科学）。原理也被分为公理和假设。假设就是教师在教授科学知识时提出的命题：它们可以是"论断"（statements）或定义（即不做任何肯定）。

根据《科因布拉评注》的观点，亚里士多德只给出了"原理"的否定性定义：

a. 原理是没有中项的命题；

b. 原理是无法被证明的命题。

---

① Couto, *In dialecticam*, In Post. An., lib. 1, cap. 1, Quaest. 3, Art. 2 and 4.

② Couto, *In dialecticam*, In Post. An., lib. 1, cap. 1, Quaest. 3, Art. 1 and 2.

定义 a 的意思是原理是自明的命题,《科因布拉评注》承认这类命题存在。这样的命题只从其词项就可以被认识。为了明确这一点,《科因布拉评注》指出,一个命题要成为自明的,必须没有任何先天的中项,无论就其存在而言还是对于认识而言。并且这个命题还要具备这样的词项,使得理智一旦理解它们就可以直接同意该命题。

《科因布拉评注》强调“先天”的概念,因为他们和大阿尔伯特一样相信,对于某些这样的命题可以给出后天的证明。①

自明的命题分为两类:a.本身自明;b.本身自明且对我们自明。前者没有中项,但可以被我们证明(通过假定一个中项)。后者没有任何中项,无论就其存在而言还是对于认识而言。自明的命题要求对于词项的完全理解,这里所强调的理解不是涉及作为形式概念或语音的词项,而是涉及作为被意指的事物的词项。

的确,为了认识一个形式命题是否为真,需要理解其所意指的事物是否存在,因为认识首先来源于事物。

结论是,同意自明命题的行为是直接的(无中介的)、直观的。

自明的命题有如下种类:

a. 命题中有关主词本质的谓词是本身自明的。但这类命题中并非全部都是对我们自明的。后一种的例子:“天使是精神的。”“人是肉体的。”

b. 命题所谓述的是主词的第一被感特性(passio)。这类命题在形而上学层面上是本身自明的,但不是对我们自明的。在物理学层面上,这甚至不是本身自明的。

c. 否定命题,其中某个词项被归于另一个谓词,这类命题是本身自明的,但不是对我们自明的。例如:“人不是线。”

d. 每个同一性命题是双重自明的。“一个事物或者是,或者不是。”

e. 谓述主词的本质定义,或其一个部分,或整个定义的第一被感特性(passio)的命题是双重自明的。

---

① Couto, *In dialecticam*, In Post. An., lib. 1, cap. 1, Quaest. 2, Art. 1.

f. 两个词项不同的否定命题是双重自明的。例如:“实体不是数量。”“上帝不是第一质料。”

g. 包含对立词项的选言命题是自明的。例如:“人或是白的,或不是白的。”

《科因布拉评注》把第八章“关于原理”的评论部分用于讨论是否存在可以被证明的原理这一问题。作者否定了这一可能性,因为在词项的光芒下,证明的可能性变得昏暗。但这并不排除有些种类的证明。①

有些人主张,亚里士多德本人在否定了原理可以被证明之后,补充了一句,有些原理在一定情况下不能证明。对此,《科因布拉评注》回应道,如果一个原理对于某一学科是不可证明的,但对于另一学科可以,那么这个原理就应该被简单地当作可证明的。

原理可以分为普遍原理和特殊原理,取决于它们关于许多科学还是一门科学。

在最普遍的原理中有如下这些:

a. 一个事物不可能同时既是又不是什么;

b. 必须不是肯定就是否定某物是什么。

在亚里士多德看来,a 是不可证明的,但 b 可以通过归谬法证明。

因此,对于一个形而上学家而言,原理可以通过归谬演绎来证明。

原理是如何被感知的?通过论证?什么是直观?

为了回答这个问题,就需要考虑库托对“习性”(habitus)的定义:根据对性质这个种相(the species of quality)的解释,习性是一种性质,它把主体置于某种境地并且难以摆脱。这就是习惯性的美德和知识。“具备”(disposition)则略有不同,它很容易摆脱,因为它相

---

① Couto, *In dialecticam*, In Post. An., lib. 1, cap. 8, Quaest. 3, Art. 1, 2, 3, and 4.

当于作为行动的美德和知识。①

习性的概念有好几层意思:

a. 首先,它是拥有某物的行为,介于拥有者和被拥有物之间。(在《形而上学》第五卷第 20 章中,亚里士多德给出了几个例子,例如具备这一范畴,它的意思是拥有一件装备的行为。)

b. 它是一种性质,通过行为而获得,使人倾向于做同样的行为。亚里士多德称之为通过中介行为获得的能力。

c. 在宽泛的意义上,指"第一种相"(first species)的性质。

实践理智的习性有两个:"实践智慧"(prudence)和"技艺"(art)。在理论理智中,有三个习惯是确定和明白的:理智、智慧和科学知识。其他习惯既不是确定的,也不是明白的:意见、信仰和猜测。

a. 理智是对原理的习惯(习惯区别于理智自身);

b. 智慧是通过最好的原因来认识事物;

c. 科学知识可以分为从结果推原因(quia)、从原因推结果(propter quid)和两者兼有(utraque)。

关于什么是对第一原理的感知,有三种互相冲突的传统。

第一种传统认为理智不需要任何附加习性就能感知最普遍和最明白的原理(尽管它需要这些原理来获得不那么普遍和明白的东西)。

第二种传统认为理智需要习性,但它不用时间就可以获得它们。习性在理智诞生之时就在其中。

第三种传统是正确的一种,因为这一传统认为习性需要理智通过时间而获得。因此,习性不是天生的,因为如果它是天生的,理智就不是一块白板,或者说纯粹的潜能。

并且,关于原理的习性不同于理智:的确,当一个习性被获得,理智就更加容易进行认识的行为,以及/或者同意原理的行为。对第一原理的认识不是推论而来的,即使是从归纳和实验得来的第一原理。

---

① Couto, *In dialecticam*, In Post. An., lib. 1, cap. 2, "Explanatio".

《科因布拉评注》给出了几个理由来解释这一点。第一个理由是亚略巴古的狄奥尼修斯(Dyonsisus Aeropagite)提出的,他认为神的智慧已经创造了这样一个万物之链,低层次的事物所做的最好的活动和更高层次的事物一致。因此,既然人类最高、最好的自然认知是对原理的认知,那么这一认知就和天使的认知活动以相同的方式进行,也就不是推论的。

并且,要使一个论证为真,先前的认知必须是自身的原因,并且是得出结论的理由。但是,由于实验仅仅对于排除错误的危险从而让理智进行判断而言是必须的,所以只有理智之光和对词项的感知才是绝对和真实的肯定判断的理由。

此外,当一个认知是得出肯定结论的理由,理智就把这一结论的真实性理解为先天伴随它。相反,当理智肯定一个完全被理解的原理,它就把其真实性理解为独立的和绝对的,即把原理作为原理来理解。因此,实验不是做出肯定判断的理由。

最后,当归纳推理的前提是主要原因并且包含让人肯定其结果的理由,那么它就是一个真的论证,但原理不属于这一情况。

理智所理解的原理的区别性特征就是它们的明证性。

明证性不同于确定性,因为确定性是关于并非清楚显现的对象。事实上,明证性是双重的:它或有关对象,或有关认知。第一种是如此清晰和明白,就好像事物自己出现在面前。第二种是进入事物的感知的清晰性,有些神学家否认它是科学知识所必需的。

确定性是三重的,它可以有关对象、认知或认知者。第一种在事物之中,作为其必然性。第三种是理智对事物为真的坚信。第二种则是认识的不可失误性。它来自明证性。①

明证性或者是对象的,或者是认知的。这就是说,它或者在事物自身之中,作为事物的能力,或者在进入事物的感知的清晰性中。

对原理的明证性的感知和同意分为以下几个步骤:

---

① Couto, *In dialecticam*, In Post. An., lib. 1, cap. 1, Quaest. 1, Art. 3.

a. 对词项的简单理解（不是特殊类别的，而是认识任何命题所必需的）；

b. 对词项的清晰感知；

c. 在命题形式中将词项连接起来；

d. 对整个命题的肯定，即判断，也称为“对原理的认知”（notitia principii）。

根据《科因布拉评注》，“认知”（notitia）即便被比作归纳和实验（有人认为它们和第 b、d 步骤相关），也不是论证得来的。

通过这套晦涩的术语才能理解库托关于人类如何学习科学知识的主要论点的含义，从这个论点出发，可以评价经验和教学对于灵魂开启学习过程而言有多么重要。库托说：

> 人的灵魂是上帝创造并同时放入身体的，它就像一块白板，上面没有任何习惯或种相。灵魂通过时间习得科学知识的习惯，尤其是通过感知原理，因为理智和它们非常接近，然后或者通过自身即灵魂自己的实验，或者借助教师的工作和指导而得出结论。①

如果了解库托对柏拉图《美诺篇》中回忆理论的批判，就很容易理解感官的感知和经验对于学习的重要性。然而，正如笔者稍后将阐明的那样，人类学习的最普通方式来自教学。当学生学习时，他通过教师提供的符号来学习。但教师并不把种相直接放入学生的脑中。他提供的是符号，学生预先知道这些符号，但仅仅在泛泛的、模糊的层面上知道。正是由于教师的功劳，学生学到了这些符号的具体含义。从“逻辑”的观点来看，学生事先已经知道简单词项的含义，但教师帮助他，教他哪个词项应该连接起来构成一个肯定陈述，以及哪个词项应该分离开来构成一个否定陈述。

---

① Couto, *In dialecticam*, In Post. An., lib. 1, cap. 1, Quaest. 1, Art. 2.

在这一意义上，库托对亚里士多德第一句话“一切理智层面上的教学和学习都产生于事先存在的知识”的解释应该从这个角度来理解：根据“社会”链条，追溯每个单独的认识行为，甚至那些来自发现的认识行为，即近代早期视为认识进步的循序渐进步骤，直到教师和学生在过去完成的更早的学习和教学行为，并最终到达人类知识的起源，所有人的第一个老师：亚当。亚当的知识是直接以上帝为原因的，因此他不需要学习或发现任何东西。①

实际上，根据《科因布拉评注》，科学知识的获得可以通过三种方式进行。第一种是仅仅发生在人类堕落之前的、奇迹般的方式：直接把科学知识放入人的心灵。这就是刚才所说的亚当的情况。另外两种方式是从教师那里学习，或者通过自己的发现而得。

显然，后两种方式都是来自某人的经验，因为它们需要感官的参与才能发生。但是，本文论点的试金石在于，发现在生活中真的发生的可能性有多大。就其很少或从不发生而言，就可以证明，根据《科因布拉评注》的观点，只有知识的传授才是全新知识的原因(动力因)。

不幸的是，《后分析篇》中本可以为深入讨论这一问题提供机会的章节(II, 19)，在库托的评注中付诸阙如。由于这是最后一章，它很难引起逻辑学教师的注意。他们要在一年的时间内完成这一课程，因而他们通常只注重《后分析篇》的第一卷，然后直接跳到《论题篇》和《辩谬篇》。这意味着笔者论点的证据必须依赖推测，或者从库托文本中分散的地方寻找，或者从其他耶稣会士评注中类似的地方，寻找和库托相同的论点和论据。

瓦拉(Paolo Valla)提供了一个重要的例子，可以表明和教师传授知识相比，发现能力的局限性。瓦拉是罗马耶稣会学校的著名教授，他关于亚里士多德《逻辑学》的评注提供了不少和《科因布拉评注》相似的段落。②

---

① Couto, *In dialecticam*, In Post. An., lib. 1, cap. 1, Quaest. 3, Art. 2.

② *Logica Pauli Vallii Romani in duos tomos distincta*, Louvain: Rouille, 1622(abbreviation: *Logica*).

瓦拉论述道,教学方式是“更简单和更普通的”(facilior et magis ordinarius)。他关于理智如何获得第一原理的知识的关键论证,建立在对理智的真实习惯的区分之上。它们有三类,第一类是意见和辩论的三段论,第二类是科学知识,第三类就是他所说的“理智”:

> 第三类是对必然的、直接的原理的习惯,并且除了理智以外没有哪种习惯比科学知识更加确定。①

作为习性的理智显然不同于意见,因为理智不可能错误。它也不同于科学知识,因为它没有任何原因,也不能通过推理而认识。由于理智是不同于意见和科学知识的一种认知,瓦拉称之为“原理和原理的原理”,也就是说,我们借以认识最先的第一命题即所谓原理的那种认知。

认识间接和直接原理需要不同的习惯,因为间接原理需要推理,而直接原理需要刚才所描述的理智。

作为“原理的原理”的理智习性是从哪里来的?是天生的吗?瓦拉提供了一个回答,似乎和洛克的《人类理解论》第一章有着惊人的相似之处:

> 对直接原理的认知不是科学知识,而是对另一些原因的认知。并且这样的认知不是根据自然本性而具有的,而是从新东西中习得的。既然我们自然而然拥有感官,认知就应该通过它们的中介而习得。②

---

① “Tertius est habitus principiorum necessariorum, et immediatorum, et nullus habitus est certior Scientia praeter intellectum.” Valla, *Logica*, Post. An. lib. 2, cap. 11, Text. 27, “Annotatio”.

② “Cognitio principiorum immediatorum non est scientia, sed cognitio alterius rationis, et huiusmodi cognitio non habetur a natura, sed de novo acquiritur, quamvis a natura habeamus sensus, quibus mediis talis cognitio acquir debet.” Valla, *Logica*, Post. An. lib. 2, cap. 11, Text. 27, “Annotatio”.

瓦拉是经验论者吗？上面这段引文可能会让人这么想。并且，牛津有瓦拉的《逻辑学》，以及洛克读过耶稣会逻辑学教科书的一些迹象，当然可以用来支持这个想法。①另外，华莱士（William Wallace）编辑的伽利略《论前认知》（*De Praecognitionibus and Praecognitis*）和《论证明》（*De Demonstratione*）——看上去几乎就像照抄瓦拉的《逻辑学》，也值得讨论。②

对于本文主题而言，感官知觉显然是理智（作为对原理的习惯）的一个工具。然而，一个原理就是一个命题。更确切地说，它是一个自明命题，只要其各个部分的意义被理解，其意义就可以不经由任何中项而被把握。因此，问题在于人是否可以靠自己认识这样一个命题。换言之，人是否可以自己获知命题各个部分（以及它们的关联）的意义，还是需要别人向他详细解释命题的各个部分及其关联。

为了回答奥古斯丁在《论教师》中提出的这一问题，《科因布拉评注》把托马斯·阿奎那关于教师的理论彻底化，指出认识的开端在于教师的行动，即提供准确的定义和例证，使得学生能够形成恰当的想象，并准确地学习概念的含义。③为了做到这一点，学生至少需要模糊地知道教师将要详细解释的词项。例如，学生模糊地知道人的含义是人性，但他们不知道构成它的各个部分具体是什么。他们可能知道简单的词项，但是教师才能展示用哪些词项、如何组合

① 参见 John Locke, *An Essay Concerning Human Understanding*, edited by Kenneth P. Winkler, Indianapolis: Hackett, 1996。其中，第二、三章提供和瓦拉非常类似的论据。

② Galileo Galilei, *Tractatio de Praecognitibus et Praecognitis and Tractatio de Demonstratione*, translated by W.F. Edwards, notes and commentary by W.A. Wallace, Padua: Antenore, 1987.

③ 阿奎那在关于原初发现（inventio）在学习过程开始时的作用这一点上含糊不清，这一点在他对《后分析篇》的评注中非常明显。参见 Aquinas, *Commentary on the Posterior Analytics of Aristotle*, translated by F.R. Larcher, O.P., with a preface by James A. Weisheipl, O.P., Albany: Magi Books, 1970, pp.235 - 240。

它们,从而构成一个肯定或者否定判断。

教师的首要任务似乎就是提供定义。根据《科因布拉评注》,定义先于证明。因此,为了发起推理,也就是证明的过程,就需要提供定义的行动。然而,对词项的模糊理解是不够的,因为《科因布拉评注》要求对词项所指事物的认识是“正确的词项认知”(notitia terminorum)。这种认识可以通过教师而获得,因为似乎可以公正地说,对词项的模糊认识不能够触发论证或证明。那么自明的原理和命题如何能够在对组成它们的词项的模糊认识的基础上被把握?

库托描述了对原理的认同过程。对原理的明证性的感知和同意在于以下步骤:

a. 对词项的简单理解(不是特殊类别的,而是认识任何命题所必需的);

b. 对词项的清晰感知;

c. 在命题形式中将词项连接起来;

d. 对整个命题的肯定,即判断,也称为“对原理的认知”(notitia principii)。

如果没有步骤 b 和 c,那么原理就不能得到任何人同意。但是,上面已经说过,步骤 b 和 c 是在被老师教的行为中。因此,教学就在推理行为亦即认识行为的最初开端。

现在有必要记得,根据经院哲学传统,任何认识行为的存在论结构是双重的:我们判断、同意或认识原理、证明或事物,同时伴随着认识行为和与之相关的习性之间的竞争。行为处于心灵对某一对象的关注并认识它的过程中,而习性则是一种倾向,它与使之(以及未来的每次可能的重复)变得容易的行为紧密相连。

当库托需要面对奥古斯丁的反驳,即没有人能学习任何全新的东西,因为人必须通过(常常出错的)感官或者通过教师来学习(但是在这一情况下,他或者早已知道教师所说的东西,或者他根本不能分辨教师在说什么)时,他遵循阿奎那在《论真理》第 11 章中提出的论据。事实上,库托承认教师并没有直接地把任何知识放入学生的头脑:无论理智之光还是种相。教师提供语句,学生在头脑中复制这些语句,教师还提供感性符号,学生用这些符号组成和教师所要他学的一模一样的认知。并且,库托认为这和奥古斯丁的理论并不相悖。

不过,为了回应奥古斯丁可能会对教师提供的符号是否能够被学生所认识这一点所提出的质疑,库托提出了和他的自明命题学说对照来看很重要的几点看法:

> 那些符号在泛泛和模糊的层面上被认识,而教师则用语言来具体和精细地讲解。学生本来就模糊地知道“人”的意思是人性,而从教师那里,他则可以按部分学到人性是由哪些部分构成的。对符号的认识正是每个简单词项的全部含义。教师还更进一步讲解,这些词汇当中哪些必须通过肯定判断彼此连结,哪些通过否定判断彼此分离。①

现在就可以看出,库托所提供的例子是许多自明命题中的一部分。至少,库托为自明命题所提供的大部分例子都包含人性。这让我们可以得出结论,甚至自明命题都要求一个教师(即另一个人)来帮助人开始学习和认识。自明命题(本身自明且对我们自明)事实上要求一个已经学过的人来帮助人识别出它们,从而触发科学知识的进程。

当库托谈及科学知识的习性与认识者之间是什么关系(天生的

---

① “Respondetur illa signa esse nota in universali, et in confuso, a Magistro vero particulariter, et explicite declarari, verbi gratia, novit discipulus quod homo significat humanam naturam confuse, a magistro vero particulatim discit, quibus ea partibus constet. Item sunt nota quatenus significant simplices terminos, et magister ulterius declarat, qui nam illorum terminorum coniungi debeant inter se per affirmationem qui separari per negationem.” Couto, *In dialecticam*, In Post. An., lib. 1, cap. 1, Quaest. 1, Art. 3.

还是习得的)这一问题时,教师的作用得到更多强调。前面已经指出,每个学习行为都来自特有的习性。或许有人会以为,既然第一原理是自明和直接的,与认识它们相应的习性必须多少是天生的,因为有了习性才能促使最初的学习行为。库托提到,有些神学家追随的不是亚里士多德,而是他所说的"柏拉图的迷梦",认为这类习惯是每个人天生就有的。这类神学家中有杜兰德斯(Durandus)和(或许有点意外)托马斯主义者索托(Domingo de Soto)。①

相反,另一些更晚近的神学家(库托同意他们)坚信这类习惯是作为最确定的东西而习得的。当然,他们还指出,和索托的观点相反,这一理论才是托马斯所支持的。

库托的论据来自潜能与习性之间的必然区分:他问道,为什么需要习性才能即刻、容易地接受原理,要是理智就具有完善的潜能可以自然而然这样做?但是经验告诉我们,越熟悉事物,就越容易判断、做或者使用它们。

库托在这一点上批评了卡耶坦,并得出结论,根据阿奎那,也根据事实,习性是习得的,因为它们来自经验,并且归根结底来自感官:

> 托马斯在此处证明对原则的习性产生于我们通过感官获得种相,并通过这些种相形成习惯性的行为。他的意思不是说,习性直接从感性的种相本身得来,而是认为,习惯是被获得的,因为那些对运用习惯而言所必要的种相也是被获得的。
>
> (卡耶坦的)这一解释则有悖于事实,因为习惯并非仅仅对于形成行为是必要的,而是一种通过反复练习的行为而被获得的倾向。习性倾向于那些与促使其发生的行为相似的行为,所以,对原则的习性不是先天就有的,而是从依据原则的行为中

① Couto, *In dialecticam*, In Post. An., lib. 1, cap. 1, Quaest. 1, Art. 4.

得来的，并倾向于其他相似的情况，因而也不从想象中产生。①

总之，无论行为还是其习性都不是自然而然来到人身上的。可以正确地总结说，既然感官和经验触发认识，那么教学行为就处于整个认识过程的开端。因为，教师确切地、分明地知道词项和命题的意义，正是它们的自明性使人能够开始推理——这一行为必然导向学习和科学知识。那么，"发现"(inventio)又是怎么回事？

笔者在《科因布拉评注》对《后分析篇》的评注中没找到与本文所讨论的主题相关的参考。如果沿循刚才所引用的库托的论据，或许这个问题足以到达他的理论：一个人如何能靠自己来发现，如果他不理解第一原理的意义的话？回答似乎是学生在模糊和泛泛的层面上知道这些原理，只有老师能让他们正确的理解它们。教学行为可以说是——以悖论的方式——先于学习的行为。

最后，对科因布拉教科书有兴趣的人会问：库托的理论与这一系列中其他卷对同一主题的探讨是否一致？

当然，其中是有许多关于原理、命题等问题的参考资料。但笔者只找到一处明确谈论教师这个主题。这便是曼纽尔·德·果伊斯的《论灵魂》评注，在其中他复述了阿奎那的理论，论述教师心中的科学知识和学生心中的科学知识有部分相同，也有部分不同，因为教学工作是"手把手的指导"(manuductio)学生形成想象，等等。②

---

① "Nam D. Thomas eo loco cum probat habitus principiorum generari ex eo, quod per sensus haurimus species, quibus eorum actus elicimus, non vult habitus ex ipsis speciebus sensibilibus immediate prodire, sed colligit habitus comparari, quia comparantur species ad eorum usum necessariae. Veritati autem adversatur haec expositio [Caietani], quoniam habitus non est simpliciter necessarius ad eliciendum actum, sed est facilitas actuum exercitio comparata, inclinatque ad actus similes iis, quibus genitus est, ergo principiorum habitus non praecedunt, sed sequuntur actus per principia, ad aliosque similes inclinant, ac proinde a phantasmatis minime producuntur." Couto, *In dialecticam*, In Post. An., lib. 1, cap. 1, Quaest. 2, Art. 2.

② *Commentarii Collegii Conimbricensis S. I. in tres libros De anima Aristotelis Stagiritae*, Lisbon: Maríz, 1598(abbreviation, *De anima*).

这不能让我们对上面提出的问题得出肯定的结论。但果伊斯本人提出的一个非常接近的论点带有令人好奇的神秘色彩,有待进一步探索:果伊斯说,教学和因果关系是不同的作用方式,但他随后补充道:"在《后分析篇》篇首我们已经更加充分地讨论这个事情。"①

在库托以前,没有逻辑学的教科书。果伊斯引用的是其他人的,还是他曾计划出版自己的逻辑学教科书?对于这两种假设都有证据。并且也可以提问,一个哲学家是否在出版前参与编辑自己的手稿?也就是说,同一个作者可能交叉引用自己处于手稿阶段的其他著作。如果是这种情况,就完全可以接受果伊斯《论灵魂》的手稿版本引用了另一个手稿,而不需要考虑手稿和出版之间的间隔。

无论哪种情况,关于经验的首要作用和教师的介入在触发学生的学习过程上的必要性,库托和果伊斯有许多一致之处。果伊斯在对《物理学》的评注中指出,一个概念被人类理智把握的方式有四种,其中每一种都来自诸如清晰与模糊、现实与潜能这些特性之间的组合。由于对一个事物的模糊概念是无知和清晰知识之间的中项,学习的发生过程始自潜在的模糊知识,完成于现实的清晰知识。从另一个角度看,对各个部分的潜在模糊知识总是先于对整体的潜在模糊知识,部分与整体分别对应较特殊和最普遍的性质。事实上,对整体的知识先于对部分的知识的唯一情况是当整体离感官很近时(例如耳朵的感知过程),但大多数普遍性质都离感官很远。因此,这一情况不适用于潜在的模糊知识,即果伊斯看作开始于较特殊的性质的知识。②

研究果伊斯的手稿必将推进我们对科因布拉教科书这个复杂而有趣的团队杰作的了解。

---

① Góis, *De anima*, lib. 2, cap. 7, Quaest. 7, Art. 3.

② See *Commentarii Collegii Conimbricensi S. I. in duos octo libros Physicorum Aristotelis Stagyritae*, Coimbra: Maríz, 1592, lib. 1, cap. 1, Quaest. 2, art. 5; and lib. 1, cap. 1, Quaest. 3, Art. 5.

葡萄牙的逻辑学教学及16、17世纪中葡的信息交流

里斯本大学
贝纳尔多·马沙多·莫塔
(Bernardo Machado Mota)撰;
中山大学哲学系　陈　莉 译

对于耶稣会16、17世纪教育体系的研究已经相当充分了。然而,耶稣会在教学实践上的手稿传统仍在很大程度上未被评估①,其主要原因在于:语言的困难、速记法以及遗漏术语,保存在现代档案馆和图书馆中的课程记录难以被解读。本文将表明,从这些手稿中我们可以挖掘出关于教师、学生及教学内容的原始材料。本文将通过分析曼努埃尔·罗德里格斯(Manuel Rodrigues)于1606年在科因布拉(葡萄牙)教授的逻辑学中的一些篇章说明:罗德里格斯接受过逻辑学的训练,且能够使用欧几里得光学(Euclidean optics)解释亚里士多德《前分析篇》和《后分析篇》中的一些段落。由于他之后在1615年作为传教士被派遣至中国,本文将以此为例支持以下观点:中西方之间曾经存在难以从历史的角度把握的非正式文化交流。同时笔者也认为,个体的主动性在西学中传的早期或许是重要

---

① 耶稣会教育体系中的经典著作包括:G. C. Mir, *Aux sources de la pédagogie des jésuites. Le*《modus parisiensis》, Roma, Institutum Historicum S.I., 1968; F. De Dainville, *L'éducation des jésuites*(*XVIe – XVIIIe siècles*), Paris, Les éditions de minuit, 1978; L. Giard, *Les jésuites à la renaissance*, Presses Universitaires de France, Paris, 1995。此外还有许多著作也可列入其中,限于篇幅,此处不详细列举。

的——在当时，传教士还未将西方科学著作（具体而言是数学著作）大量翻译为中文。通过罗德里格斯一例，本文将说明：理解葡萄牙与欧洲其他耶稣会学校中教授的课程，将使我们能够对16、17世纪中国与欧洲信息交流的情况进行更为完整的建构。

曼努埃尔·罗德里格斯逻辑课中的数学与哲学

曼努埃尔·罗德里格斯生于1573年，于1589年进入耶稣会。他曾在科因布拉学习哲学（1592—1596），并在埃沃拉（Évora，葡萄牙）学习神学（1602—1605）。随后，他在埃沃拉讲授哲学（1605—1609），并被授予神父之职，成为布拉干萨学院（College of Bragança，葡萄牙北部，1610—1613）的院长，于1615年出发前往中国。[①]约瑟夫·维基（Josef Wicki）编写的《前往东方的耶稣会士名录：1541—1758》（*Liste der Jesuiten-Indienfahrer 1541 - 1758*）中，罗德里格斯列于第609位。名录中对他的记录仅有：罗德里格斯于1615年4月5日乘船前往中国，他是一位神父、院长，是葡萄牙人。此外别无其他。[②]我们对于绝大多数前往东方从而成为中国与欧洲之间知识传播纽带的传教士所知甚少。下文将指出，现存对罗德里格斯在埃沃拉的逻辑课程的记录（里斯本国家图书馆COD 2442）包含了关于他的背景及思想的有用信息，这些信息也许能够为17世纪以非正式的方式传播至中国的知识提供例示。

一如通例，罗德里格斯的逻辑课从关于共相（universals）和范畴

① 关于罗德里格斯生平与著作的概要见J. P. Gomes, *Os professores de Filosofia da Universidade de Évora 1559 - 1779*, Câmara Municipal, Évora, 1960。

② 荣振华（Joseph Dehergne）的*Répertoire des Jésuites de Chine de 1552 - 1800*（Rome: AHSI, 1973）中列出了几位"Manuel Rodrigues"，但没有一位是本文中所讨论的罗德里格斯。

(categories)的学说开始，然后进入对工具论中的其他著作(包括《解释篇》《前分析篇》《后分析篇》和《辩谬篇》)的阐释。①虽然他的逻辑课程在结构安排上沿袭了传统的形式，但其中的一些内容却并非如此。

浏览过这份手稿的读者可以看到它突出的特点——随处可见的大量几何图表。在葡萄牙的逻辑课程中，如此依靠数学的情况并不常见。罗德里格斯的课程有两点与众不同：第一，课程中包括对许多作者和数学文献的引用：他引用欧几里得的《几何原本》(*Elements*)，指向第1—4卷和第11卷(平面与立体几何)、第5卷(比例)、第7卷(数论)以及第10卷(不可通约理论)的一些结论；他详细解释了欧几里得《光学》(*Optics*)和《反射光学》(*Catoptics*，疑为伪作)中的命题；他引用了佩德罗·桑切斯·西鲁埃洛(Pedro Sánchez Ciruelo)关于几何学的著作、克拉维乌斯(Christopher Clavius)编辑的欧几里得著作、托马斯·布雷德沃丁(Thomas Bradwardine)的著作、佩德罗·努涅斯(Pedro Nunes)的《论奥隆提乌斯·费纳乌斯的错误》(*De erratis Orontii Finaei*)以及阿尔瓦乌斯·托马斯(Álvaro Tomás)②的《论三类运动》(*Liber de triplici motu*)。罗德里格斯在其逻辑课程中所提及的作者、数学著作以及版本的数量之多，在葡萄牙即使称不上独一无二，也是十分罕见的。然而，最令人吃惊的还不是他对于数学领域的作者与文献的援引，而是他通过详细解释一些数学论证来支持哲学命题、阐释亚里士多

---

① 手稿的标题为"IHS. Comentarii in Aristotelis opera a S. P. Emmanuele Rodriguez. Anno Domini 1606. Tomus prior Logicae"，对手稿的描述见 J. P. Gomes，1960，pp.232–233。在 f.[479r]中有一个显示所有权的标记："Cartapacio do Pe. Manuel Glz[sic]。"已出版的手稿内容：f.[1r–1v]：Prooemium；ff.[2v–188v]：Tractatus 1us. complectens Logicas quaestiones. De Vniuersalibus pars prima(这一部分包括对《范畴篇》的研究)；ff.[189r–233v]：Tertia Pars. In lib. Perih. seu de interpretatione；ff.[234r–331r]：Pars 4ª. In lib. Priorum；ff.[332r–478v]：Pars 5ª in lib. Poster. Analyt. seu resulutorios；f.[478v]：Pro Elenchis。

② 阿尔瓦乌斯·托马斯是一位葡萄牙数学家，曾在巴黎依循中世纪算术传统教书。

德文本中的观点。以下两个例子可以说明罗德里格斯借助数学命题对亚氏逻辑学的阐释所具有的复杂性。

第一例选自关于《前分析篇》的课程。遵循一般的课程实践，罗德里格斯向他的学生解释一个在教学中常见的逻辑学和认识论的主题：认知（notitia）。认知一般被定义为我们借以认识事物的心灵活动。在中世纪，对于认知的分类变得复杂，而罗德里格斯简化了对继承自中世纪传统的体系的介绍，将讨论范围限定在两种认知：直观认知（notitia intuitiva）和抽象认知（notitia abstractiva）。他的课程将前者定义为"通过感觉和心灵认识存在的和在场的（existent and present）事物的活动"，将后者定义为"认识并不存在或并不在场的事物，即事物通过一定的距离（通过记忆、推论等）而被认识"。①

为了阐明这一主题，罗德里格斯援引了关于视觉的学说——这是一种不寻常的解释策略。在视觉的问题上，他指出：当我们直接通过视觉看到某物，此物是通过感官之一以及心灵而被认识到的，且这一事物是在场的，这与直观认知的定义相符。光学方面的古代文献尤其有助于说明这一点，因为它们通常解释视觉的方式使得对视觉的定义与对直观认知的定义有所重叠。例如，欧几里得《光学》将"视线落在事物上，事物才被看见"作为基本前提；换言之，我们只能看到从眼睛发出的视线所及的事物。②

罗德里格斯并不打算简化这项讨论；与之相反，他进一步引用了古代文献《反射光学》（视线与阳光的反射）中的学说以完善并复杂化这一论述。讨论变得更加复杂的原因在于：我们通过镜子的反射而得到的关于事物的认识并不能简单地被归为直观认知。一方面，我们在镜中看到的是一种事物的再现（映像，species），而非实际的事物（res）；

---

① BNP COD 2442, ff.[246r－246v].

② Euclid's Perspective, definition 3: J.L.Heiberg and H.Menge, *Euclidis Opera Omnia*, vol.7, *Optica*, *Opticorum Recensio Theonis*, *Catoptrica cum scholiis antiquis*, Leipzig: Teubner, 1895, pp.154－155.

在这个意义上，视觉（即通过视觉得到的认知）应被理解为抽象认知。另一方面，一个反射形成的映像保留了所有与其所反射的具体事物相关的存在的情况（它的本质、偶性，如颜色、位置、倾向，等等），这看起来为将反射的映像作为一种直接的视觉内容提供了依据；从这一点考虑，反射形成的映像应被理解为直观认知。①由于这种不确定性，罗德里格斯认为讨论中的这一点是"更为困难和令人困惑的"。

罗德里格斯认为，映像是直观认知，并对两种常见的反对意见给出了回应。第一种意见认为，对于处于一种不同的已知中介中（in alio medio cognito）②的事物的认知（cognitio）是抽象的知识，而镜中映像是在镜子这一不同于事物的中介中被看到的；因此，认识这些东西的心灵的活动应为抽象认知。罗德里格斯告诉他的学生，镜子不应被理解为一种事物在其中被看见的中介，而应被理解为某种仅仅改变将存在的事物连接到眼睛射线的方向的东西；除去这个映在镜中的东西，镜子本身也被看到，但看到镜子本身这一活动是偶然的，与认识那个真实的事物无关。③

第二个反对意见起于以下事实：直观认知的对象并非仅限于被认识的事物本身，还包括所有的空间状况（例如大小、位置、倾向，等等）。就如一般经验所展示的，看到经由反射成像的镜中像与直接看

---

① BNP COD 2442，f.［246r］："Dico ultimo. Res videntur in speculo intuitive. Haec est difficilior sed curiosior. Probatur，quia in speculo uidentur existentes cum certis conditionibus loci，temporis，etc. est tamen notum quod si in speculo uideretur species，et non res，illam uisionem abstractiuam fore iuxta ea，quae supra diximus. Quod tamen uisio in speculo（siue uideatur res，siue imago）abs［246v］tractiua sit potest in hunc modum confirmari.［…］"

② 即认知者对其已有认知（notitia）的中介（medium）。

③ BNP COD 2442，f.［246v］："2.° cognitio quae fit in alio medio cognito est abstractiua，sed quae uidentur in speculo in alio uidentur，et prius uidetur speculum，quam res，ergo etc. Respondetur speculum non cognosci prius tanquam medium illius cognitionis，sed solum esse necessarium ut detur refractio specierum［?］qui transeunt in oculum，non est tamen negandum etiam uideri speculum，sed per aliam uisionem quae per accidens non per se requiritur ad uisionem obiecti.［…］"

到的事物不同;例如,在镜中,左边的东西显现在右,而右边的显现在左,上面的东西显现在下,反之亦然,还有镜像中的东西展现时大时小。当事物经由镜子反射成像,所有的扭曲都影响着事物的空间状况,这支持了"反射映像是抽象认知"的观点。[1]罗德里格斯对此回应如下:镜子将事物本身连同其整个空间状况一起翻转,认知到的扭曲则可以由透视法得到解释。例如,即便镜中像看起来是颠倒的,特定事物与其周围相关的所有事物的相对位置仍保持不变。他用透视原则[如假设物体在入射线与反射线之中直线(cathetus of reflection)[2]的交点处被看见]及其定理(如映像相对于直接看到的事物是倒转的,顶端的映像是在底端的)支持他的论点。[3]

罗德里格斯表明,他知道提供相关结论的合适教科书。为此,他阐述了与欧几里得《反射光学》(这部著作处理镜中像的问题)相应的整个论证,陈述了事实(现象),详细且完整地解释了细节;尽管我们不能确定它来自哪位同时期的作者,出自哪一个版本。对于镜中像与直接看到的事物的像相反的证明,也对应于欧几里得《反射光学》中命题7的讨论,其具体表述如下(见图1):

---

① 你甚至能看到隐藏在某物背后的东西。BNP COD 2442, f.[246v]:"3.° notitia intuitiva non solum terminatur ad essentiam[?] rei, sed etiam ad omnis loci circunstantias, atque res in speculo non uidetur in proprio loco, sed in alio, ergo neque per eam uisionem oculus uidet circunstantias loci, seu obiecti comensurationem ad locum. Accedit quod res in speculo aliquando non uidetur eodem situ quem habet in loco proprio, siquidem apparet in speculis ordine saepe inuerso, et aliquando uidetur etiam res quae est absens siue a tergo siue post aliquod obstaculum."

② 英文"cathetus of the reflection",即从反射光线上的一点(或眼睛的位置)作反射面的垂线;与之相对的有"cathetus of incidence",即从光源(或可见物体所在的位置)作反射面的垂线。参见 John Ogilvie, *The Imperial Dictionary: English, Technological, and Scientific*, vol.1 Blackie and Son, 1863, p.293; George Crabb, *Universal Technological Dictionary*, Baldwin, Cradock, and Joy, 1823, "Cathetus"。本文中的"cathetus of reflection"实际上相当于上述词典解释中的"cathetus of incidence"。——译者注

③ 关于欧几里得《反射光学》中论及这两点的原文,可见 Heiberg-Menge 1895, pp.286-287, 298-300。

令BIGFE为镜面,AB为(垂直与镜面的)可见事物,眼睛的位置为C。三道视线分别为CI、CG与CF,通过三道视线,可以看见物体的部分A、H、M。延长AB,即反射线之中直线(cathetus of reflection),与视线CI、CG及CF的延长线分别交于P、O、N点。因此,可见事物的部分A将通过视线CF被看到反射于N点,BN与BA距离相等。同理,部分H与M将通过视线CG和CI看到反射于O点与P点。①

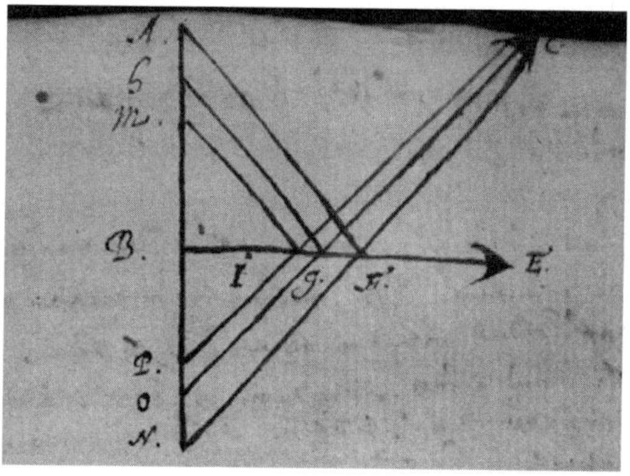

图1 曼努埃尔·罗德里格斯对欧几里得《反射光学》命题7的展示

正是这一命题使罗德里格斯得以证明他的论点:

因此,镜中的物体会呈现于适当的位置及真实的相对位置关系中(commensuratione ad locum),除此之外的计量方法都是错误的。因此,这一论点不再成立。至于当一个物体在我们背后或某

① BNP, COD 2442, f.[247r]:"Ponamus igitur B.I.G.F.E esse speculum planum et obiectum uisibile esse AB. Oculus sit in puncto C, 3 radii uisuales [sint] CI. CG. CF. per quos reflectos uideamus partes obiecti AHM. Extendatur cathetus reflexionis AB. vt 3 radii uisuales, qui concurrant in punctis NOP. Tunc uidebitur pars obiecti A per radium CF [the manuscript has this corrected] reflexum in puncto. N. aequaliter a B distante ut ipsum A. et partes HM uidebuntur per radios CG et CI in punctis OP."

些障碍物后面被看到这一事实，我们的回应是：无论视觉由什么方式产生，被看的物体都是作为在场和存在的事物被看到的。①

这一讨论的真正不寻常之处并非在解释直观认知和抽象认知的问题上援引了如此多的透视法的内容——这一解释方法可追溯到14世纪，而在于它不仅仅详细展开了一个数学的命题，而且将其运用于支持16世纪葡萄牙逻辑课程背景下的哲学论证中的命题。这表示罗德里格斯不仅熟悉透视法的内容，而且认为这一内容有助于学生理解一个在神学背景下极具争议性的复杂的哲学命题。

第二个例子来自关于《后分析篇》的课程。在《后分析篇》第一卷第一章，亚里士多德处理获得新知识所需的已有知识的问题，其中一个令人困惑的段落如下：

> 对于某些事物，我们必须预先已知它们存在（它们是这样）；对于某些事物，我们必须预先已知语词的含义；对于某些事物，我们则必须已知两者。例如：我们必须知道，要么对于一个陈述的肯定为真，要么对于这个陈述的否定为真；必须知道"三角形"这一术语的含义；至于"单位"，我们必须既理解它的含义，也知道它存在。（《后分析篇》，71a12—16）②

---

① BNP, COD 2442, f.[247r]："Atque ideo apparebit obiectum in suo proprio situ, et uera commensuratione ad locum quod si aliud aestimatiua[?] indicat fallitur, quare argumentum nihil concludit. Ad id quod additur de obiecto quod uidetur a tergo uel interiecto aliquo obstaculo uideri respondetur[?] quocumque modo illa uisio fiat sempre obiectum ut praesens et existens uidebitur ab oculo."

② *Analytica Posteriora* I, 71a12 - 16。[希腊文版本见 David Ross and L. Minio-Paluello(eds.), *Analytica Priora et Posteriora*, Oxford University Press, 1981] 中文翻译参考苗力田主编《亚里士多德著作全集》第一卷（商务印书馆，1990年）中收录的余纪元译本，参照特里德尼克（Tredennick）的英文译本（*Aristotle: Posterior Analytics*, the Loeb Classical Library, Harvard University Press, 1960）进行了修改。——译者注

为了阐释这一段落，罗德里格斯将其与《几何原本》第一卷命题1(在一个已知线段上作一个等边三角形)①进行对照。

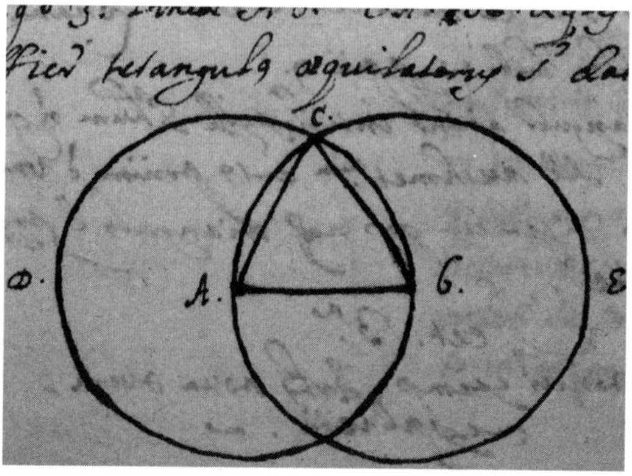

图 2　曼努埃尔·罗德里格斯对欧几里得《几何原本》命题 1 的展示

罗德里格斯认为，如同在命题 1 中，定义 15(即对圆形的定义，指出一个圆的所有半径相等②)以及公理 1(即等于同量的量，彼此也相等)为亚里士多德文本中所指的第一种在先的知识提供了例子，即它们必须作为推进证明的真假设被接受。③他接着提出，三角形的定义符合亚里士多德文本中的第二种在先的知识，这也是理解《几何原本》第一卷命题 1 的基础。最后，他为“我们必须知道‘单

① 英译文见 Thomas L.Heath, *The Thirteen Books of Euclid's Elements*, vol.1, New York: Dover,[1925] 1956。

② 《几何原本》定义 15:“圆是由一条线包围成的平面图形，其内有一点与这条线上的点连接成的所有线段都相等。”译文引自兰纪正、朱恩宽译:《欧几里得·几何原本》，陕西科学技术出版社，2003 年，第 1 页。——译者注

③ BNP COD 2442, f.[335v]:“Praetermissis multis explicationibus quae magis doctrinam philosophi confundunt quam dilucidant, denique[?] arbitror in una scientia Geometria omnia exempla attulisse Aristotelem, et pro principiis posuisse haec duo, de lineis rectis a centro ad circunferentiam ductis uerum est dicere quod sint aequales uel non aequales, lineae quae uni et iidem sunt aequales, inter se etiam aequales sunt uel non aequales. Haec duo principia puto intellexisse philosophum illis uerbis omne quod quod est autem affirmare uel negare uerum est. Primum enim sumunt Geom. definitione 15 1.i Elementorum Euclidis. Secundum est 1.ª animi conceptio 1.i Elementorum.”

位'的含义且确认单位确实这样存在"提供了一种非传统的解释：在《几何原本》第一卷中，"单位"这一术语不应该被理解为数的原理，而应被理解为命题中给出的线段。①他总结道：命题1涉及亚里士多德文本中提及的所有类型的在先的知识。②罗德里格斯再一次显示，使用一个欧几里得的证明将会帮助学生理解一个复杂的哲学命题，且他能够将其数学能力运用到逻辑教学之中。

从罗德里格斯在逻辑学中运用数学可知他接受了数学方面的训练，而这也有助于说明葡萄牙耶稣会学校数学教育的历史。如通常为人所知的那样，自从耶稣会参与到教育中，就有一些文件倡导

---

① BNP COD 2442, f.[335v]: "Item ratione unitatis, puto intellixisse Philosophum non eam quae est principium numeri, sed lineam, quae est datum 1.° Elemen. Super quam fas est discribere Triangulum siue ille sit aequilaterus, siue isosceles, siue scalenus. Et hoc idem est quod intendit Philosophus uidelicet demonstrare posse fieri triangulus super quamuis datam rectam lineam. demonstratur autem per illa 2 principia ut cernitur propositione 1.ª 1.i Element. Itaque subiectum, siue datum est una recta linea. Passio seu quaesitum est ut super ipsam triangulus constituatur et quod id(?) constitutum(?) triangulum(?) probatur ac demonstratur per 15 definitionem, et 1.am animi conceptionem 1.i elementorum in hunc modum. linea data sit AB. Centro A et spacio AB describatur circulus BCD et rursum centro B spacio uero BA discribatur alter circulus ACE. Deinde a puncto C, in quo se circuli ad inuicem secant extendantur lineae CA CB et quoniam A est centrum circuli CA AB erunt lineae aequales, cum tendant ab eodem centro ad circunferentiam rursum, quoniam B centrum est circuli CAE, aequalis est BC ipsi BA at ostensum iam est AC aequalem esse AB ergo etiam CA et CB aequales sunt, quia quae iidem aequalia sunt, et inter se sunt aequalia ergo 3. lineae AB CA BC aequales adinuicem sunt, atque ideo efficitur triangulus aequilaterus super datam quamcunque lineam."

② BNP COD 2242, f.[336r]: "En demonstratio quae fit ex tribus allatis ab Aristotele in exemplum. De illis igitur duobus principiis ait Aristoteles praecognoscenda esse, quia sunt, hoc est quia uerum est líneas ductas ab eodem centro ad circunferentiam esse aequales, et quae aequalia iidem sunt etiam inter se esse aequalia. De triangulo autem monet praecognoscendum quod significet, et significat figuram tribus rectis lineis contentam. De linea docet praecognoscendum esse quod sit, hoc est a puncto ad punctum breuissima extensio, et quia est, cum ipsa detur propositione 1.ª 1.i Elementorum. Vide Clavi. Sup. Eucli. Hoc loco ubi resoluit hanc demonstrationem in sua principia."

在耶稣会学校中进行数学教育，如依纳爵所作的《耶稣会会章》（*Constitutions*）所倡导的那样。①杰罗姆·纳达尔（Jerome Nadal，1507—1580），依纳爵的一位合作者，在1553—1555年遍游欧洲并到访了葡萄牙的众学院以确保哲学建议付诸教育实践。可以确定的是，关于平面几何和球体的基础课程在当时最为重要的几所葡萄牙大学中开设：科因布拉大学（建立于16世纪40年代，1555年起由耶稣会管理）、里斯本的圣安东大学（1553年正式成立）、埃沃拉学院（1553年正式成立，1559年转为大学）。②

曾是所有葡萄牙学校的基础课程的数学教学，通过克里斯托弗·克拉维乌斯的行动间接获得了极大的发展——克拉维乌斯1594年在罗马学院正式成立了数学学院。③葡萄牙人若昂·德尔加多（João

---

① 见 fourth part，chapter xii（Joaquim Mendes Abranches，*Santo Inácio de Loiola. Constituições da Companhia de Jesus*，Lisboa，1975，pp.17－28；另见 Antonella Romano，*La contre-réforme mathématique-constitution et diffusion d'une culture mathématique jésuite à la renaissance*（*1540－1640*），École Française de Rome，Rome；Giuseppe Cosentino，"Mathematics in the Jesuit *Ratio Studiorum*"，in Homann 1999，pp.47－79（trad. inglesa por Frederick A. Homann de：Cosentino，Giuseppe，1970. "Le matematiche nella *Ratio Studiorum* della Compagnia di Gesù"，*Miscellanea Storica Ligure* 2，new series n°2，pp.171－213）。

② 见 Cosentino 1999，p.76 n.55。在 MHSI I，pp.143－145，可见任命纳达尔为西班牙与葡萄牙代表的信件"P. Nadal commissarius Hispaniarum et Portugalliae creatur"（letter 46，dated April 10th，1553）。在16世纪末，大多数葡萄牙大学生都就读于上述三所学院中的某一所（见 Francisco Rodrigues，*História da Companhia de Jesus na Assistência de Portugal*，4 vols，Porto，Livraria Apostolado da Imprensa，1931－1950，II.2，pp.14－15；Henrique Leitão，"Jesuit Mathematical Practice in Portugal，1540－1759"，in Feingold Mordechai（ed.），*Jesuit Science and the Republic of Letters*，Cambridge，Mass./London，England，MIT Press，2003，pp.229－245，233 e 245 n.12）。

③ 克拉维乌斯撰写了一些关于如何在耶稣会中促进数学教育的文件，其中至少有四份文件与本文的主题相关。"Ordo seruandus in addiscendis disciplinis mathematicis"，"Modus quo disciplinae mathematicae in scholis Societatis possent promoueri"，"De re mathematica instructio"，"Oratio de modo promouendi in Societate studia linguarum politioresque litteras ac mathematicas"。所有的文件均可见于 Ladislau S.I. Lukács（ed.），Monumenta Paedagogica Societatis Iesu，vol.7，Romae，Institutum Historicum Societatis Iesu，1992，pp.119－122，（转下页）

Delgado，1553—1612)在罗马学习神学后，于1576—1585年师从克拉维乌斯，他也是克拉维乌斯的第一个葡萄牙学生。德尔加多回到葡萄牙后，于1586—1589年间担任科因布拉大学的数学教师。在德尔加多之后，科因布拉的数学教师的名单如下①：继任德尔加多的是理查德·吉本斯(Richard Gibbons，另一名克拉维乌斯的学生)；随后接任吉本斯的是马蒂姆·苏亚雷斯(Martim Soares，1591—1593年间任职)和若昂·平托(João Pinto，1593—1594年任职)，两个人可能都是德尔加多的学生。我们很难继续追踪在接下来的年月中接任这一职位的人是谁(如果有人继任的话)，但在1599—1600年，出任这一职位的是著名的克里斯托弗·格林伯格(Christopher Grinberger)，他于1591—1599年在罗马教授数学，随后成为罗马学院数学学院的主任。②他1601年3月24日的信提及了他的教学内容，从而确证了他在科因布拉教授光学。③鉴于罗德里格斯于

(接上页)克拉维乌斯对数学的辩护可见于 Cristophori Clavii Bambergensis e Societate Iesu Operum Mathematicorum Tomus Primus，Moguntiae，Sumptibus Antonii Hierat，excudebat Reinhardus Eltz，Anno MDCXI，p.5。

① Ugo Baldini，"As Assistências Ibéricas da Companhia de Jesus e a actividade científica nas missões asiáticas(1578-1640). Alguns aspectos culturais e institucionais"，*Revista Portuguesa de Filosofia* LIV，fasc. 2，1998，p.230 n.98；Ugo Baldini，"The Portuguese Assistancy of the Society of Jesus and Scientific Activities in its Asian Missions until 1640"，in Saraiva，*História das Ciências Matemáticas*，Portugal e o Oriente，Lisboa，Fundação Oriente，2000，p.60 n.26 e；Ugo Baldini，"L'insegnamento della matematica nel Collegio di S. Antão a Lisbona，1590-1640"，in Gonçalves，*A Companhia de Jesus e a missionação no Oriente*，Lisbon：Brotéria，Fundação Oriente，2000，p.283 n.26.

② 关于克里斯托弗·格林伯格，见 Ugo Baldini and Pier Daniele Napolitani，*Cristoph Clavius：Corrispondenza. Edizione critica a cura di Ugo Baldini e Pier Daniele Napolitani*，7 vols. em 14 fasc.，Università di Pisa-Dipartimento di Matematica(Quaderni della Sezione di Didattica e storia della matematica)，1992，I.1.，pp.55-57；Michael John Gorman，"Mathematics and modesty in the Society of Jesus：The problems of Cristoph Grienberger"，in Feingold 2003，pp.3-4。

③ "Conimbricae aliquot mensibus Euclidem et Sphaeram praelegi aliquot e nostris，si non omnibus diligentissimis，saltem mei amantissimis：postea(转下页)

1592—1593 年间在科因布拉学习哲学，并在十年之后在此地担当教师，我们可以合理地推测，他间接地接触了克拉维乌斯在罗马学院所推行的那种数学教育。因此，如上所示，对罗德里格斯逻辑课的研究有助于重建 16 世纪末科因布拉的数学教学，以及他作为传教士得以带往中国的那种知识。

结　　论

由上可见，罗德里格斯做了一个当时的耶稣会士能做的事，完成了一份也许称得上无可指摘的任职履历。在葡萄牙的历史背景下，他因所受的数学训练，即将数学知识吸收入逻辑课程的能力而不同，正如他 1606 年于科因布拉的逻辑课的现存记录所显示的那样。使罗德里格斯与众不同的另一事实是：他在 1615 年前往中国。我们对于前往东方的传教士的选择标准所知甚少，罗德里格斯一例显示：一位受过良好数学训练的耶稣会士被派遣往中国。合理的推测是，如果我们能够收集关于其他传教士的类似信息，我们也许能够更好地理解 16、17 世纪欧洲与中国的信息交流。如前所述，1615

(接上页) ad finem septembris veni Ulyssiponem ubi etiam nunc dego. Hic primum annum fere totum cum quinque tantum discipulis exegi. quorum duo erant ex nostris, qui tamen non perseverarunt usque ad finem anni, nec erat cur perseverarent. Hoc vero anno duas habeo lectiones quotidie, utramque trium quadrantum. prior est Sphaerae ad Philosophos quorum si alibi est magnus numerus Ulyssipone non est tantus. si bene numero, 20 prope numeravero. diligentes numerare non licet. Scribunt plerique diligentissime et libentissime, ita ut miror. Posterior vero lectio est ad eos quos quia superiori anno habui assiduos deserere non potui hoc anno ipsis praesertim hoc ipsum expetentibus. Lectio est de prospectiva [...] occasionem dedit Prospectivae, Geometria Practica quam etiam superiori anno inchoaveram: cum enim multas figuras proponerem in prospectiva, ipsi ea curiositate excitati, voluere interrumpere Geometriam Practicam, desiderio prospectivae."(Baldini, 1992, IV.2., p.78 n.3)

年之前西方科学著作(尤其是数学著作)尚未被传教士大量翻译为中文,这意味着个体的自发行为和非正式的渠道对于将这类信息传播至中国十分重要。因此,对于一位后来作为传教士前往中国的耶稣会士的教学课程记录的探究,也许会为解释16—17世纪欧洲与中国之间的文化传播交流提供启示。

《名理探》与《穷理学》在中国“失败”的启示*

中山大学哲学系、广州与中外文化交流研究中心
梅谦立 撰；中山大学哲学系 陈 莉 译，张逸婧 校

《名理探》约出版于1636—1639年，是葡萄牙耶稣会士傅汎际(Francisco Furtado, 1589—1653)与中国士大夫李之藻(1571—1630)合作的译著。依据1606年出版的耶稣会《科因布拉评注》，包括《五公》(波菲利的《(亚里士多德范畴篇)入门》，*Isagoge*)和《十伦》(亚里士多德的《范畴篇》)两部分。关于《名理探》的文本来源《科因布拉评注》，已有顾有信(Joachim Kurtz)以及张逸婧所做的详尽研究。本文将提供一些补充性的思考。首先，《名理探》是一种特定类别的书。其次，逻辑学在人类知识和神学中具有双重的矛盾地位。我将论证：这一著作的特殊性质及逻辑学的矛盾地位对其接受构成了重大挑战。几十年后，南怀仁(1623—1688)以《穷理学》重新迎接这一挑战，但如我将在最后一部分中分析的，他的努力是失败的。

一、《名理探》是一部什么类型的书？

任何一位读者，即使对亚里士多德哲学及其在欧洲的解释传统有充分的理解，都极可能在阅读《名理探》时受挫。其论证理路之复杂，专用术语之丰富，使得阅读这一文本的过程变得极其艰难，甚至母语

* 本文获得中山大学广州与中外文化交流中心、西学东渐文献馆的资助。

为汉语者也因其艰深而感到迷惑：虽然《名理探》之行文是极好的中文，但面对其中不知特定含义的中文词汇，读者仿佛是在阅读外文文本。

然而，也许最大的困难是读者倾向于将《名理探》当作一部从头至尾统一的哲学论著：我们希望能紧密跟随它的论证并把握不同部分之间的联系，从而寻求一种关于逻辑学的明确知识。

但问题的尖锐之处在于《名理探》将逻辑学，如其他任何人文学科一样阐释为"艺"(arts，《科因布拉评注》作 artes)的一种。将逻辑学定性为一种由人的智识(intellect)产生的技艺，这就远离了柏拉图的理型论和经院哲学的本质主义，从而返回到一种更为原始的亚里士多德主义，即认为逻辑学和人类知识的任何分支都是技艺(techne)。[①]《名理探》一方面非常强调技艺所具有的经验面向，认为技艺由尝试("经试")产生；另一方面注重技艺的实践对知识的作用，认为正确的知识可以通过培养正确的习惯("习熟")，逐步训练而获得。《名理探》提醒读者，逻辑的技艺如同其他技艺一样，"非一人之年之所及"[②]。

斯多亚学派最先认识到了逻辑学具有技艺面向，他们设计练习用以训练逻辑论证能力；在中世纪，逻辑学被纳入学校课程(中世纪三艺为逻辑、文法、修辞)因而进一步加强了这一倾向：当时，所有技艺或学科的教学都是通过由问题、回答、反驳等构成的经院式练习进行的。耶稣会学校的八部《科因布拉评注》均遵循这种教科书的模式编写：这种模式并非为单独阅读，而是为了教师和全体学生(或在更小的团体中)在课堂上照此操作而设计。[③]《科因布拉评注》所有关于自然哲学

---

① 如《科因布拉评注》和《名理探》所指出的，亚里士多德对"techne"的使用限于狭义上的制造技术(ars effectiva，《名理探》作"外功")，如修辞学制造演说。然而，后来的亚里士多德主义学说将"techne"的范围延伸至非制造技艺，包括逻辑学。参见 *Commentarii Collegii Conimbricensis Societatis Jesu In universam dialecticam*, Cologne, 1611, Quaestio I, Articulus II, p.11；傅汎际译义，李之藻达辞：《名理探》，第 9 页。

② 《名理探》，第 9 页。

③ 参见 Cristiano Casalini, *Aristotle in Coimbra: The Cursus Conimbricenses and the education at the College of Arts*, translated by Luona Salvarini, New York: Routledge, 2017, p.57。

和伦理学的部分都有明显的教学内容，但我认为由于逻辑学的特性，这一教科书特征在对逻辑学部分的评论中更为显著。

《名理探》的内容并不包括谓词逻辑和三段论，而且表面上其对五谓词和十范畴的分析也是非常理论化的。然而，只要耐心读上一段就会发现：《名理探》即使在处理谓词和范畴时，也不以提供某种明确知识为其目标，而是意在提供依据一些基本原则进行的练习，从而训练我们的思考能力。因此，读者不必在此书的每一部分寻找新的关于逻辑学的明确知识，而应将其大部分内容视为实用的逻辑练习；书中有时甚至仅仅是为练习之用而提出一些编造的问题。

据《科因布拉评注》和《名理探》，逻辑学并非数学和神学那般的理论技艺，而是如伦理学一样，是有关行动的实践技艺。伦理学研究外在的行动，逻辑学则研究思想行动，因此，心灵需要经受训练以便做出正确的思想行动。虽然在伦理生活中进行练习是可能的，如磨炼道德品质以达到亚里士多德所提出的"中道"，但由于伦理选择与行为影响着他人，在逻辑学层面可进行的那种试验并不能在生活中实践。另一种实践技艺修辞学，也许能为这一习得技艺的方法提供更好的例示。前面提到，逻辑有关思想行为，而修辞则是有关文辞及演说的技艺。学习修辞或文法者需要学习文辞规则，对他们而言做练习也同样重要。逻辑学学生与之相同：他们需要扎实的练习以训练思考的过程。

顾有信指出了研读《名理探》的困难之处："很难想象任何读者能够在没有一位专注且博学的导师帮助的情况下掌握其细微之处。"[①]事实上，我们该说《名理探》之主旨不在于作为理论书籍被阅读，而在于提供不同难度的实际练习。即使有一位专注且博学的导师，如果他只是向学生解释文本，这仍不能使学生得到逻辑学的训练；与之相反，当《科因布拉评注》和《名理探》提出一个问题，学生不应该马上查看答案或请导师向他解释，而应该自己完成练习，然后再比对

① Joachim Kurtz, *The Discovery of Chinese Logic*, Leiden: Brill, 2011, p.58.

答案或寻求导师的帮助:只有这样,他才能得到逻辑学技艺的训练。

一旦了解了《科因布拉评注》及《名理探》作为以逻辑练习为基础的教科书本质,读者就会明白,他没有必要完成所有的练习:即使略过其中的一些部分,他也不会因此而漏过任何逻辑知识。

理解了《名理探》的本质,我们或许能对其优长及局限有正确的评价。若是认为《名理探》是一部逻辑学专著,我们将会因此而失望;但若将它作为一部教科书来使用,我们将认识到它在教学上的价值——这也是理解《名理探》在中国为何没有产生太大影响的关键。许多研究者认为其不被接受的原因在于其文本内在的困难、使用了过多的新词,等等;我虽然并不完全否认这种观点,但应该指出的是:也许这部著作影响如此有限的主因在于其本质上是一部教科书,而当时的中国缺乏将其投入使用的机构,即一所提供课程和逻辑学教师以指导学生独立完成逻辑练习的学校。稍后,我将讨论南怀仁为得到康熙帝对西方逻辑学教学的支持所做的尝试,但让我们首先考察逻辑学在人的知识和神学两个层面上所具有的矛盾地位——这也为逻辑学在中国传播所遭遇的困难提供了解释。

二、逻辑学的第一个矛盾地位:既是诸艺之一,又是普遍之学

《科因布拉评注》和《名理探》给出了艺的五个性质,除了上面讨论过的习熟,还有"括多""向真""向一"及"致益于人"。[①]上一节已经

① 《科因布拉评注》中最先给出的一般性定义为:"Ars est collectio multarum de una re comprehensionum ad finem aliquem utilem vitae。"(*In universam dialecticam*, Quaestio I, Articulus II, p.10。)随后又补充了以下内容:"Collectio multarum comprehensionum, vel habituum intellectualium, qui versantur circa verum。"《名理探》,第 9 页:"艺也者,括有多许习熟,其所向必真,必一,必致益于人者也。"

论及了逻辑学的实践面向，即在偶然的行动中渐进地塑造正确的逻辑思考习惯，习惯转而引导正确的思想进程。虽然来自不遵循任何必然定律的偶然行为，但逻辑学如同其他技艺一样，以真理为指向，这就触及实践之偶然性与真理之普遍性之间的矛盾。

《科因布拉评注》及《名理探》中关于真理的产生的讨论，可以解释从偶然的实践到关于某一特殊事物之真理的普遍性这一过渡是如何实现的。有的观点认为，技艺并非总是朝向真理，因为它可以对关于存在或不存在的事物的意见（opinio，两可）进行考虑；因此以五个性质定义艺看来是有所缺陷的。对此，《名理探》进行了驳斥："艺所向，虽亦或兼凭两可之法，然艺与两可之义有不同者。何也？艺所设定之法，确不可疑。"①因此，任何一门技艺皆可考虑关于偶然事物的意见，但这只能是在把事物本质作为真理的最终标准的前提之下，充当探求确定答案的启发式工具。对诸艺探求真理的肯定，使两个文本（《科因布拉评注》及《名理探》）都引用了亚里士多德的"技艺是无心的"②。傅汎际和李之藻突出了对于这一对逻辑技艺的客观性和确定性的强调：他们将其译著称为"络日加"或"名理探"，没有使用另一个意义更广的范畴——"辩证法"（第亚勒第加），而后者恰恰包含了对意见的考虑。这似乎是《名理探》与其原文的一个关键不同：《科因布拉评注》使用含义更广的"辩证法全书"（universa dialectica）。关于这一点的讨论，可参见张逸婧的博士论文。③

依照《科因布拉评注》，《名理探》将逻辑学放入一张人类全部知

① 《名理探》，第 10 页。*In universam dialecticam*, Quaestio I, Articulus III, p.14: "Ars versetur circa ea, quae possunt esse & non esse, non proinde tamen in falsitatem, aut errorem incurrere, quia non sic in ea tendit, ut ipsius veritas ab eis dependeat。"

② 见于亚里士多德《物理学》，II. 8，199b25：καίτοι καὶ ἡ τέχνη οὐ βουλεύεται。*In universam dialecticam*, Quaestio I, Articulus III, p.15: Docet artem non consultare。《名理探》，第 10 页："艺成弗度。"

③ Zhang Yijing, *Traduire l'impensé, penser l'intraduisible: La première traduction chinoise des Catégories d'Aristote*, thèse de doctorat, Paris-Sorbonne, 2016, Chapitre III, pp.76 - 136.

识的复杂表格中。①例如,将艺按其目的分类时,逻辑学对应于研究心灵的内在行动的实践技艺;从历史的角度,逻辑学的产生则在文法与历史之后,排在第三位。

根据在知识排序中所处的位置("所居"),逻辑学较之于形而上学和物理学两门思维科学为排位较低的技艺:后两者皆研究事物本质,而逻辑学研究思维的运作方式。至于数学,《名理探》认为其仅仅研究数字,因而较逻辑学位置更低。②《科因布拉评注》和《名理探》都认为逻辑学可说是比伦理学更重要的学问。

如上所述,逻辑学并非一切技艺都可归入其中的无所不包的技艺。实际上,将其定义为技艺之一种就说明其研究对象是有限度的,即限于思想的内在行动。即使逻辑支配着物理学知识的理性论述,它也并不提供关于物理实体的内容。

尽管表面上看,逻辑学在学科的排序中处于一个居中的位置,文本中实际上赋予它一个突出的地位。首先在教学方面,《科因布拉评注》不出意料地遵循耶稣会的哲学课程:它先提醒读者逻辑教学的重要性,在《科因布拉评注》的《物理学》(1592)部分已被正确地揭示,然后又将数学教学(广义上包括了逻辑学)放在物理学、形而上学和伦理学之前。对此,《名理探》称"当务之急,莫先名理,而文艺次之",并论证道:"盖名理乃人所赖以通贯众学之具。"③逻辑学似乎是所有人类知识的普遍工具。

《科因布拉评注》和《名理探》认为逻辑学的必要性虽然不具有如天主存在那般的绝对,但为了学习其他的知识是必要的,这也就

① 见《名理探》五公卷之一的"诸艺之析"部分,第11—13页。

② 这一点似乎没有在《科因布拉评注》中出现。此外,耶稣会数学家克里斯托弗·克拉维乌斯(Christopher Clavius, 1538—1612)强力推动了耶稣会课程中的数学。

③ 《名理探》,第14页。这句话可能译自 *In universam dialecticam*, Quaestio III, Articulus II, p. 23:"Plato in 7. De Repub. vocat Mathematicas praeexercitationes ad alias scientias。"

是逻辑学的目的。[①]虽然一项学问的基本原则(principia,最初旨)是自明的,不需逻辑学为之证明,但一项学问要成为一门科学,逻辑学则是必需的。

在八部《科因布拉评注》中,出版于1606年的逻辑学部分是最后一部,但这并不意味着这一部分是次要的;与之相反,耶稣会在《工具论》上倾注了最多的精力,进行了最多研究,因为它对应于整个哲学教学的入门课程。西学中译的情况也是如此:《名理探》出版于关于灵魂(《灵言蠡勺》,1624)和自然哲学(《寰有诠》,1628)的著作之后,但它仍是整个知识体系的必要基础。然而,将《名理探》作为"众学之具"与中国的知识传统背道而驰;在中国的学术体系中,"名理"一词指向建立于晋代的主张"辩名析理"的学派,而这一派被认为属于杂学。[②]

如我们所知,亚里士多德并不将逻辑学或辩证法定义为一门科学(episteme)[③],《科因布拉评注》和《名理探》两者均提及逻辑学并不是科学,而是"智识用以洞察一切科学的工具"[④];然而,它们也认为逻辑学不仅仅是一种单纯的工具,即并非某种被动的东西,而是在主动的意义上为学习准备工具的学问(praeparatum,造具者)。[⑤]在此基础上,文本中论及"推辩之规"是所有学问的工具时,实际上

---

① *In universam dialecticam*, Quaestio VI, Articulus II, p.62:"Porro cum dubitamus, an Dialectica sit necessaria ad alias scientias, non est sermo de necessitate simpliciter, sed ex suppositione causae finalis."《名理探》,第29页:"今问名理探之为必须者,未论直然之须,但论既然之须。而其既然之须,未论作者之须,但论为者之须也。"

② 参见 Zhang Yijing, *Traduire l'impensé, penser l'intraduisible*, Chapitre III, p.119。

③ 对于亚里士多德而言,不存在纯粹形式的逻辑学,因为逻辑学或言证明的方法,总是应用于具体的实际观察。

④ 《名理探》,第16页:"名理探者,乃明悟所以贯彻诸学之具也。则不自成一学矣。"

⑤ *In universam dialecticam*, p.37。《名理探》,第17页。

是说证明的规则是智识用以达到逻辑目的的工具。①可以看到，文本论述的重点从逻辑学作为单纯工具转向了逻辑学家或论辩家作为精通逻辑学这门技艺的人（artifex，匠艺）。基于西塞罗的观点，文本提出逻辑学不仅是一门科学，甚至是"最高的科学"②，其原因中尤为重要的一点是逻辑学能通过绝对可靠的推理达到确定性。

《科因布拉评注》赋予逻辑学的广泛视域在《名理探》中得到了充分的反映。可以说，"名理探"这一中文标题并非仅仅指《导论》和《范畴篇》，而是指整个作为通向哲学甚至于整个人类知识之门的《工具论》。正如《名理探》中所言："欲通诸学先须知名理探。"③

《名理探》五公第一卷对人类知识的呈现方式得自中世纪的教育体系，虽然其中的一些延伸有典型的文艺复兴特征：三艺（trivium）中的修辞学（文艺）增加了诗学和历史学（诗史），四艺（quadrivium）中则增加了绘画艺术（视艺）作为知识的第五分支④，其中还涉及制图学（绘各国之地图）——作为文艺复兴时期发展起来的新学科，它被在华耶稣会士频繁应用。

在依据学科地位所做的知识分类中，除去人文七艺之外，《名理探》还提及了七种实践技艺（事力之艺）："农一，畋二，兵三，匠四，医形残五，织六，浮海七也。"⑤其中颇有启发意义的是：《名理探》中关于军事及兵器使用的重要性并没有在《科因布拉评注》中出现。《名理探》的这一处理暗示着制造兵器的技术也是人的知识之一，而这也许能为传教士向汉人传授此种知识提供合理性；后者当时急需这

---

① *In universam dialecticam*, Quaestio VI, Articulus II, p.64: "Intellectus qui sciendi artifex est, multo expeditior, atque ad sciendum promptior evadet, si praefatas disserendi formas a Dialectica praeparatas, suisque locis dispositas obtineat."《名理探》，第 30 页："夫推辨之规，是明悟所以研究名理之具也。娴习于斯，其于欲就之功，岂不更易乎？"

② *In universam dialecticam*, Quaestio IV, Articulus III, p.37: "praestantissima scientia."《名理探》，第 17 页："万艺之超艺。"

③ 《名理探》，第 28 页。

④⑤ 《名理探》，第 13 页。

一技术以抵御北方来的侵略者。

在所有这些世俗的技艺之中，逻辑学被认为具有基础性的作用。但也许正是逻辑学所具有的这种矛盾地位阻碍了中国知识界接受这一学科：如果逻辑学被呈现为“对于所有人类学问有用的工具”，许多中国学者可能会接受它；但一旦逻辑学被阐释为所有人类知识的必要基础，中国学者则很容易推出以下结论：逻辑学在中国的不足将撼动中国自身学术传统的根基。

三、逻辑学的第二个矛盾地位：既服务于神学，又为神学奠基

西方学术界以两类正典对中世纪的哲学和神学做出了划分：前者以亚里士多德主义著作为据，后者则以《圣经》及教父文集为据。基本上，亚里士多德所讨论的问题被归于哲学，《圣经》及其基督宗教诠释所关注的论题则属于神学。两者之间的关系十分复杂，并不能简化为“哲学为神学服务”的说法。逻辑学与神学间关系的复杂程度则与之相当。

前文提到，逻辑学的研究对象限于心灵的活动，因而较低于研究超越的存在，即天主的神学；但另一方面，神学是以实践为基础的学问，也需要逻辑学的支撑以使关于天主的正论得以清楚地表述。一些基督徒也许梦想着天主超越人类理性及论述的纯粹显现，但是中世纪大学中添设神学则意味着关于天主的论述不能免于人的理性及论述的规则。

《名理探》在介绍人类知识时，明确指出形而上学或“超有形之性”之学对应于自然神学（“因性之陡禄日亚”），而超性的神学对应于超越人类理解之物。[①]文本中，神学如同其他的艺一样，都是人类

① 《名理探》，第 12 页。

实践的结果(collectio multarum comprehensionum,"人类学问所积之艺")①,因此神学应区分于瞬发而完满的神圣知识(divina & angelica mens,"天主与天神之职")②。

由此则涉及神学的内在矛盾:虽然其研究对象是天主,超越了人的理性,但整个托马斯神学都倾向于通过以人类理性解释基督宗教教义的方式(尤其是通过亚里士多德哲学)将神学理性化。这样一来,神学则变为人的知识的内在部分,从而必须遵循逻辑的规则。在经院哲学中,哲学对神学的影响变得十分普遍;尽管一些神学家警告哲学家,天主自身并不受人类理性的制约,甚至可能决定"二加二等于五"。

当论及逻辑学对于其他技艺的必要性时,《科因布拉评注》和《名理探》重申了逻辑学对神学的必要性,并引用亚历山大的克莱芒(Clement of Alexandria, 150—215)的观点,认为逻辑学指向真正且永恒的智慧及关于终极真理的知识。③文本中体现了强烈的理性主义观点,其中关于理性限度的讨论只是为了能够进一步推进理性:人类理性人皆有之,而有越多的东西与更高的本质相关,则理性就越需要保护以防陷落。④因此,即使面对超性之物,理性也应继续探索。

对于当时的中国学者而言,在神学方面的矛盾也是逻辑学的难解之处。即使中国学者和熟稔经院哲学的耶稣会传教士有共同的理性主义思想,都肯定理性有洞悉现实方方面面的能力,"逻辑学指向神之知识"这一基督宗教的假设对于他们而言却是难以接受的:

---

①② *In universam dialecticam*, p.13。《名理探》,第 10 页。

③ *In universam dialecticam*, p.65: "Dialectica velut manu ducit ad veram, aeternamque sapientiam, & ad cognitionem supremae veritatis。"《名理探》,第 31 页:"明辨之道,能引明悟而使达于超性高远之义也。"

④ *In universam dialecticam*, p.65: "Et ratio est in promptu; nam quanto res altioris naturae sunt, & humanae mentis superant, tanto maioribus praesidiis eget intellectus, ne labatur。"《名理探》,第 31 页:"况学愈超,则明悟之陷于谬险者愈深,所须扶植愈急。"

如若中国学者接受这样一种逻辑学，则他们将不得不接受基督宗教教义。

四、南怀仁的尝试：在中国将逻辑学官方化

1629 年，李之藻离开了杭州，而他很可能带着一份《名理探》抄本。在徐光启的要求下，他在北京的主要工作是修订历法。也许他当时已经考虑过借助钦天监之力在京城教授《名理探》的可能性，但他不久就在 1630 年去世了。

数十年后，比利时耶稣会士南怀仁希望获得皇帝的支持，将《名理探》及其他哲学著作融入中国的教育课程。在康熙御前，南怀仁提出，西方科学与技术建立在哲学的综合体系之上。1678 年，在康熙的命令下，南怀仁开始编辑一部综合性的哲学著作。他在 1678 年 8 月 15 日致教皇因诺森十一世（Pope Innocent XI，在位时间 1676—1689）的信中写道：

> 此时此刻，以"建立（西方）天文学"为外表，我正在以中文的形式写作关于我们（西方）的逻辑和哲学的书；而实际上我是为了给基督宗教教育建立更好的基础。①

---

① 南怀仁的信，引自 Noël Golvers，"Verbiest's Introduction of Aristoteles Latinus(Coimbra) in China"，in Noël Golvers(ed.)，*The Christian Mission in China in the Verbiest Era*，Leuven：Leuven Chinese Studies，1999，p.36。译文有改动。拉丁文原文如下："Nunc autem habeo prae manibus Dialecticam et Philosophiam nostram sub pallio Sinico introducendam，id est praetextu quidem astronomiae facilius addiscendae，revera autem religionis Christianae stabiliendae gratia…"见于 Noël Golvers(ed.)，*Letters of a Peking Jesuit：The Correspondence of Ferdinand Verbiest (1623 - 1688)*，revised and expanded，Leuven：Ferdinand Verbiest Institute，2017，p.267。

南怀仁当然清楚明末出版的亚里士多德哲学译本没有成功引起中国文人的兴趣，但他仍寄希望于这些译著能够成为科举考试的一部分：这样亚里士多德哲学就能在中国文人中传播，并将他们引向基督宗教。

1683 年，南怀仁向康熙呈递了里程碑式的六十卷本《穷理学》。在前言中，南怀仁坚持把万事万物建立在"理推之学"（三段论推理）基础之上的必要性。在六十卷《穷理学》中，现存的手稿只有十四卷，主要包括三个部分："理辩之五公称"是《名理探》"五公"的一个稍加修订的版本，"理推之总论"是由傅汎际和李之藻翻译的科因布拉评注《前分析篇》的部分，"形性之理推"则包括了科因布拉评注《物理学》的部分和一些非亚氏所著的机械论及弹道学文献。①

关于《穷理学》的其余部分，本文以立陶宛耶稣会历史学家杜宁-茨博特（Dunyn-Szpot，1644—1713）的研究为参照。他在 1700 年前后撰写了一部耶稣会历史，至今仍未出版。书中，他提及了南怀仁所编撰的西方哲学全书的一些细节：

> 他（南怀仁）收集了傅汎际之前写的"逻辑学"、艾儒略和毕方济（Francesco Sambiasi）的"灵魂及其能力"，高一志已用中文出版的关于其他哲学问题的著作"所有事物的原因"以及利类思的"所有事物的原则"。在此之上，他加上了他自己的问题和论证，由此编纂出一部哲学全书，并将其分为六十卷。②

---

① 根据李之藻之子李次虨为《名理探》所作的序，李之藻和傅汎际原本打算出版 30 卷，但《名理探》只有 10 卷。傅汎际和李之藻翻译的遗稿后被南怀仁使用并完成。关于《穷理学》三个部分的描述，见 Nicolas Standaert and Ad Dudink，"Ferdinand Verbiest's *Qiongli Xue*(1683)"，in Noël Golvers(ed.)，*The Christian Mission in China in the Verbiest Era*，pp.11 - 31。"理推之总论"的部分可见于黄兴涛编：《明清之际西学文本》第二卷，中华书局，2013 年，第 855—890 页。《穷理学》现存的手稿保存于北京大学图书馆。最近出版的《穷理学》点校版：南怀仁著，宋兴无、宫云维等校点：《穷理学存》，浙江大学出版社，2016 年。

② ARSI，Jap.-Sin. 105，I，f. 39r；引文出自 Noël Golvers，"Verbiest's Introduction of Aristoteles Latinus(Coimbra) in China"，p.44。

杜宁-茨博特的这一详细描述使《穷理学》的全貌得以呈现。除去在现存手稿中发现的《名理探》之外,《穷理学》还应包括《灵言蠡勺》(1624)、《性学觕述》(约 1640)、《斐禄答汇》(1636)、《万物真元》(1628)和《万物原始》(1677)。

康熙和官员们审阅了这些内容。最终,康熙听从了翰林院的意见,驳回了南怀仁将《穷理学》纳入科举考试的提议,并宣布这一著作为忤逆的、错误的和愚昧的。朝臣们向皇帝特别报告了书中的这一谬误:人的知识与记忆在于脑而不在于心。①这反映出当时中国和欧洲在人类学和医学方面的显著差异。尽管朝廷官员们提出异议,在 1685—1686 年,康熙仍要求了解更多西方哲学的内容,并在晚上请南怀仁讲授三段论。南怀仁仍希望《穷理学》至少能够出版,但这一愿望并未实现。②

关于《穷理学》中究竟加入了多少神学方面的考虑,这一点是不清楚的。根据杜宁-茨博特所述的细节,《穷理学》包含了艾儒略的《万物真元》和利类思的《万物原始》。当然,现在无法知道这些文本是全文或节选收录,亦不清楚南怀仁对它们进行了何种程度的修订。然而,他接着写道:"为了能吸引中国文人更好地阅读这一哲学著作,南怀仁去掉了每一处对于基督宗教的指涉,以免它一下子就被嫌恶。"③

杜宁-茨博特甚至认为南怀仁设下了一个通过《穷理学》介绍基督宗教的"圈套"。顾有信接受了这一陈述的表面意义。④然而,在前述致教皇因诺森十一世的信中,南怀仁并不以西方天文学和哲学为

---

① 见《康熙起居注》,引自 Joachim Kurtz, *The Discovery of Chinese Logic*, p.85。

② Noël Golvers(ed.), *Letters of a Peking Jesuit*: *The Correspondence of Ferdinand Verbiest*(*1623 - 1688*), revised and expanded; Letter of August 1, 1685, p.647; Letter of July 15, 1686, p.697.

③ ARSI, Jap.-Sin. 105, I, f. 39r;引文出自 Noël Golvers, "Verbiest's Introduction of Aristoteles Latinus(Coimbra) in China", p.44。

④ Joachim Kurtz, *The discovery of Chinese logic*, pp.65 - 86.

一种"圈套",而是称其为"外表"(praetextus)。钟鸣旦(Nicolas Standaert)和杜鼎克(Ad Dudink)已经提到杜宁-茨博特的说法存在问题,因为《穷理学》并非掩饰神学色彩,比如其中《灵言蠡勺》第二卷。[①]如果我们把《万物真元》和《万物原始》看作两部自然神学著作,则杜宁-茨博特的说法更有问题。假设南怀仁意图呈献一部完全不包含指涉基督宗教的哲学作品,如杜宁-茨博特所言,那么他完全没有必要加入这两部自然神学作品。其实,"《穷理学》不指涉基督宗教"这一点也许只是杜宁-茨博特的虚构,意在显示南怀仁的谨慎和聪慧。[②]

既然《穷理学》包含两部自然神学著作,则必须拒斥"《穷理学》不包含神学内容"这一与之矛盾的说法。尽管《穷理学》的一些部分删去了直接涉及天主的内容[③],但南怀仁所呈现的却是一个完整的哲学体系,包含了自然神学以及对天主、天使等的存在问题的讨论。因此,当杜宁-茨博特提及南怀仁"去掉了每一处对基督宗教的指涉",这不应被理解为南怀仁故意删去了对于天主的指涉,而应理解为南怀仁希望所有涉及天主的内容都能仅凭借理性,而非以《圣经》和教父的权威为依据而建立。

从审阅《名理探》的官员的意见来看,显然他们并不持有关于理性的同样理解。他们并未被对神学观点的理性论证说服,而是将这

---

① Nicolas Standaert and Ad Dudink, "Ferdinand Verbiest's *Qiongli Xue* (1683)", pp.20 - 21。关于《灵言蠡勺》及其来源,参见梅谦立:《灵魂论在中国的第一个文本及其来源——对毕方济及徐光启〈灵言蠡勺〉之考察》,《肇庆学院学报》2016 年第 1 期。

② 看起来杜宁-茨博特是从陆安德(Andrea Lubelli)于 1683 年 12 月 15 日自澳门寄给在罗马的耶稣会总会长的信中摘取了这一内容。在信中,陆安德确认了南怀仁意图"替换掉用于说明基督宗教的例子,以免由此招来嫌疑"["... to replace the examples which were added for the Divine Law, in order to prevent suspicion which could be raised by this collection"; Noël Golvers "Verbiest's Introduction of Aristoteles Latinus(Coimbra) in China", pp.41 - 42]。高华士认为这可能是陆安德在陈述自己的而非南怀仁的观点。

③ 钟鸣旦和杜鼎克提到了逻辑学部分的两处删减。见 Nicolas Standaert and Ad Dudink, "Ferdinand Verbiest's *Qiongli Xue*(1683)", p.20。

一对西学的介绍认作是用伪装成哲学的方式引介基督宗教。①但从南怀仁自身的观点出发,"圈套"并不存在;因为对他而言,多数基督宗教信条都可以仅凭借理性而推出。

结　论

《名理探》没有被接受并不意味着西方逻辑学与中国人的心智不相适合。实际上,从严复开始,西方逻辑学再一次被中国人学习;时至今日,中国学界在西方逻辑学方向有许多优秀的学者。这说明《名理探》未被接受应归咎于历史因素,我认为原因主要有三:

第一,《名理探》是一部用于读者自己独立练习及在导师指导下使用进行逻辑学训练的书。在缺乏提供教学课程及学校机构支持的情况下,《名理探》在很大程度上失去了它的功用。南怀仁未能在康熙年间使逻辑学成为国家官方课程的一部分。但在20世纪,当逻辑学被引入学术课程,这一学科在中国得到了发展。

第二,《名理探》认为逻辑学是所有人类知识的必要基础,因此中国学者不愿意接受它,因为这将导致他们自己的学术传统的倾覆。尽管这一守旧的想法在当下的中国仍时有出现,但逻辑学已然成为一门国际化的学科,而中国学界正在其中发挥着重要作用。

第三,耶稣会士将天主作为逻辑学的终极目的,这使得中国人怀疑耶稣会传教士的动机。后来,严复和其他中国学者发现逻辑学并非必然是基督宗教的,他们也就更容易接受逻辑学。

---

① Noël Golvers(ed.), *Letters of a Peking Jesuit: The Correspondence of Ferdinand Verbiest (1623 - 1688)*, revised and expanded, p. 621: "A nossa philosophia non imprimitur, quia Rabini persuaserunt Regi, quod fundamenta legis Christianae in illa habeantur, et ideo noluerunt intelligere ut bene agerent."

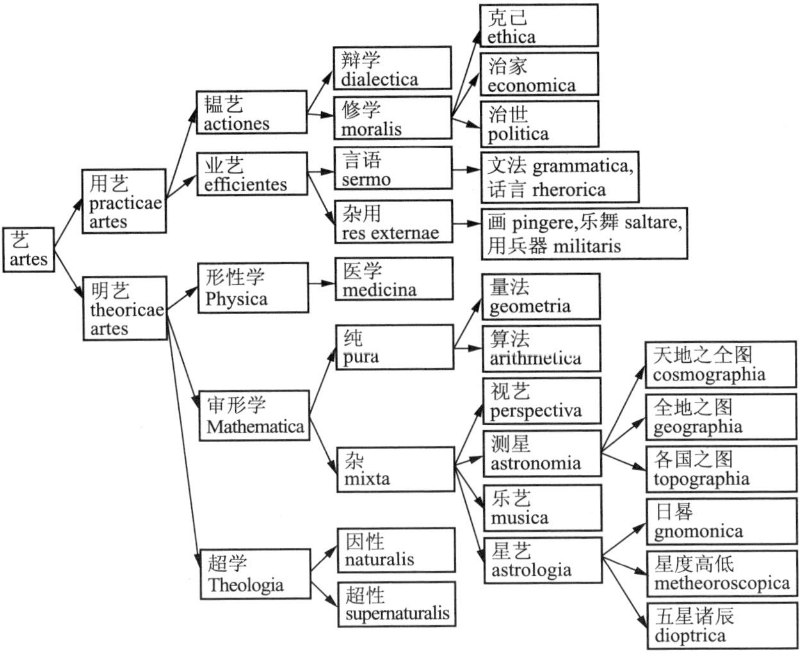

图表* 人的知识依据其目的的分类
(参见《名理探》第13—14页/《科因布拉评注》第18—19页)

* 本图表为作者整理绘制,原文即《名理探》中无图表。

从《名理探》的翻译看中西思想与语言的差异*

中山大学哲学系　张逸婧

17 世纪时，葡萄牙耶稣会士傅汎际和中国士人李之藻合作，首次将亚里士多德逻辑学从拉丁文翻译成中文，并将译本冠名为《名理探》。该译本作为西方逻辑学传入中国的标志，已经吸引了不少研究者的注意。现有研究成果中不乏对翻译相关问题的探讨，但主要集中于词汇层面，即逻辑学术语从西文到中文的转换。①事实上，词汇的对应是翻译工作的结果，而不是文本本身可以翻译的原因。西方哲学的大量概念在中国思想中没有天生的、现成的对应，时至今日，西方哲学的汉译仍然在很大程度上需要译者的创造。这一创造过程本身值得关注。《名理探》是史上最早的西方哲学译本之一，其中的翻译问题尤有代表性，而且许多翻译问题本身就是哲学问题。耶稣会士翻译亚里士多德哲学的目的是什么？他们遇到了哪些困难，其原因何在？本文将以这些问题为出发点来考察《名理探》所反映的中西思想的差别。考察将侧重于“异”而非“同”，即侧重于

---

* 本文是中国博士后科学基金第 63 批面上资助项目“早期入华耶稣会士融合中西哲学的成败评价”（编号：2018M633266）的阶段性成果，并获得广州市人文社会科学重点研究基地资助项目、中山大学高校基本科研业务费青年培育项目（编号：31610141）的资助。

① 参见张西平等：《简析〈名理探〉与〈穷理学〉中的逻辑学术语》，《唐都学刊》2011 年第 2 期；徐光台：《明末西方范畴论重要语词的传入与翻译——从〈天主实义〉到〈名理探〉》，姚小平编：《海外汉语探索四百年管窥》，外语教学与研究出版社，2008 年；王建鲁等：《〈范畴篇〉中“十范畴”与〈名理探〉中“十伦”比较分析》，《哲学研究》2010 年第 9 期。

哲学上的差异，而不是字面上的对应。

一、为什么翻译《名理探》？

耶稣会士译介逻辑学的原因可以从耶稣会的神学立场和同时代的中国哲学思潮两个方面来看。事实上，在耶稣会士引介西学的过程中，这两个方面总是相互关联的。从《名理探》的标题就可看出译者融合儒家思想和基督教思想的意图。将亚里士多德的著作冠以一个具有儒家思想色彩的标题，这种做法既符合当时的在华耶稣会所推行的、由利玛窦所倡导的“补儒政策”，也和佛教传入中国之初所发生的“格义”现象有异曲同工之妙。

简单来说，在17世纪的中国，主流思想依然是宋明理学。从求知的角度来看，理学主张格物穷理。“理”可以理解为世界万物的基础和规律。可是，在格物的方法上面，理学没有像西方科学那样精确的方法。可以说，正是儒家学者对“理”的兴趣，以及理学在格物方法上的不足，这两个因素同时为耶稣会士引介西方科学提供了契机。钟鸣旦指出，耶稣会创始人依纳爵有一句话概括了耶稣会士的世界观：“在万物中寻觅天主。”[①]在耶稣会士翻译或撰写的许多西学著作中都可以看到两个词：一个是“穷理学”，指的是哲学；一个是“穷理者”，即哲学家。姑且不论天主教的天主和理学的“理”之间的差别，“在万物中寻觅（天主）”和“格物穷（理）”这两个表述从字面上看确实很接近。耶稣会士就这样把西方的哲学和中国的格物穷理之学对应起来。

① Nicolas Standaert, “The Investigations of Things and the Fathoming of Principles(*Gewu qionli*) in the Seventeenth-Century Contact Between Jesuits and Chinese Scholars”, in John. W. Witek, S. J. (ed.), *Ferdinand Verbiest (1623 – 1688), Jesuit Missionary, Scientist, Engineer and Diplomat*, Nettetal: Steyler, 1994, p.398.

《名理探》这一标题显然有意把亚里士多德的学说融入理学的体系。自诸子百家以来，中国思想中关于语言的讨论大多集中于"正名"问题。可以说，"名"这个概念代表了中国的语言哲学，所以《名理探》的"名"可以理解为"语言"的同义词。万物都有其理，语言也不例外。因此，"名理"即语言之理。《名理探》译者只说名理就是西方的"络日伽"，并没有解释"名理"两字的中文含义，或许正是因为其含义对于当时的读者来说是不言而喻的。李天经的序言中说，《名理探》"诚为格物穷理之大原本哉"①。虽然魏晋清谈中有"辩名析理"的说法，但从 17 世纪的时代背景来看，"名理"一词或许和理学更加相关。

《名理探》出版于 1631 年。所依据的文本是耶稣会编撰的亚里士多德著作《耶稣会科因布拉学校评注系列之斯塔基人亚里士多德逻辑学全书》(*Commentarii Collegii Conimbricensis, e Societate Jesu, in Universam Dialecticam Aristotelis Stagiritae*)。耶稣会学校的逻辑学教学旨在训练辩论技能。利玛窦《天主实义》(1603)采用的问答形式就是一种辩论。利玛窦与徐光启翻译的《几何原本》(1607)最早向中国人展现了证明。在亚里士多德逻辑学体系中，辩论和证明是两种不同的论证形式。《天主实义》和《几何原本》出版后反响很大。从耶稣会士的角度来看，这两本书之所以能被中国人接受，是因为其中包含着自然理性，而证明天主的存在也需要自然理性。魏明德(B. Vermander)指出，利玛窦和徐光启一同翻译《几何原本》的过程，也是借助于科学理性寻求东西方共同语言的过程，而这样做的根据正是把理性看作人类共同具有的本性。②无独有偶，梅谦立提到，利玛窦写作《天主实义》时也是用自然理性作为论

① 李天经:《序》，傅汎际译义，李之藻达辞，姚大勇等校点:《名理探》，收入周振鹤主编:《明清之际西方传教士汉籍丛刊》(第二辑第五册)，凤凰出版社，2017 年，第 8 页。

② B. Vermander, *Les Jésuites et la Chine: de Matteo Ricci à nos jours*, Bruxelles: Lessius, 2012, p.27.

证依据。[①]既然《天主实义》和《几何原本》获得了成功，耶稣会士当然有理由相信，中国人有自然理性，因此能够接受逻辑学，也应该能够接受上帝存在的证明。实际上，在《天主实义》中，利玛窦已经运用亚里士多德的范畴理论来证明万物的本原是天主，而不是理学的"理"或"太极"。[②]

但是，《名理探》出版以后却并没有引起和前两本书同样大的反响。这一事实中有两点值得注意。

首先，虽然耶稣会士所受的教育以逻辑学为基础，但是来中国的耶稣会士最先翻译的并非逻辑学。《几何原本》就是一例。即使在耶稣会士所引介的亚里士多德著作中，逻辑学也不是第一部。徐光启和毕方济翻译的《灵言蠡勺》(1624)采用了亚里士多德《论灵魂》中的部分内容。傅汎际和李之藻在翻译《名理探》之前，先翻译了《寰有诠》，即亚里士多德的一部自然哲学著作。在《名理探》的李次彪"又序"里可以找到先翻译《寰有诠》的原因："盖寰有诠详论四行天体诸义，皆有形声可晰。其于中西文言，稍易融会。故特先之以畅其所以欲吐。"[③]这也就是说，《寰有诠》的内容比《名理探》容易翻译。此外，亚里士多德关于自然哲学的著作很多，耶稣会士为什么选择谈论天体的《寰有诠》？很明显，这一选择和"天"在中国文化传统中的重要性有关。这也符合耶稣会的"补儒"政策。

其次，为什么《天主实义》和《几何原本》在中国受到欢迎，而《名理探》却被冷落？迄今为止，研究《名理探》的中国和西方学者大都认为原因在于其中包含大量的神学内容或专业术语。[④]可是，《天主实义》中的神学内容、《几何原本》中的专业术语丝毫不比《名理探》

---

① M.Ricci, *Le Sens réel de《Seigneur du Ciel》*, texte établi, traduit et annoté par T.Meynard, Paris: Les Belles lettres, 2013, p.XIV.

② 利玛窦著，梅谦立注，谭杰校勘：《天主实义今注》，第 95 页。

③ 李次彪：《又序》，《名理探》，第 12 页。

④ 参见 R.Wardy, *Aristotle in China*, Cambridge: Cambridge UP, 2004, p.86. J.Kurtz, *The Discovery of Chinese Logic*, Leiden: Brill, 2011, p.65。部分国内学者受到这两位西方学者观点的影响，此处不一一列举。

少。而且，即便有神学内容，也并不妨碍中国人取其所需。《四库全书总目提要》中对《寰有诠》如此评价："欧罗巴人天文推算之密，工匠制作之巧，实逾前古。其议论夸诈迂怪，亦为异端之尤。国朝节取其技能，而禁传其学术，具存深意。"[①]由此可见，如果耶稣会士的书具有实用性的内容，即科学技术方面的内容，中国人不会视而不见。既然如此，如果《名理探》的内容不被理解，就不能仅仅归结为宗教原因。在笔者看来，语言差异所造成的翻译困难是一个重要原因。

二、翻译困难与语言差异

关于翻译问题，耶稣会士以及与他们一起从事翻译的中国学者多有提及。根据英文版的利玛窦札记，利玛窦在谈到《几何原本》的翻译时说："中文丝毫不缺乏习语或词汇来准确表达我们的科学术语。"[②]这句话从侧面表达了对自然理性的信念。与耶稣会士合作翻译了多部西学著作的徐光启和李之藻都在不同的书中引用心学重要代表人物陆九渊的一句话："东海西海，心同理同。"这表明他们和耶稣会士持同一立场：相信自然理性的普遍性，相信儒家思想和以天主教为代表的西方思想有相通之处。这样的信念也是他们从事翻译的动力。

然而，无论耶稣会士还是中国译者都承认翻译的艰难。利玛窦在《几何原本》的引言中写道："东西文理，又自绝殊，字义相求，仍多阙略，了然于口，尚可勉图，肆笔为文，便成艰涩矣。"[③]为什么这段话与上述利玛窦札记中的说法看似矛盾？如果从两个文本所面对的

---

① 《四库全书总目》子部杂家类存目二，中华书局，1965 年，第 1081 页。

② M. Ricci, *China in the Sixteenth Century: the Journals of Mattew Ricci*, translated from the Latin by Louis J. Gallagher, S.J., New York: Random House, 1953, p.477。引文参照利玛窦、金尼阁著，何高济等译：《利玛窦中国札记》，中华书局，1983 年，第 517 页。笔者对中译文略有改动。

③ 利玛窦：《译几何原本引》，朱维铮编：《利玛窦中文著译集》，复旦大学出版社，2001 年，第 301 页。

不同读者群体这一角度来看，就很好理解：札记是用意大利文写成的，后由耶稣会士金尼阁翻译成拉丁文，并在欧洲出版。拉丁文版标题意为“基督教远征中国史”，从这一标题就可以看出这一版本是为西方读者而作。上面所引用的英文版札记正是从金尼阁的版本翻译的，而该句引文没有出现在从意大利文翻译的、利玛窦原著的最新中译本《耶稣会与天主教进入中国史》中。①因此可以断定，英文版中的话不是利玛窦的原话，而是金尼阁增加的。无论利玛窦还是金尼阁，他们作为传教士，无疑要在西方人面前捍卫天主教的普遍性和皈化中国的可能性。而在面向中文读者的《几何原本》中，利玛窦承认中西语言和文化差异，这既可以看作身为译者的自谦，也真实地反映了这位中西文化交流先驱者在初次尝试西学汉译时所面对的巨大困难。

类似的谈论翻译困难的例子还有：

李之藻之子李次彪如此描述其父翻译《名理探》遇到困难时的情形：“或只字未安，含毫几腐；或片言少棘，证解移时。”②

利类思的《超性学要》自序中有这样的话：“下笔维难，兼之文以地殊，言以数限，反复商求，加增新语，勉完第一大支数十卷，然犹未敢必其尽当于原文。”③

利玛窦的“东西文理，又自绝殊，字义相求，仍多阙略”和利类思的“文以地殊，言以数限，反复商求”，这两句话读来何其相似。而李次彪的“只字未安，含毫几腐”实际上从另一个角度也表达了同样的意思。由此可见，这些译者所面临的一个共同困难，就是在中文里找不到恰当的词来表达西方思想中的某些内容。其原因便是“东西

---

① 利玛窦著，文铮译，梅欧金校：《耶稣会与天主教进入中国史》，商务印书馆，2017 年，第 392 页。

② 李次彪：《又序》，《名理探》，第 6 页。

③ 利类思：《自序》，利类思等译，肖清和等校点：《超性学要》（一），收入周振鹤主编：《明清之际西方传教士汉籍丛刊》（第二辑第一册），第 18 页。本文撰写时得到肖清和指点，特此致谢。

文理，又自绝殊”，即中西思想各自在不同的环境中形成，具有不同的思维方式和表达方式。

关于中西语言的差异，谢和耐在《中国与基督教》一书中谈到：“在汉语中，要用系统而非随意的方式来表示诸如具体和抽象、个别和普遍的区别是困难的。这一点困扰着历史上致力于用中文来翻译在希腊文、拉丁文或梵文这类屈折语言中所形成的概念的所有人。语言的结构不可避免地引出思维模式的问题。传教士因为无法在中国人身上找到他们所习惯的思维方式而感到意外，就责怪他们缺乏逻辑。而逻辑正来源于逻各斯。”①可见，耶稣会士所以为的自然理性，也许并非完全出于自然，而是部分来自习惯，或者说文化，包括语言。事实上，“逻各斯”(logos)在古希腊语中既有“语言”的意思，也有“理性”的意思。这个词本身就暗示了亚里士多德哲学和古希腊语之间的密切关系。下文中将以亚里士多德的范畴概念为例说明为什么逻辑来源于逻各斯。

前面提到，傅汎际和李之藻先翻译了《寰有诠》，因为“其于中西文言，稍易融会”。为什么同样是亚里士多德的著作，《寰有诠》更容易翻译？因为《寰有诠》所谈论的主要是感性事物，“皆有形声可晰”，而《名理探》的内容更为抽象。当然，《寰有诠》也是哲学著作，和《名理探》的区别是相对而言的。但这一区别多少印证了解释学家、翻译理论家施莱尔马赫的观点：当一种语言所指向的事物对所有人是相对确定的，将它转换成另一种语言是较为容易的。相反，当语言指示的是思想，这是最难翻译的情况，因为作者对他的语言进行了创造性的运用。②由此可以推知，在哲学著作中，语言不只是思想的载体、表达的工具，而在一定程度上就是思想内容本身，或者

① J.Gernet, *Chine et christianisme*, *La Première confrontation*, Paris: Gallimard, 1991, p.323。引文由笔者译成中文。

② F. Schleiermacher, “On the Different Methods of Translating”, in L. Venuti(ed.), *The Translation Studies Reader*, second edition, London, New York: Routledge, 2004, pp.46 - 47.

说语言参与了思想的创造。亚里士多德逻辑学正属于这种情况。既然作者对语言进行了创造，那么译者也需要进行相应的创造。

三、“人伦”与“物伦”

下面以《名理探》中“范畴”概念的翻译为例说明什么是语言参与思想创造的情况，也就是最难翻译的情况。首先说明，本文使用的“范畴”是英语中的“category”一词的今译。在《名理探》中，对应的词是“伦”。亚里士多德的《范畴篇》在《名理探》中的对应部分叫作“十伦”。“范畴”这个词如今已经成为现代汉语中的常用词。实际上它来自和制汉语，是翻译“category”的日语译者所创造的新词。英语的“category”在词源上来自古希腊语。然而，无论现代汉语中的“范畴”，还是英语中的“category”，其含义都远离了古希腊语词源的意义。

范畴是亚里士多德哲学体系中的一个重要概念。事实上，“范畴”一词正是从亚里士多德的《范畴篇》来的(尽管“范畴篇”这个标题系后人所加。有关亚里士多德文本流传的问题属于西方古典学问题，此处不赘)。

《名理探·十伦》的开头有一篇“总引”，其中第一句话如下：

> 十伦者，西言加得我利亚，译名则称谓，译义则凡物性上下诸称之位置也。①

在这短短一句话中，译者实际上用了三种方式来翻译和解释亚里士多德的“伦”(即“范畴”)概念。第一，“伦”对应西文中的“加得我利亚”，或者说音译为“加得我利亚”。第二，“伦”的字面意义是“称谓”。第三，“伦”的确切含义是“凡物性上下诸称之位置”。

---

① 《名理探》，第294页。

从“称谓”这个译名可见,范畴概念和语言有关,而这一点在“范畴”或“伦”这些字眼中是看不出来的。

为了判断“伦”是否能够对应西文中的“加得我利亚”,应该首先弄清“加得我利亚”在希腊文中的含义。英语的“category”,以及其他欧洲语言中写法相似的同一个词,都是希腊语“katēgoria”(加得我利亚)的转写。“katēgoria”是名词,它从动词“katēgorein”派生而来。该动词的本义是“控告”,原因是这个词由表示“反对”的前缀“kata”和表示市政广场的“agora”构成,它的字面意思是“在市政广场上公开说话反对某人”。在古希腊的城邦中,控告是在市政广场上进行的。控告的方式就是讲述某人做了某事。如果转换到亚里士多德逻辑学的语境中,“某人”是逻辑陈述的主语,“做了某事”是谓述。亚里士多德的十个范畴实际上就是谓述的十种类型。因此,“katēgoria”在希腊文中的含义相当于“predicate”在英语中的含义。事实上,英语的“predicate”一词来自拉丁语的“praedicāre”,而这正是拉丁文中用来翻译希腊语“katēgorein”的词。然而,在英语中,表示范畴的“category”和表示谓述的“predicate”不再有任何词源上的联系,并且“category”在希腊语中的本义在现代英语中已经消失了。英语的“category”一词的常用含义是“人或物的种类或分类”(a class or division of people or things),这其实是亚里士多德范畴概念的引申意义。之所以这个引申意义被保留下来,是因为从希腊化时期到中世纪的欧洲,亚里士多德的范畴学说主要被用来解释其种属学说,十个范畴就是十个最高的种(genera)。这种理解也反映在《名理探》中,因为耶稣会继承了经院哲学对亚里士多德的阐释。

简而言之,中文的“伦”相当于英文的“category”,而“称谓”相当于“predicate”。“伦”和“称谓”之间也没有任何词源上的联系。并且,如果和希腊文“katēgoria”一词的本义相比较,那么无论“伦”还是“称谓”,都难以看作它的同义词。

中文“伦”字有很多含义,其中最主要的有:人与人之间的关系、类、次序。这三个含义应该是傅汎际和李之藻用“伦”来翻译亚里士多德"范畴"的原因。"类"这个意义最接近于亚里士多德的"种"和"属"的意义。"次序"则对应"凡物性上下诸称之位置"。这种位置次序也是和亚里士多德的种属理论有关的。

可是,在中文里,"类"和"次序"两个含义毕竟是从"人与人之间的关系"这个含义引申而来。明末的中文读者不懂西方语言,也不了解西方哲学。他们读《名理探》时只能从中文来理解,也就很可能从"伦"的本义去联想。耶稣会士的西学著作主要面向儒家士大夫。而"伦"正好是儒家学说中的一个重要概念。正如亚里士多德的十范畴为西方哲学家所熟知,儒家的五伦同样为中国学者所熟知,五伦涉及的是人际关系。或许是因为"伦"字单独使用时和"人伦"同义,所以《名理探》特地用"物伦"两字作为《十伦》篇的开头。"人伦"是汉语常用词汇,"物伦"则很可能是译者发明的新词。或许他们想暗示读者,正如儒家的五伦设定了人与人之间的等级次序,亚里士多德的十伦设定了世界万物的等级次序。这样看来,不能不说"伦"是一个巧妙的翻译,让亚里士多德哲学"适应"了儒家思想。然而,亚里士多德逻辑学主要是关于谓述和论证的。中文读者从"伦"出发恐怕很难理解这一点。

从上面的分析可以看出,儒家的人伦概念和亚里士多德的范畴概念分别来自两个复杂的思想体系。这使得西方哲学汉译的复杂程度远远超出一般意义上的翻译。即使《名理探》的翻译达到了语义层面上的部分对应,也无法让只懂中文的读者仅从译本就能理解亚里士多德在古希腊特有的文化环境和古希腊语特有的表达方式中形成的思想。就"伦"这个例子而言,很难说"补儒"式的或"格义"式的翻译究竟是方便了读者理解,还是把跨语言、跨文化的理解这件事情本身复杂化了。

四、《名理探》的翻译是好是坏?

关于《名理探》的翻译是否成功,大部分学者的回答是肯定的。

但同时，对于《名理探》在中国思想界几乎从来没有产生过影响这一历史事实，没有人能够拿出充分的根据来解释。本文的目的不是提供新的解释，而是指出，《名理探》的翻译是好是坏这个问题，其提法本身就有问题。

近年来，一些研究《名理探》的西方学者，如瓦第(R.Wardy)和顾有信，用英汉对照的术语表来证明，所有的逻辑学术语都可以翻译成中文。“中文丝毫不缺乏可以表达西方知识的词汇”——利玛窦、金尼阁等耶稣会士早在四百多年前就已经肯定了这一点。但是，关于《名理探》一书没有被中国读者接受和理解这一事实，这些学者又异口同声地说问题在于词汇。瓦第认为，读者只能靠自己来应付专业术语组成的无法穿越的障碍。①顾有信称：“要通读《名理探》中引入的大量新词汇和新概念，需要坚持不懈的努力。……他们(译者)从来没有在译本中建设任何沟通概念的桥梁来方便读者把《名理探》所阐述的学说置于中文语境中。”②这类观点包含着一个矛盾：一方面，翻译是完美的，因为所有的概念都可以翻译成中文，中国没有的概念完全可以造新词；另一方面，翻译是无法理解的，因为很多概念都是新词。

瓦第的论述中还有一个矛盾：他一方面把《名理探》当作西方哲学具有超越语言的普遍性的证据，并且说：“这个可以被称作西方形而上学历史上影响最大的文本(亚里士多德《范畴篇》)是否只不过一种语言(或一个语系)的产物和特征，这是一个令人尴尬的问题。……‘中文根本不能应对《范畴篇》’这类预言被(《名理探》)一次次地打破了。”③另一方面，他却在谈到中国读者的理解困难时说：“实事求是来讲，中国人只有自己能读全部拉丁文文献，才能学会辩论。……由此看来，直接教会他们拉丁语然后让他们自己去读原著，这样更好办。”④这等于是说：第一，《范畴篇》完全不是印欧语系的产物；第二，不学

---

① R.Wardy, *Aristotle in China*, p.65.
② J.Kurtz, *The Discovery of Chinese Logic*, p.105.
③ R.Wardy, *Aristotle in China*, p.150.
④ R.Wardy, *Aristotle in China*, p.86.

会希腊语或者拉丁语(即印欧语系语言)就无法读懂《范畴篇》。

以上这些自相矛盾的结论让人不由反思"《名理探》是不是一个好的译本"这个问题本身。从上面两位学者的研究方法来看,他们都预设了一个前提:好的翻译就是原文和译文能够对应,并且他们是通过考察词汇的对应来检验翻译好坏的。可是,《名理探》及其同时代耶稣会士著作的特殊性在于,中西语言的对应并非在耶稣会士到中国之前就存在,而正是由他们建立起来的,也正是通过翻译而建立的。并且,"伦"的例子表明,翻译取决于译者对中文和中国思想的理解,以及他们进行翻译的目的。因此,词汇的对应不是翻译的前提,而是翻译的结果。在《名理探》这个特例中,哲学文本的可译性并不等于哲学理论的普遍性。

事实上,所有西方学科术语都可以翻译成中文,这只能说明任何语言都可以自己产生新词来表达外来的概念。之所以有些西方学者会得出自相矛盾的结论,是因为他们没有从中文语境的角度去理解《名理探》,而只是查词典,看某个西文术语和它的汉译词是不是在某条词义上对应。这种做法的问题在于忽略了一个事实:历史上最早编撰拉丁文(或其他西方语言)与中文双语字典的都是西方国家来华的传教士。他们也是最早进行西文和中文互译的人。因此,如果我们在今天的汉英词典里查到"伦"有和"category"相近的意思,不是说明:因为这两个词对应,所以几百年前的传教士这样翻译;而是说明:因为几百年前的传教士这样翻译,所以这两个词对应。

西方哲学和中国哲学都有自己的历史,都是在特定的语言环境中形成的。耶稣会士在翻译西方哲学上所做的努力表明:不是因为不同的哲学传统和语言本来就相互对应,所以翻译是可能的;而是因为有了翻译和阐释的努力,不同的哲学传统才有可能沟通。

西方逻辑东渐与因明的逻辑研究*

中山大学逻辑与认知研究所、哲学系　曾昭式

"因明的逻辑研究"蕴涵着因明的研究非逻辑研究一端。在汉传因明研究中，主流研究可分因明的窥基式研究与因明的逻辑式研究。因明的逻辑式研究是西方逻辑东渐的结果，西方逻辑学东渐并广泛传播与教育，使得文化学人知道并掌握西方逻辑，并且出现一部分文化学人基于逻辑学科研究因明，如新因明。无论是否承认三支论式是亚氏三段论等西方逻辑理论，其背后有逻辑背景，这已经不同于没有接触过西方逻辑的学者。由此得出西方逻辑东渐是因明的逻辑研究的前提。本文列举中国近现代时期佛学院、大学因明的逻辑研究状况，以窥看因明何以成为逻辑学科下的子学科。

一、窥基式的因明研究

印度因明传入中国汉地，尤其是唐代玄奘的翻译工作，使得新因明《因明正理门论本》《因明入正理论》文献有了研究的凭依，唐代窥基的《因明入正理论疏》便是代表作。窥基如何研究因明，今举此著一例，便一目了然。

《因明入正理论》有这样一句话："世间相违者，如说'怀兔非月，

* 本文为教育部人文社会科学重点研究基地重大项目"广义论证理论研究"(批准号：16JJD720017)成果之一。

有故’，又如说言‘人顶骨净，众生分故，犹如螺贝’。”①

《因明入正理论疏》释为：

初、非学世间者……

问：且如大师周游西域，学满将还，时，戒日王王五印度，为设十八日无遮大会，令大师立义。遍诸天竺，简选贤良，皆集会所，遣外道、小乘，竞申论诘。大师立量，时人无敢对扬者。大师立唯识比量云：“真故极成色不离于眼识”宗，“自许初三摄，眼所不摄故”因，“犹如眼识”喻。何故不犯世间相违？世间共说“色离识”故。

答：凡因明法，所、能立中若有简别，便无过失。若自比量，以“许”言简，显自许之无他随一等过；若他比量，“汝执”等言简，无违宗等失；若共比量等，以“胜义”言简，无违世间、自教等失。随其所应，各有标简。此比量中有所简别，故无诸过。

有法言“真”，明依胜义，不依世俗，故无违于非学世间。又，显依大乘殊胜义立，非依小乘，亦无违于阿含等教“色离识有”，亦无违于小乘学者世间之失。“极成”之言简诸小乘后身菩萨染污诸色，一切佛身有漏诸色。若立为唯识，便有一分自所别不成，亦有一分违宗之失。十方佛色及佛无漏色，他不许有，立为唯识，有他一分所别不成。其此二因，皆有随一一分所依不成。说“极成”言为简于此，立二所余，共许诸色为唯识故。

因云“初三摄”者，显十八界“六三”之中“初三”所摄，不尔，便有不定、违宗。谓若不言“初三所摄”，但言“眼所不摄故”，便有不定言：“极成之色，为如眼识，眼所不摄故，定不离眼识；为如五三，眼所不摄故，极成之色定离眼识。”若许“五三，眼所不摄故，亦不离眼识”，便违自宗。为简此过，言“初三摄”。其“眼

① 商羯罗主：《因明入正理论》，玄奘译：《大正新修大藏经》第三十二卷，台北佛陀教育基金会出版部，1990 年，第 11 页。

所不摄”言，亦简不定及法自相决定相违。谓若不言“眼所不摄”，但言“初三所摄故”，作不定言：“极成之色，为如眼识，初三摄故，定不离眼识；为如眼根，初三摄故，非定不离眼识。”由大乘师说彼眼根，非定一向说离眼识，故此不定云：“非定不离眼识”，不得说言“定离眼识”。作法自相相违言：“真故极成色非不离眼识，初三摄故，犹如眼根。”由此，复有决定相违，为简此三过，故言“眼所不摄故”。

若尔，何须“自许”言耶？为遮有法差别相违过，故言“自许”。非显“极成色初三所摄，眼所不摄”他所不成，唯自所许。谓“真故极成色”是有法自相，“不离于眼识”是法自相，“定离眼识色”“非定离眼识色”是有法差别。立者意许是“不离眼识色”，外人遂作差别相违言：“极成之色非是不离眼识色；初三所摄，眼所不摄故；犹如眼识”，为遮此过，故言自许。与彼比量作不定言：“极成之色，为如眼识，初三所摄，眼所不摄故，非不离眼识色；为如自许他方佛等色，初三所摄，眼所不摄故，是不离眼识色。”若因不言“自许”，即不得以“他方佛色”而为不定，此言便有随一过故。汝立比量，既有此过，非真不定。凡显他过，必自无过，成真能立必无似故。明前所立无有有法差别相违，故言“自许”。

然有新罗顺憬法师者，声振唐蕃，学苞大小，业崇迦叶，每禀行于杜多，心务薄俱，恒驰诫于小欲，既而蕴艺西夏，传照东夷，名道日新，缁素钦挹，虽彼龙象不少，海外时称独步。于此比量作决定相违，干封之岁，寄请师释云：“真故极成色定离于眼识；自许初三摄，眼识不摄故；犹如眼根。”时为释言：凡因明法，若自比量，宗、因、喻中皆须依自，他、共亦尔。立依自、他、共，敌对亦须然，名善因明，无疏谬矣。前云唯识，依共比量。今依自立，即一切量皆有此违。如佛弟子对声生论立：“声无常，所作性故，譬如瓶等。”声生论言：“声是其常，所闻性故，如自许声性。”应是前量决定相违。彼既不成，故依自比，不可对

> 共而为比量。又宗依共已言极成，因言自许，不相符顺。又因便有随一不成，大乘不许，彼自许“眼识不摄故”，因于共“色”转故。又同喻亦有所立不成，大乘“眼根非定离眼识”，“根”因“识”果，非定即离故。况成事智，通缘“眼根”，疏所缘缘，与能缘“眼识”，有定相离义。又立言“自许”，依共比量，简他有法差别相违，敌言“自许”，显依自比“眼识不摄”，岂相符顺？又彼比量宗、喻二种皆依共比，唯因依自，皆相乖角，故虽微词通起，而未可为指南。幸能审镜前文，应亦足为理极。上因傍论，广说师宗，宗中既标真故，无违世间之失。上说名为非学世间。
>
> 二、学者世间，众多学人所共知故。若违深、浅二义，俱得名违自教。若唯违于浅义，亦得名违世间。深义幽悬，非是世间所共知故。亦有全分、一分四句，是过、非过，皆如自教相违中释，违学者世间，必违自教故。论中但有违非学世间全分俱句，余准定然。凡若宗标胜义，如《掌珍》言：“真性有为空，如幻，缘生故；无为无有实，不起，似空花。”亦无违自教、世间等过失。①

此引文分两部分，第一部分讲玄奘立唯识比量的背景，是“无遮大会”，亦即什么人都可以参加的论辩会，参加者都可以对此立义提出反驳，特别提出“遣外道、小乘，竞申论诘”。第二部分提出世间都讲“色离识”，为什么唯识比量不犯世间相违的问题。对此问题的回答，分两部分：第一，讲简别原则；第二，论证唯识比量的合原则性。此又从非学世间、学者世间两方面展开。简别原则是指在所立、能立中的基本规则，分为自比量规则，以自许简别；他比量规则，以汝执简别；共比量规则，以“胜义”简别。依此三简别原则，方为能立，不犯世间相违和自教相违过错。这里需要特别注意的是，共比量如

① 窥基：《因明入正理论疏》，《大正新修大藏经》第四十四卷，第115—116页。

何简别的问题。

从立论(宗)看,“真”之简别,是依胜义谛,不依世俗谛,不违非学世间;是依大乘义,不违阿含等教、小乘等学者世间。非学世间、学者世间在引文前有解释,是指:“一、非学世间,除诸学者,所余世间所共许法。二、学者世间,即诸圣者所知粗法。若深妙法,便非世间。”这里阿含等教、小乘主张等为学者世间,而非非学世间。“极成”之简别,如引文,不是唯识讲而小乘没有讲的色,也不是小乘所讲而唯识没有讲的色,此色是“二所余,共许诸色”。否则,便可能犯“一分自所别不成”“一分违宗”“他一分所别不成”和“随一一分所依不成”等过错。这里需要注意的是,此“极成”简别的是,立者所针对的敌者只有小乘,而立唯识之宗“真故极成色不离于眼识”。

从依据(因、喻)看,唯识比量的因是:“自许初三摄,眼所不摄故。”十八界分为六根界(眼界、耳界、鼻界、舌界、身界、意界),六境界(色界、声界、香界、味界、触界、法界)和六识界(眼识界、耳识界、鼻识界、舌识界、身识界、意识界),“初三”指眼界、色界和眼识界,依此称谓,“五三”指身界、触界、身识界。窥基对唯识比量的因的分析为:“初三摄”指明“极成色”只为十八界中“初三”所摄,而排除十八界中初三之外的内容而言,如果不给出“初三摄”因,便会出现十八界中,极成色“眼”所摄,如“眼识”和“眼”所不摄“身识”等不定言;以及如“五三”等摄而不含“初三”摄情况,便证明了“极成色离于眼识”,犯了违自宗的错误,因“眼所不摄”是排除“初三”中的眼根界言的。此论证简化为:宗:真故极成色不离识;因:色境不离眼识。此因只是一个例证,省略了“声境不离耳识”等另外五个因,表达方式与此因相似,由此看出,宗有法“色”实指“境”义。这里需要注意的是:宗不能改为“真故极成色不离眼识”,否则就犯了“循环论证”的逻辑错误,而且与唯识比量含义不一致。窥基讨论因中“自许”是避免出现“有法差别相违”过的,而不是讲自许“极成色初三所摄,眼所不摄”。所谓自相,简单解释就是概念本身,如“真故极成色”,差别就是指概念所指,或概念含义,如唯识家的“极成色”,所指“不离眼识色”，与此对立的“极成色”，所指“非不离眼识色”。此两者皆可以同因“初三摄，眼所不摄故”证明，所以唯识比量之“自许”确认“极成色”之含义，以排除“外人遂作差别相违言：‘极成之色非是不离眼识色；初三所摄，眼所不摄故；犹如眼识。’”目的是：“凡显他过，必自无过，成真能立必无似故。”

窥基对顺憬法师的三支比量“真故极成色定离于眼识；自许初三摄，眼识不摄故；犹如眼根”的批评有六：第一，批评敌方立量，敌方为共比量，批方必与之对应，方能构成决定相违比量，顺憬所立三支比量为自比量，而玄奘所立为共比量。第二，顺憬的宗为共比量，因为自比量，因为其“自许”是就因而言的，出现宗因不一致。第三，唯识不许顺憬的因，犯因随一不成错。第四，从唯识理论角度讲，喻“眼根”犯所依不成错。第五，玄奘“自许”与顺憬所指不同，玄奘之因为共比量，顺憬之因为自比量。第六，顺憬宗、因、喻中，宗、喻为共比量，因为自比量，出现三支论式不一致。

以上为非学世间的讨论。就学者世间言，分为违背自教深、浅二义，均为自教相违，其中，如为浅义，亦为违世间，深义非世间所知，所以自教相违中，违深义者非为世间相违。文中最后认为，《掌珍论》二量“真性有为空，如幻，缘生故；无为无有实，不起，似空花”。不违自教和世间，其理由是讲凡作“胜义”简别者均如此，从前后文理解，此义是从学者世间来说的，因为《掌珍论》二量论证也属于“深义”，“非是世间所共知故”。

二、中国近现代时期佛学院因明的逻辑研究

中国近现代时期佛学院建设理应追溯到杨文会（1837—1911，号仁山）。杨文会1886年在英国伦敦与日本佛学家南条文雄结识，从日本购回大量佛典，于1897年在南京设金陵刻经处，刻经、编辑、

出版、发行、传播佛学。1907年办“祇洹精舍”，培养佛学人才，如欧阳渐三赴（1904、1907、1910）杨文会处问学、太虚1908年入祇洹精舍，“晚清所谓新学家者，殆无一不与佛学有关系，而凡有真信仰者率归依文会”形成“晚清思想界一伏流”。[①]1909年杨文会又创立佛学研究会。正是杨文会的开启之功，在中国现代文化思想史上出现一批佛学院、研究会等，如1912年3月欧阳渐等人成立中国佛教会，得到孙中山认可；1913年中华佛教总会在上海成立；1914年释月霞开办华严大学；1915年孙毓筠等人在北京开办大乘讲习会；1915年欧阳渐设金陵刻经处研究部，吕澄加入；1918年上海佛教居士林成立；1921年释了尘在汉口九莲寺成立中华佛教华严大学预科等。关于中国近现代时期佛学院以及研究会等佛教机构建设情况，在释印顺1950年4月1日脱稿的《太虚大师年谱》（中华书局，2011）里基本可以了解全貌，此著作以太虚为线，从太虚1909年就学于南京祇洹精舍到1947年3月17日太虚逝世，记录了中国现代佛学院建设、发展等之历史。本章在中国现代时期几十所佛教机构里选取南京支那内学院、武昌佛学院和北京三时学会为点，以点带面，研究这一时期佛学院因明研究之特征。就纯因明经典看，1896年金陵刻经处刻印唐窥基的《因明入正理论疏》单行本，1902年刻印《相宗八要明昱解》合订本含明昱的《因明入正理论直解》《三支比量义钞》《观所缘缘论会释》等八部。

（一）南京支那内学院王恩洋的因明研究

1918年，欧阳渐设金陵刻经处支那内学院筹备处，发布《支那内学院缘起》和《支那内学院简章》，设中学、大学和研究三部，1922年在南京公园路成立支那内学院。敖以华将支那内学院的发展分为三期：1922—1927年为第一期，注重办学及刊布唐人著作，其中

---

① 梁启超著，朱维铮导读：《清代学术概论》，上海古籍出版社，1998年，第99页。

1925年秋，改组为问学、研究及法相大学三部；1928—1937年为第二期，注重整理藏教并组织道场；1938—1943年为第三期，迁址于重庆江津，注重建立院学并精刻全藏。①欧阳渐逝世后，吕澄续任院长，1952年支那内学院停办。关于南京支那内学院建设可见罗琤的著作《金陵刻经处研究》（上海社会科学院出版社，2010）以及高山杉的文章《有关金陵刻经处的第一部专著》（《东方早报》2010年12月19日）。支那内学院以刻经和培养佛学人才为宗旨。复旦大学雍琦的博士论文《讲学以刻经——欧阳竟无佛教教育研究》梳理了南京支那内学院30年的教学活动。就因明教学而言，1923年内学院开办研究部试学班，开始讲授因明等课程，1925年内学院设问学部、研究部、法相大学部三部，后来学科又分为中学部、大学部和研究部，大学部内又分法相、法性、真言科，各科又分预科、补习科、特科。其中法相大学预科（慈恩宗、贤首宗、俱舍宗）、法性大学预科（三论宗、禅宗、天台宗、成实宗）、真言大学预科（秘密宗、净土宗）均开设"因明学"课程；法相大学本科（慈恩宗、贤首宗、俱舍宗）、法性大学本科（三论宗、禅宗、天台宗、成实宗）开设"应用因明学"课程。在内学院，颇有因明见地者有欧阳渐、吕澄和王恩洋等大家。如王恩洋（1897—1964，字化中）1921年由梁漱溟介绍，为南京支那内学院研究部研究员，1925任内学院法相大学主任。在四川、重庆期间，王恩洋在重庆佛学社、华岩寺和汉藏教理院从事讲经弘法的活动。②1941年，王恩洋到沱江佛学研究院，1942年9月沱江佛学研究院改名为东方文教研究院；1944年成立东方文教研究院董事会，王恩洋任院长。③1944年以后，他除了主持东方文教研究院的院务以外，仍为内学院理事（1943年王恩洋任江津内学院理事直到1952年8月底内学院停办）。"1943年2月，内学院院长欧阳先生病逝。6月初，在

---

① 敖以华：《支那内学院》，《法音》1990年第5期。

② 黄夏年：《王恩洋先生与重庆佛教》，《重庆师范大学学报（哲学社会科学版）》2006年第3期。

③ 李建友：《王恩洋与内江东方文教研究院》，《内江日报》2012年2月26日。

川同学等组织了院友会，维持院务，推选理事 7 人：王恩洋、杨鹤庆、陈铭枢、熊训启……”“董事会代表王恩洋和我结束了院务；9 月初，将内学院全部地产、房屋、设备、藏书、刻版以及基金等移交西南军政委员会文教部接收。”[①]虽然王恩洋的因明文章主要发表于他主持东方文教研究院的 1947 年，但是其因明思想形成于任教于南京支那内学院期间，并有《掌珍论》二量真似义与吕澄开展讨论（1924 年 1 月于内学院第四次研究会上讲演）。所以，研究南京支那内学院因明思想，不能没有王恩洋。其因明成果主要有《因明入正理论释》（1947）《名学逻辑与因明》（1947）、《因明通论（残篇）》（1955）。其因明思想概括为：

基于思辩学论域下的名学、逻辑和因明之比较

王恩洋为了别于“西洋逻辑”之“逻辑”名称，他把从现代学科分类意义上的逻辑学科称为“思辩学”学科或“论理”学科（“因明者，……以为一切思量论理之方式楷模者也”[②]）。王恩洋的“思辩学”从外延上包括西洋逻辑、中国名学和佛教因明。所谓“思辩学”，指论争之学，“尚论争者亦必精其教义，正其理由，而实其证据。又必善于辞令，雄于辩才。守其辩德，于是而论辩思惟之术随之而生。此在西洋则曰逻辑，在中国则曰名学，而在印度则曰因明。此三者正名定词、循事察理、立己破他所必不可缺者也”[③]。此论争之学为“思辩之术”，“思谓思想，辩谓辩论，于境有疑故起思。于理不决故兴辩，思所以通其疑。尔知所未知，辩所以明其理而定所未定。思辩有术，术者方法也。其方法奈何？一曰在求正常之理由，二者在得确实之证据。理由正当，证据确实，则其思必通，便能知所不知；其辩必胜，便能定所不定；此思辩之术也。……思者，一己内心之筹度。辩者，对他言语之争执。思以自为，独求其知。辩者为他，令人得解。思重

① 吕澄：《我的经历与内学院发展历程》，《世界哲学》2007 年第 3 期。

② 王恩洋：《因明入正理论释》，《王恩洋先生论著集》第九卷，四川人民出版社，2001 年，第 21 页。

③ 王恩洋：《因明入正理论释》，《王恩洋先生论著集》第九卷，第 9 页。

比度。辩重言说。二者之性质固确乎其不同也。是故可说:思者自己对自己辩论。而辩者自己令他人思想也? 因明于思名曰比量。于辩名之曰立破。比量为自悟。立破在悟他。”①“思辩之术”为专门之学,“虽然,常人皆能思,而所思不必得实。常人皆能辩,而其辩不必合理。于是邪思横议出,词诡兴,真理反悔,是非混淆。不得思辩之益,反受思辩之害,是不可以不加订正。于是而思辩之术乃有专门之学矣。在中国则有正名之论。在希腊则有思想之律。在印度则有三支比量。浸浸发展,遂有名学逻辑与因明。”②“正名”意义在于“吾人何以能思想能辩说耶? 曰以有‘名’为工具也”③。“盖逻辑者,思辩之术,只论思辩之应遵何等规律,始合思辩之道。始能推论无误,始能辩论有果,只在论究方法,更不论究原理。纵以原理论,亦只限于思想论辩之理,更不涉及物理心理生理政理法理等也。”④“因明精约,义理丰盛……是诚思辩之学之宗极,驾中国西洋之名学逻辑而上之。”⑤由如上引文可知,王恩洋讨论了什么是思辩术、思辩学,此思辩学定义侧重于大乘佛教之自悟悟他之特征,在王恩洋观念里,思辩学包括为自悟之思想,为悟他之论辩,以及思辩学所包含的名学、逻辑、因明各自特征,而三者特征王恩洋又有详述。

西洋逻辑为推论求知之法

“西洋逻辑,始自希腊,及近代而益盛。其对名辞概念之辨析,命题判断之类分,条理成章,亦即我国名学正名定辞之功也。然其最贵者,乃在推论求知之方法。有演绎法,有归纳法焉,有实验法焉。演绎者,本公例以应殊事。归纳者,由殊事以求公理。实验者,人为计划,取证事实,以验其理想之是否正确、而建立真理者也。故逻辑之大用乃在求知识而训练思想也。”⑥“故演绎绝非求知之方。

---

① 王恩洋:《名学逻辑与因明》,《王恩洋先生论著集》第九卷,第117—118页。

②③ 王恩洋:《名学逻辑与因明》,《王恩洋先生论著集》第九卷,第119页。

④ 王恩洋:《名学逻辑与因明》,《王恩洋先生论著集》第九卷,第126页。

⑤ 王恩洋:《名学逻辑与因明》,《王恩洋先生论著集》第九卷,第136页。

⑥ 王恩洋:《因明入正理论释》,《王恩洋先生论著集》第九卷,第10—11页。

真为求知之工具与方法者，亦唯归纳与实验耳。虽然，此之归纳与实验，即并非逻辑之事，实乃人类历史经验之积累，与夫科学之工作。……吾人用思想，思想必求其贯通；求知识，知识必求一致；发议论，议论必求其合理。则逻辑学者，正思辩之工具，为一切治科学哲学者所不能少。”[①]王恩洋认为西方逻辑根本特征为思想律，即同一律、矛盾律与“不容中律”，“只为名实诠表是非抉择之准则”[②]，真思想、辩说必遵之律。实验逻辑非逻辑，黑格尔辩证法、马克思唯物辩证法（辩证逻辑）非逻辑，“形而上学逻辑”非逻辑，数理逻辑亦非逻辑。因为“然实验之事，已入科学范围……辩证逻辑又走入玄学范围……若夫数理逻辑以简驭繁，以约驭变，诚为便矣。详形式逻辑本出于数学，尤与几何学关系最密。然其过重形式已嫌失之机械。更进而变语言文字为符号，则其机械之性愈重，亦何能表达人心事变之繁真理至道之赜也哉？”[③]“若夫形而上学，离语言，离文字，不可思议之境，即用不着逻辑，即其自身为超出逻辑之范围也。”[④]“西洋人近来好谈逻辑，每嫌于旧逻辑之不足用，于是有数理逻辑，有辩证逻辑，有形而上学逻辑等。风起云涌，洋洋大观，其实均无当也。”[⑤]王恩洋对于西方逻辑的理解，只为演绎法，即遵循思想律之形式科学，除此以外反对一切逻辑类型，包括数理逻辑。

名学为析辞正名以致辩

“名学之用，重在正名。正名以举实，立言以达意，使人与人间情志交喻，而收互助生养教诲之功……然既有名言，即亦有辩说。辩说者所以竟名言之功，故辩亦治名学者所有事也。……然则析辞正名以致辩，实中国古昔名学之职志也。……然我国名家自始即走入歧途，好立异说，玩奇辞，不以明理为先，而以胜人为务。……然

---

① 王恩洋：《因明入正理论释》，《王恩洋先生论著集》第九卷，第13—14页。

② 王恩洋：《因明入正理论释》，《王恩洋先生论著集》第九卷，第18页。

③ 王恩洋：《因明入正理论释》，《王恩洋先生论著集》第九卷，第17—18页。

④ 王恩洋：《名学逻辑与因明》，《王恩洋先生论著集》第九卷，第127页。

⑤ 王恩洋：《名学逻辑与因明》，《王恩洋先生论著集》第九卷，第128页。

后有道家去名息辩之思想。以为名不足以举实，而辩不足以明是非而显道真。……墨家儒家起而拥护名辩，则有墨经大取小取诸篇，荀子正名之论，精义至当，至足珍贵。”①思想辩说以名为工具。思不能离名，辩亦不离名，因为“人类因实而命名，因名以举实，既便记忆，益利想象，古往今来之事，虽已灭未生不现在前者，皆得因名以举之，足以资比较，而得其真理。……名也者，人己心知交通之具，无名则人己之交绝也。名言既立，而辩说随兴。辩也者，曲折晓喻，所以使人曲喻吾意者也。”②“正名”之所以为中国名学之特征，正是对于名之特征的要求：“名所以举实，而以喻诸人者也。故一者，名必须有恒久固定性，……二者名言必有人群共同承认之公共性。……共享之公器，此人所共喻共晓者也。”③王恩洋在概述中国名学特征基础上，论述“正名”与“思”“辩”之关系。换句话说，他说明正名为什么是思辩学的一种类型。

因明纯为辩学

“因明者，研寻正量之学。量也者，审虑事理之具。量有二种：一曰现量，二曰比量。现量者，能量心智触对现境，直证亲知，不假余事比度以得其义者也。……比量者，能量心智虽现在前，所量事义隐而未显，疑而难决，必待余事比度而知，乃能定其谁何，判其真伪者也。……因明者，乃就人类所有一切比量推求研究，审其是非，明其得失，得其定律公例，以为一切思量论理之方式楷模者也。……欲定群言之是非，故必追寻所以言者之得失；欲知量果之真伪，必寻量因之正邪，能量之具不乖，而后所量之义不谬。于是立破之义详，因明之学出矣。”④“因明纯为辩学。……既不言正名，又不言求知，而只言立破。……佛法建立五明，正名定辞者，声明之事。求知之方法，证真之工夫，若闻若思，若止若观，若定若慧，又皆在内明中详

① 王恩洋：《因明入正理论释》，《王恩洋先生论著集》第九卷，第 10 页。

② 王恩洋：《名学逻辑与因明》，《王恩洋先生论著集》第九卷，第 119—120 页。

③ 王恩洋：《名学逻辑与因明》，《王恩洋先生论著集》第九卷，第 121—122 页。

④ 王恩洋：《因明入正理论释》，《王恩洋先生论著集》第九卷，第 20—22 页。

之。又佛法之言智慧，重现观而不贵比量。闻思为智慧之始，而非智慧之成。智慧之成也，在菩萨则为般若，在佛则为菩提，均超夫一般世俗之所谓知识与智慧。”[①]“因明之用，立正破邪，利益有情，令法久住。……盖经三支之建立，立宗以严其义，立因以明其理，同喻以证其实，异喻以简其滥。如此则不但人因此而悟所未悟，已亦因此而信所信，而信亦坚矣。”[②]因明为“辩证之术”，“要旨集中心智于三支立破，及三十三过”。[③]

因明与逻辑不同

第一，三支不同于三段论。在王恩洋看来，虽然形式看似相似，其本质不同，表现在：三段论大前提难以成立，因为大前提从时间看，包括过去现在未来，为一未经论证之武断之词；小前提和结论已经包括在大前提中，所以为废词，达不到思辩者从已知求所未知之目的；如果按照因明要求，三段论可能犯“自语相违”“能立法不成”“相符极成”“不定”等过。“故逻辑三段多为无义。……若夫因明，……三支比量，宾主对扬。自悟悟他，理莫能易。又其显过三十有三，论轨七分，胜义葳蕤，叹观止矣！”[④]第二，因明不同于演绎法。“故因明之法，同喻异喻，全无武断臆说，而格最密周详，有科学家之实验精神，其论为内籀，为类比，与演绎法之执一理以驭万事者，相去盖有径庭矣。”第三，思辩学不离事实。逻辑的真理为形式上的必然，“吾谓此等机械的形式，……为编造的真理，非真理也，戏论耳。安有离事实而有真理者！安有离内容而有形式者？”[⑤]

因明与名学不同

王恩洋把中国名学分为三类：第一类为惠施、公孙龙专门之名家，好立异说，玩奇辞；第二类为道家，去名息辩；第三类为墨辩和荀

---

① 王恩洋：《因明入正理论释》，《王恩洋先生论著集》第九卷，第11—12页。
② 王恩洋：《因明入正理论释》，《王恩洋先生论著集》第九卷，第12页。
③ 王恩洋：《名学逻辑与因明》，《王恩洋先生论著集》第九卷，第128页。
④ 王恩洋：《因明入正理论释》，《王恩洋先生论著集》第九卷，第17页。
⑤ 王恩洋：《名学逻辑与因明》，《王恩洋先生论著集》第九卷，第133—137页。

子正名。第一类为诡辩，第二类否定名辩，第三类不及西洋逻辑和佛教因明。“因明既以人之所已知而喻所未知，又以世之所极成而立所未成，故其立言谨慎，不与世违。凡公孙龙、惠施之徒，好立异说玩奇词之过皆息。若夫论及违反常识、超过世间之哲理，则必以他词简别，确定范围……佛法虽以实证胜义为最高，以超出言辩为至上，并不以名言为真，以思辩为极。然在因明，则必立确立是非，明辨真伪，而绝不以道家之泯是非而齐物论者为然。不但以其违世间，亦以其不真见至理也。此所以无我国名学之失者也。”①

（二）武昌佛学院太虚的《因明概论》

1922 年 8 月 26 日武昌佛学院召开董事会，成立武昌佛学院，梁启超为董事长，太虚为院长，李隐尘为院护，设专修科，1922 年 9 月 1 日开学；1924 年专修科改为大学部，同时成立研究院，1926 年停办；1928 年改武昌佛学院为世界佛学苑筹备处，王森甫任董事长；1929 年办研究部，1930 年停办；1932 年世界佛学苑图书馆成立，法舫代馆长，研究工作分为佛经考校科和佛学编译科；1933—1935 年两次招收研究预习生；1938 年教职人员西迁，抗战胜利后，苇舫筹备复兴武昌佛学院，1946 年 9 月从锡兰（斯里兰卡）回国主持院务，佛学院又恢复招生；1949 年停办，1993 年复办。太虚 1922 年在武昌中华大学讲授过因明，讲稿以“因明概论”为书名由武昌正信印书馆出版，后以《因明概论唯识观大纲》一卷又由武昌铅印；《因明大纲》一卷作为“武昌佛学院丛书”由北京铅印。《因明概论》分四章，即“第一章何谓因明”“第二章因明之纲目”“第三章因明之解析”“第四章泛论因明”，兹将此著作内容概述如下。

《因明概论》第一章讲了“因明之名义”与“因明之宗旨”。“因明一名，其所名之义若何？此须先审知者，兹有数义焉：一曰，明者，犹云学术。……二曰，因者，正指立言者之言论……三曰，因者，或即照了

① 王恩洋：《因明入正理论释》，《王恩洋先生论著集》第九卷，第 14 页。

言义之智，或即发生智解之言。……四曰，生因曰因……举此四义，则因明一名之涵义，不越此矣，然于四义中以第一义为最完备。盖所以立言者，无非欲令闻者得了所言之宗旨耳！欲达到此目的，必须于生了各三之为因者，无虚谬乃可；故于此因，不可不有专科之学术以明之。故因明者，换言之，即讲明何者为达到立言目的所必由途径之学术也。”因明宗旨：“夫不明立言之因，而妄冀立言之果，恣立言论，此世之所由多诐辞、淫说、诡辩、窾言以惑乱乎人心，使正智障蔽不发也。洵能明立言之所因，了然无惑，则邪说不待剪除而自灭。依之以立言论，皆能发闻者之智，以照了所立正理而契入之。此则因明宗旨之所存也。”

第二章“因明之纲目”：“夫因明之目的，唯在能运用正当之言论，以建立所欲令他人了解之真理，俾皭然辉耀于世间，如日月之恒照，不为浮议之云所蒙蔽而已，故首明能立焉。宗为所立，因喻为能立，乃陈那之正义。合宗因喻多言谓之能立者，以所诠之宗义为所立，而能诠之宗言及因喻皆为能立故。且须明所立之宗，始彰能立因喻为何者之能立，故虽正明能立之因喻，必兼明所立之宗以助显之。次明能破者，若知邪论过谬之所在，则能一一取而摧荡廓清之，如扫浮云而显天日，故欲立正言，必继之以破邪论也。无可立而妄立，无可破而妄破，则谓似立似破，言其似是而非也。抑此似立似破，即能破者所破除之邪论。然言形乎义，义持乎智，设非先有自悟之智，虽欲立言令他了解，又安能取义建言以令他了解哉？故次明不从名言以直证之现量智，及从闻名言以推知之比量智，以明能立能破之正论所由生起之本。然非辨明似现似比，则混滥不分，必难极成真智，而邪论仍不免依以萌生；故终之以断似现似比之惑。于是、根源肃清，自悟圆明，可以达悟他之目的矣。”

第三章因明之解析分“能立”“能破、似立、似破”“现量、比量”“似现、似比”四节。在“能立”里讲“宗因喻”三支，“然宗、因、喻三所以次第如是者，为先显示自所爱乐之宗义故；为欲开显依现见事决定道理令他摄受所立之宗义故；为欲显示能成道理之所依止现见事故”。“宗”释里重点在宗依，“因”释重在因三相，“喻”在释同法、异法。

总结三支得出："此之一论，于支有三：一宗、二因、三喻。于物有七：一、宗依，二、宗体，三、因，四、同喻体，五、同喻依，六、异喻体，七、异喻依。……其通常论式虽如此，然临应用时不必定拘其格式。……故因明法即在平常谈话之中，若吾人所谈合于理者，必一一皆不与因明法相违也。""能破、似立、似破"三部分内容放在一起，其释为："欲令他人了解己之宗义，虽在能善成立宗、因、喻三支圆满无过之言论，然与彼带有过失之言论相形之时，即能破彼不得成立。抑伪言乱真，若非指出其过失之所在，　破除之，则正论虽建而邪言未息，犹足摇惑闻者，俾莫知所准从，故能立之后即须继以能破也。第能破之所破，即是似立，故当详叙似立之过，俾立者知其过失而不犯，破者能善出其过而祛其迷谬。然破之而不当，则于无过能立妄出其过，其为失言且尤甚于似立；故于似破亦不可不论也。"能破依《入论》见言述之，似立讲三十三过，似破里强调"若不能真实显示他人立言之过失，而妄言他人所言之过失，名似能立。此应有二：一、对于实有过失之言论，以不知其过失故，而不能实显。二、对于实无过失之言论，以妄见其过失故，而谬指其为过。今此论中所列陈者，属第二义，乃似能破中之过失尤重者也"。"现量、比量"部分在讲现量时重在种类，说明佛的认识与常人之不同，"然此但从前五识，及同时意识之见分，以说明现量。因是平常人所易知，且易错认者故。若夫各心心所之内二分现量，与第八识之现量，则平常人虽具有之，然全不能知也。其定中独头现量与根本后得二智现量，则又非修证到不能知有，故此皆不举焉"。比量讲依因三相而正智生，特举例"此人是人宗，是人类故因，如某人等喻"，此例显然不合因明要求。"似现、似比"部分以《入论》内容做简单介绍。

第四章讲"因明之历史""新旧因明之异点""因明与逻辑之比较"。"因明之历史"包括因明之开始、因明之革新、因明之流传三部分，第一部分讲古因明发展，并与亚里士多德逻辑产生时间比较，得出"足目所创者，不但为古因明之全，抑且为新因明所出。其功勋较希腊演绎论开祖之亚里士多德，过无不及；而早于亚里士多德者殆三千年”。第二部分讲由古因明到新因明的革新。第三部分讲因明汉传之情形。“新旧因明之异点”就古因明而言，认为九句因和五支论式为古因明核心内容，将新因明改革概括为八点：“一、五分改为三支。二、但因喻为能立，而以宗为所立。三、宗依与宗体之判定。古来有以前陈有法为宗依，而后陈法为宗体者；亦有以前陈为宗体，而后陈为宗依者；亦有以前后并为宗体者。今批评审定前后并为宗依，而以不相离性为宗体。四、于因三相具阙之注重。五、喻体喻依之判别。六、异法喻之增设。七、废除遍所许宗，先业禀宗，旁凭宗义，而但取不顾论宗。八、审定唯有现比二量，摄譬喻、圣教于现比。”因明与逻辑不同，分为两点，如下：

一、形式之不同。

通常的逻辑形式：

大前提（同喻体）　凡碳素物皆可燃

小前提（因）　金刚石是碳素物

断案（宗）　故金刚石可燃

通常的因明论式：

宗（断案）　金刚石可燃

因（小前提）　碳素物故

喻（大前提）　若碳素物见彼可燃（同喻体）如薪油等（同喻依）

若不可燃见非碳素物（异喻体）如冰雪等（异喻依）

今据此以审其不同点：一、三段之中段相同而前后相翻，殆正由一为自悟一为悟他之故欤。二、逻辑之中段亦两个名词构成，因明但用一个名词，殆以宗上有法陈之在前，顺势说下，不须重故。三、因明逻辑之大前提，但有因明之同喻体，而缺少同喻依，异喻体异喻依之三件。四、因明之同喻体多用若如何见如何之宗，使小前提断案所论之物，已确定在凡皆之内，则更言此物之为何所以如何，岂非辞费而毫无所获乎？……

> 二、性质之不同，偶举如下：一、逻辑仅考理之法式，因明兼立言之规则。二、逻辑用假拟演绎断案，因明用设证解决问题。三、逻辑以范已观察于物所生之思想为目的，因明以令他决了于我所立之宗义为目的。四、逻辑非如因明之罕有归纳方法。五、逻辑非如因明之注重立论过失。

书末尾中有一“六离合释义”，包括原文、释义、辞例、例释四部分内容，所谓六离合释，“乃天竺之辞句通例，犹八啭声之为一声或数声之各单名字之通例，及因明用为多名句推论一义之理论例”①。太虚以通俗例子予以解说。

三、中国近现代大学因明的逻辑研究

中国近现代时期，大学逻辑与因明教师的社会角色变化频繁，如行政，不同的社会组织、出版社、杂志社等职业领域或兼或换，所以此标题下的“大学”范围不同于当下中国的大学，其范围宽泛。中国近现代大学的因明的逻辑研究受日本影响最大。日本佛学界和大学学者的影响主要表现在日本本土对中国因明学者的影响及日本论理学和因明著作、教材的翻译。日本学者对西方逻辑学的传播及与因明比较研究，使得日本因明研究变为因明的逻辑研究，这种研究影响了中国近现代的因明研究，如云英晃耀（1831—1910）、村上专精（1851—1929）、大西祝（1864—1900）、香村宜园（1880—1946）、宇井伯寿（1882—1963）等的因明思想直接成为中国近现代因明研究的重要思想来源。肖平、杨金萍对此有研究，发表《近代以来日本因明学研究的定位与转向——从因明学到印度论理学》一

---

① 太虚：《因明概论》，沈剑英：《民国因明文献研究丛刊》第5卷，知识产权出版社，2015年，第11—13、19—20、39、40、41、43、46、47—48、50页。

文,如文中言,云英晃耀因明成果有《因明入正理论方隅录》十三卷、《因明二十颂》、《因明三十三过本作法科本》一册、《因明入正理论讲义》二卷、《因明入正理论科本》一册、《冠注因明入正理论疏》三卷、《因明三十三过本作法讲义》二卷等,其因明普及读物《因明初步》一册(1882)、《因明大意》一册(1882)、《因明活眼》二卷(1884)对中国学者影响甚大。从因明著作提纲看,中国近现代学者的因明成果与此三本读物提纲极为相似。《因明初步》包括因明的性质、源流、推理方式、核心概念等;《因明大意》以诠释《因明入正理论》为主;《因明活眼》包括因明总论、因明沿革、能立能破、现比二智、三支作法、三量二因、因有三相、足目九句、似宗九过、因十四过、似喻十过、十四过类等十二章。从内容看,如什么是因明,《因明初步》云"问因明者,何种法也。答因明者,印度之议论法也"。《因明大意》云"因明者何所谓,印度之议论法是也"。还包括与三段论比较等内容也为中国学者采用。还如村上专精的《活用讲述因明学全书》第一篇为"因明学序论",内容包括"思想与语言的关系""与论理学的直接关系""逻辑与因明的比较""因明的语义""因明学的原则""因明学与佛教的关系"等;第二篇为因明学史论,内容包括"足目的因明论""释迦佛的因明论""龙树的因明论""弥勒的因明论""无著的因明论""世亲的因明论""陈那的因明论""天主的因明论""三国之传来"等;第三篇为"因明学理论"(窥基《因明大疏》的解说),称"因明学"为"东洋的论理学"或"印度的论理学",称西方逻辑学为"西洋的论理学"。松尾义海的《印度论理学的构造》序论提纲包括"印度论理学的性质""印度论理学的历史",本论由"知识论""论证的动机及其资料""论证形式""论证过程""谬误论"组成。香村宜园的《东洋论理学史》,宇井伯寿的《佛教论理学》,胡茂如 1906 年翻译的大西祝的《论理学》,等等,无不影响中国近现代学者的因明的逻辑研究。①

① 肖平、杨金萍:《近代以来日本因明学研究的定位与转向——从因明学到印度论理学》,《佛学研究》2010 年第 19 期。

在中国近现代大学（含师范学校与高中）里，因明研究表现多样，除了因明教材、因明文献校释、因明专论的著作和论文，还包括逻辑学教材中的因明、印度宗教哲学教材中的因明、先秦哲学研究中的因明（此部分另文发表），等等。

（一）中国近现代大学的逻辑与因明课程设置举例

中国近现代大学的因明教育或在“逻辑学”，或在“印度哲学”，或在“墨子研究”等课程里。逻辑学教学因大学不同有异，但从总体上看，与当今大学逻辑学教育不同，今时大学非常重视逻辑学教育，如果从现在的大学院系看，哲学系、中文系、历史系、政治学系、心理学系、法学系、商学系、经济学系、管理学系、教育学系等均有逻辑学教育课程，有的大学体育系也有逻辑学教育课程，还有部分高中、师范学校等也有逻辑学课程。课程门类包括逻辑学导论、逻辑学史、高级逻辑学，也有部分高校因老师而开设因明课程，如北京大学、厦门大学等。讲课内容主要为西方传统演绎逻辑和归纳逻辑及因明、中国名学与西方逻辑比较，比较中中国名学相对弱势。今从《民国教育史料丛刊》选取部分文献例证之。

据《1928—1929 年高等教育概况大学课程目录》①，大学文学院逻辑学相关课程开设情况为：中国文学系“墨子”课程，中央大学 3 学分、大夏大学 3 学分；哲学系“论理学”课程，燕京大学为 4 学分的必修课，中山大学、东北大学、厦门大学为 3 学分的必修课，河南大学为 2 学分的必修课，清华大学为 8 学分的选修课，光华大学为 3 学分的选修课；“高级论理学”课程，中央大学为 3 学分的必修课；“论理学派别”课程，金陵大学为 3 学分的选修课；“论理学史”课程，燕京为 6 学分的选修课；法学院“论理学”课程，暨南大学、安徽大学为 2 学分的必修课；教育学院“论理学”课程，安徽大学、劳动大学、复旦

① 《高等教育概况：民国十七年至十八年》，李景文、马小泉主编：《民国教育史料丛刊》第 911 卷，大象出版社，2015 年。

大学为 2 学分的必修课。这些课程里有许多基础涉及因明内容。北京民国大学 1916 年创办，1930 年改为民国学院，1917 年开学，由大学预科和大学部组成，大学部分文科大学、法科大学和商科大学，文科大学分哲学门、史学门、文学门、地理门，法科大学分法律学门、政治学门和集结学门。论理学为 2 学分，预科必修，大学哲学门基本科目论理学 3 学分，论理学史 2 学分，研究问题举例“论理学与因明学之比”。1924 年度哲学系（课程中称系）基本科目：中国哲学大纲 4 学分、中国哲学史 3 学分、西洋哲学大纲 4 学分，西洋哲学史 3 学分，认识论 2 学分，认识论史 2 学分，行为论 2 学分，行为论史 2 学分，论理学 3 学分，论理学史 2 学分，印度哲学大纲 3 学分，印度哲学史 2 学分，宗教学 3 学分，宗教史 2 学分，心理学 3 学分，心理学史 2 学分，外国文 8 学分每周 4 节。选修科目：孔家哲学、老庄哲学、墨家哲学、程朱哲学、阳明哲学均 4 学分；科学方法论 3 学分、美学概论、美术史、人类学及人种学、生物学各 2 学分，教育学概论、教育史、社会学各 3 学分，第二外国语 6 学分（每周 3 节），教学年限 1 年，外语 2 年除外，其他每周与学分一致。①1933 年度，教育学开设论理学，1 学年，4 学分；体育专修科，开设论理学，1 学年，4 学分。②燕京大学 1918 年成立，1928 年哲学系论理学大意，2 学分；名学史 3 学分；现代哲学中之逻辑问题 2 学分，黄子通讲授；1949—1950 年哲学系选修思想的方法，3 学分；选修普通逻辑 2 学分；高等逻辑选修 3 学分，张东荪讲授；还有墨家哲学，梅贻宝讲授；墨家之逻辑观念，选修，2 学分。③1929 年清华大学有 13 个系，各系公共必修学科中甲组学科（中国文学系、外国语文系、哲学系）中 8 学分，以物理、化学、生物、

① 《北京民国大学一览》，李景文、马小泉主编：《民国教育史料丛刊》第 911 卷。

② 《北平民国学院二十二年度一览》，李景文、马小泉主编：《民国教育史料丛刊》第 911 卷。

③ 《燕京大学本科课程一览》，李景文、马小泉主编：《民国教育史料丛刊》第 911 卷。

逻辑选一；另哲学系开设1学年题为论理学，每周3学时，8学分；心理学系论理学，4—6学分，选修；算学系哲学与逻辑选一，6或8学分；政治系论理学，6学分，必修。①大夏大学文学院1931年6月国学系、英文系、哲学系、社会学系开设论理学，3学分；理学院第四学年第一学期开设论理学，3学分；教育学院、商学院开设论理学，3学分；法学院预科开设论理学，2学分。②1930年度武汉大学文学院论理学，1学年，每周2小时；史学系、哲学教育系、外国文学系中国文学系、法学院设论理学为必修课，2学分；法律学系、政治学系、经济学系、商学系均开设论理学③。中国大学哲学教育系开设普通论理学，一年级。④

在1929年12月17日召开的北京大学卅一年纪念活动中，印发《北京大学卅一年纪念刊》，王烈的《北京大学概况》一文列举哲学系课程：科学方法与科学效果、生物学、逻辑学、中国哲学史、伦理学、普通心理学、社会学原理、教育学、认识论、印度哲学、宗教哲学、伦理学史、明清思想史、墨子哲学、老庄哲学、二程及阳明哲学、中国认识论史、德国哲学、康德哲学、统计学理论和自然论、西洋近世认识论史、古印度宗教史、唯识哲学、因明学、伦理学史、宗教史大纲、基督教史、美学原著选读、中观哲学、哲学、kulpe孔德学说。⑤以"哲学系同学会"署名的《北京大学哲学系之过去与将来》一文里讲述哲学系之创始，由光绪二十八年的师范馆的哲学课程到光绪二十九年的理学门中开设"辨学"课程，到民国元年大学文科哲学门的"中国哲学类""西洋哲学类"均开设"论理学"与"印度哲学概论"，再到1918

---

① 《国立清华大学学程大纲学科说明　国立清华大学一览　燕京大学本科课程一览》，李景文、马小泉主编：《民国教育史料丛刊》第911卷。

② 《大夏大学一览》，李景文、马小泉主编：《民国教育史料丛刊》第911卷。

③ 《国立武汉大学一览（民国十九年度、民国二十二年度）》，李景文、马小泉主编：《民国教育史料丛刊》第911卷。

④ 《中国大学概览》，李景文、马小泉主编：《民国教育史料丛刊》第911卷。

⑤ 王烈：《北京大学概况》，李景文、马小泉主编：《民国教育史料丛刊》第911卷。

年哲学系成立，哲学系课程分哲学、教育与心理三组，1925 年后哲学系、教育系、心理系并列，哲学系开设课程 120 门，开设因明及与因明相关课程有逻辑、逻辑史、因明学、唯识世论校读、佛家哲学、唯识哲学、中观哲学、梵文、古印度宗教史、墨子哲学等。哲学系还设有读书会，分四组：康德哲学组，导师张颐；论理学组，导师陈大齐；论理学组，导师傅铜；中国哲学组，导师徐炳昶。①1935 年度北京大学文学院哲学系逻辑 3 学分，因明学 2 学分，逻辑原理 3 学分，数理逻辑 2 学分；教育学系基础必修课选二中含有逻辑；生物系选修课有：社会学、哲学概论、伦理学、论理学；法学院政治学系逻辑为必修课，3 学分。②1948 年哲学系逻辑学为必修课，4 学分，分一、二年级两年学完，老师是胡世华、陈强业；哲学研究所入学考试科目含国文、英文、中国哲学史、西洋哲学史、逻辑。③从以上北京大学逻辑学、因明相关课程设置看，此校是民国时期为数不多重视逻辑和因明学习的学校。

（二）逻辑学教材中的因明

逻辑学教材中的因明研究特点是基础性的，就因明文献而言，偏重《因明入正理论》文本，研究特点将因明融入逻辑学科，因明简史依据《因明入正理论疏》，因明比较偏重论式的同异。今举 20 世纪 10、20、30、40 年代各一例以说明之。

1914 年出版张子和《新论理学》中的因明介绍：称因明为印度之论理，介绍极简，认为三支作法包含于五支作法之中，与三段论法近似。④

---

① 哲学系同学会：《北京大学哲学系之过去与将来》，李景文、马小泉主编：《民国教育史料丛刊》第 911 卷。

② 《国立北京大学研究所国学门概略》，李景文、马小泉主编：《民国教育史料丛刊》第 911 卷。

③ 《北大院系介绍》，李景文、马小泉主编：《民国教育史料丛刊》第 911 卷。

④ 张子和：《新论理学》，沈剑英：《民国因明文献研究丛刊》第 24 卷，知识产权出版社，2015 年，第 11 页。

1928年张延健《论理学》第二编因明论包括五章：第一章因明论大意、第二章古因明与新因明之形式、第三章自悟法与他悟法、第四章论三支法之规则、第五章说因明论式与三段论式之异同。如第五章比较三支论式与三段论不同有三：第一，均由三部分组成，次序相反，三段论不分自悟与悟他；第二，小前提为命题“何者为何”，“因不具命题之形式”，因指“何故”；第三，除与大前提一样，还多喻依“更欲发明喻体所有之事实的根据，更加喻依”。因明“可谓顺思想进行之自然次序”①。

1932年张希之《论理学纲要》第四编附论包括因明内容，提纲：第一章印度因明学概观，包括三部分——因明学底意义、因明学的沿革、因明学略论（总论、论证式、宗的组成、九句因、十四过、判断的质量）。总论讲八门二益，论证式讲五分作法、三支作法，比较二法，然后解释自性差别、有法法、所别能别，详解九句因，简介十四过。“判断的质量”部分从质分为表诠与遮诠，“‘表诠’即论理学上所说的‘肯定’，‘遮诠’即‘否定’，‘全分’即‘全称’，‘一分’即‘特称’。而‘有体’及‘无体’乃因明学所特有。‘有体’为实质上的肯定，而‘无体’则为实质上的否定。如‘真理为空想’其形式为‘表诠’，而实质上则‘无体’，因为这个判断在实际上是否定真理的存在；反之如‘真理非空想’，其形式为‘遮诠’，而在实质上则为‘有体’”②。这样，他将判断分为表诠有体全分判断、表诠有体一分判断、表诠无体全分判断、表诠无体一分判断、遮诠有体全分判断、遮诠有体一分判断、遮诠无体全分判断、遮诠无体一分判断八种。

1940年王章焕《论理学大全》附论第一编介绍因明，分“第一章绪论”“第二章因明之沿革”“第三章古因明”“第四章新因明”。如第四章第一节概说、第二节八大部门、第三节论式之改正。除三支外，

---

① 张延健：《论理学》，沈剑英：《民国因明文献研究丛刊》第24卷，第43、44页。

② 张希之：《论理学纲要》，沈剑英：《民国因明文献研究丛刊》第24卷，第74页。

与张希之一样，分八个判断，此书将判断称命题，图表与定义文字基本一致。①

（三）印度宗教哲学教材中的因明

谢无量《佛学大纲》分卷上序论和卷下本论两卷，其中卷下分三编，“佛教论理学”为第一编，内容为“因明学之渊源”“三支因明论”“因明学与论理学之比较”和“中土因明论之流传”四章。基本内容可以从七个方面概括：西方逻辑学出于因明说，外道创立九句因和十四过类和五支论式，以例讲解五支论式、九句因、十四过类，释迦至世亲因明沿用外道，陈那新因明对旧因明改革，现量与比量、三支论式、谬误研究；因明与论理学比较，窥基《因明入正理论疏》大意概说。如“因明与论理学比较”讲：“三段论法所谓质的分类，仅就其齐形式分肯定、否定，而不问其内容意义如何；三支论法则有形式于内容之区别，分有体、无体，故质有四种，命题之总数有八种。然因明学之论式，直完然有论理学之规模也。”②

（四）因明教材

龚家骅的著作《逻辑与因明》1935 年由上海开明书店出版，此书是基于西方传统逻辑观念下的因明研究教材。此著作分三篇：第一篇讲逻辑，包括绪论、概念、判断、推理和研究法、整理法和辩证法；第二篇讲因明，包括绪论、三支、真能立与似能立、真能破与似能破、真现量与似现量、真比量与似比量、自悟悟他、论轨方隅等内容；第三篇逻辑与因明之比较与批评。按照著者观念，其讨论内容为“普通形式逻辑”，“将思考分析其要素分概念、判断、推理三种，以说明其形式及种类，并显示正确思考所当遵守之法则，名为逻辑原理”。

---

① 王章焕：《论理学大全》，沈剑英：《民国因明文献研究丛刊》第 24 卷，第 175—191 页。

② 谢无量：《佛学大纲》，《谢无量文集》第四卷，中国人民大学出版社，2011 年，第 163—207 页。

在比较中他站在西方逻辑立场，认为二者同有十一方面，异有三个方面，即“比较逻辑与因明，孰为彼此相似之处，孰为彼此差异之点。也就大纲言之，原理方面，大致相似，其所差异，形式而已”。“（一）逻辑为科学之科学，与因明为论中之论……因明所以辨理与非理，以真能立中，真现量真比量，名之为理，似能立中，似比量似现量，名为非理，彼不学因明，无以知其真似。……（二）逻辑之‘思考原理’与因明之‘因中三相’。……遍是宗法性与充足理由之原理相似，同品定有性与同一律相似，异品遍无性与矛盾律拒中律相似；合而言之，同品定有性异品遍无性二者，与同异原理相似。……（三）逻辑中‘概念之内包外延’与因明之‘量’。……皆确定其范围而已……（四）逻辑中‘命题三部分’与因明之‘宗中三分’。……宗中所别，与命题之主辞相似；宗中能别，与宾辞相似；随自乐为所成立性，与连辞相似。……（五）逻辑‘假言论式’与因明‘三支简言’。……今此三支简言，与混成假言论式相似，而‘自许’、‘极成’、‘真性’等简言，与定立前件相似。‘汝执’等简言与破斥后件相似。……（六）逻辑上‘四种对当’与因明之‘九句因’。……四种对当与九句因比较，皆系论其性质之同异与分量之同异。……（七）逻辑之‘带证体论式’与因明之‘三支作法’。……说明其理由则一也……（八）逻辑‘归纳推理之原则及条件’与因明之‘因中三项九句’……同品异品之有非有与归纳推理之原则三条件均属相似……（九）逻辑归纳法中培根三表，研究法中穆勒五法，以及假定立证，与因明三支作法之由喻立因，由因立宗。……同法异法与培根三表相似；穆勒之五法，与由喻立因相似；假定立证喻由因立宗相似。……（十）逻辑上实然的必然的以及一切谬误，与因明之真能立似能立真能破似能破。……逻辑之实然的必然的，与因明的真能立真能破相似。逻辑之伪的方面，一切谬误与因明之似能立似能破相似。……（十一）辩证法与因明之比量。……正反合有类乎现量而实非现量，只与比量相似。……一曰形式上之相似，（四）（五）等相是也。二曰性质上之相似，（二）（三）（六）（七）（八）（九）（十一）等项是也。三曰效用上之相似，（一）（十）等项是也。……逻辑与因明其差异之点……(一)形式上之差异。此又分为两种,一为论式上排列次第之差异,二为规则上之差异。……(二)本质上的差异。逻辑之所本为哲学,因明之所本为内明,即佛教学理是也。……(三)效用上之差异。……逻辑之论式宜于推理,因明之论式宜于论证。……逻辑与因明之批评。……从形式言,逻辑优于因明;从本质言,因明优于逻辑;从效用言,辨是非,别有无,彼此相似,固无优劣之可言也。"①

简 单 结 论

古希腊、中国、印度为逻辑学三大发源地已为学界共识,如何写作中国逻辑学史与印度逻辑学史为百年来争论不休的话题,因为称中国逻辑学史、印度逻辑学史本身已经借用了西方"逻辑学"概念,而中国近代以来中国逻辑学史、印度逻辑学史研究参考或依傍的对象是西方逻辑学。自梁启超 1904 年《墨子之论理学》问世至今,中国有了在逻辑学科意义下的"中国逻辑",而在"中国逻辑史"学科下的研究集中在先秦时期,尤其以名家、墨家、荀子逻辑为重点。自 1896 年刻出《因明大疏》,去除了"摸象"(《因明大疏》松岩跋语)之弊,宋恕 1902 年在《留别杭州求是书院诸生诗》中提到"竺乾论理宗因喻,希腊三言竟异同",1903 年在日本与佛学家南条文雄交往中言"窃尝论印度《因明论》之三法,颇与希腊哲学家之三句法相似"②,开始了在西方逻辑学科下的"因明"或"佛教逻辑"学科建设。时至今日,这种研究已百余年,研究结论越来越偏离因明文本。作为佛教哲学方法论的汉传因明研究,应该把其作为佛教哲学方法论来看待,这就需要考究因明产生的历史发展过程;同时作为佛教哲学方

---

① 龚家骅:《逻辑与因明》,沈剑英:《民国因明文献研究丛刊》第 15 卷,2015 年,第 21、159—179 页。

② 胡珠生:《宋恕集》,中华书局,1993 年,第 857、362 页。

法论的因明，已经建构了完整的体系，这就需要本着“了解之同情”[“凡著中国古代哲学史者，其对于古人之学说，应具了解之同情，方可下笔。盖古人著书立说，皆有所为而发；故其所处之环境，所受之背景，非完全明了，则其学说不易评论。……所谓真了解者，必神游冥想，与立说之古人，处于同一境界，而对于其持论所以不得不如是之苦心孤诣，表一种之同情，始能批评其学说之是非得失，而无隔阂肤廓（文辞空泛而不切实际）之论。”①]的态度，走进因明文本，做文本田野工作，求得因明之特征，然后方可思考因明与西方逻辑的关系。

① 陈寅恪：《冯友兰〈中国哲学史（上册）〉的审查报告》，冯友兰：《三松堂全集》第二卷，河南人民出版社，2000 年，第 612 页。

《心灵学》中归纳概念的本土化

中国社会科学院当代中国研究所　王慧斌

一、《心灵学》及其译者颜永京

1889 年，颜永京译出的《心灵学》一书由益智书会（Educational Association of China）出版。该书以美国心理学家海文（J. Haven）的《心灵哲学：智识、感觉与意志》（*Mental Philosophy: including the Intellect, Sensibilities, and Will*）的第一部分为底本。益智书会 1894 年和梁启超 1896 年曾分别表示，《心灵学》的剩余部分尚未出版；迟至 1902 年，《增版东西学书录》对该书的描述仍然为"是书但译智才一卷，余未之及"①。可见，颜永京确实只译出了第一部分。

西学东渐的典型翻译模式是传教士口译、中国合作者笔述。与之不同，《心灵学》是由中国人颜永京独立翻译完成的。颜永京曾就读于中国的教会学堂，16 岁时被老师带到美国，在凯尼恩学院（Kenyon College）毕业后回国。正式担任牧师后，颜永京又协助美国圣公会上海主教施约瑟（S.I.J. Schereschewsky）创办圣约翰学院，

① Educational Association of China, *Descriptive Catalogue and Price List of the Books, Wall Charts, Maps, &c., Published or Adopted by the Educational Association of China (formerly the School and Text-Book Series Committee)*, Shanghai: American Presbyterian Mission Press, 1894, p.26；梁启超：《西学书目表》，夏晓虹辑：《〈饮冰室合集〉集外文》，北京大学出版社，2005 年，第 1126 页；徐维则、顾燮光辑：《增版东西学书录》，王韬、顾燮光等编：《近代译书目》，北京图书馆出版社，2003 年，第 234 页。

1881年担任第二任校长，1886年成为益智书会唯一的华籍会员，可以说是“最早进入教会教育高层的中国人”①。

按照益智书会的评论，颜永京有会通中西的教育背景，这使得他可以用地道的中文表达出外文原意，并能够全面地考虑科学术语问题。《心灵学》的翻译就是如此，颜永京在这一过程中克服了确立中文术语的困难。②传教士傅兰雅(J.Fryer)也称赞了颜永京在术语问题上的影响力，认为其观点之于外国人和本国人都是举足轻重的。③尽管如此，颜永京在《心灵学》序言中仍然坦诚，书中有的术语翻译得并不准确，造成这一困境的原因在于中国传统思想中没有对应的思想和表述可循(“其中许多心思，中国从未论及，亦无各项名目，故无称谓以达之”)，只好“勉为联结，以新创称谓”。④而“新创称谓”的具体策略，体现在其1890年新教传教士第二次大会上的发言中。在他看来，对于无法准确翻译的术语，可以进行音译。⑤

已有研究指出，该书在较早译介现代心理学的同时，也包含逻辑学思想；梳理其术语翻译可进一步发现，译者颜永京不仅在重要术语的字间使用了连接符号“(”，相比同时期译者还特别注重术语翻译的一致性。⑥不过，《心灵学》中的“归纳”概念却因内涵的不同，

---

① 柯遵科、李斌：《斯宾塞〈教育论〉在中国的传播与影响》，《中国科技史杂志》2014年第2期。

② Educational Association of China, *Descriptive Catalogue and Price List of the Books, Wall Charts, Maps, &c., Published or Adopted by the Educational Association of China (formerly the School and Text-Book Series Committee)*, pp.26, 30.

③ J. Fryer, “Scientific Terminology: Present Discrepancies and Means of Securing Uniformity”, in *Records of the General Conference of the Protestant Missionaries of China*, Shanghai: American Presbyterian Mission Press, 1890, p.532.

④ 海文著，颜永京译：《心灵学》序，益智书会，1889年。

⑤ J. Fryer, “Scientific Terminology: Present Discrepancies and Means of Securing Uniformity”, in *Records of the General Conference of the Protestant Missionaries of China*, p.549.

⑥ J. Kurtz, *The Discovery of Chinese Logic*, Leiden: Brill, 2011, pp.122－125；陈启伟：《关于西学东渐的一封信》，《哲学译丛》2001年第2期。

而被赋予不同的译名。和晚清时期的其他译者类似[①]，颜永京也试图选取中国本土思想中已有表述进行翻译。特别是《心灵学》一书作为“启悟童蒙善本”[②]和“学者似乎得其益处”[③]的教科书，应已顾及学生与其他读者的知识储备。这使得可以按照概念史(Begriffsgeschichte)的研究理念，在已有研究厘清译名的基础上，从这一概念的本土化过程进一步探索其时文人对归纳逻辑的理解，特别是对中西有关思想异同的认识。

二、作为心理学研究方法的归纳：“充类”

《心灵学》沿袭其底本，在开篇对心理学的研究对象和研究方法进行了基本的介绍。该书根据研究对象的不同，在本体论上将全部知识划分为“论物质”的格物学(physics)和“论一切物质外之事”“专论人事”的格物后学(metaphysics)，格物后学又可再分为辨实学(逻辑学)[④]、是非学(伦理学)、国政学(政治学)、生命学(本体论)和心灵学(心理学)。其中，心灵学“系推明心灵之形用，及形用之凭何理”。对照底本可知，这里的“形”指事实，“用”即运行。也就是说，心灵学的研究对象就是心灵及其运行。[⑤]

而在认识论层面，该书认为，心灵和物质作为认识的对象是无差别的，所有知识的获取和检验都以经验主义为标准——“不论心灵物质，我所得知者，不过其显然之形与用，其形用全在我所见闻及经历所知耳”，二者的区别仅在于心灵“不似物质之全在我身外”。

---

① 如参见王慧斌、尚智丛：《“理”、“法”、“机”：〈新工具〉最早传入中国的三种形态》，《自然辩证法通讯》2018 年第 12 期。

② 徐维则、顾燮光辑：《增版东西学书录》，王韬、顾燮光等编：《近代译书目》，第 234 页。

③ 海文著，颜永京译：《心灵学》序。

④ 《心灵学》开篇写作“辩实学”，但后文更多使用的是“辨实学”，故本文统一为“辨实学”。

⑤ 海文著，颜永京译：《心灵学》，第 1 页。

以这一论证为基础，心理学就和动物学、植物学等各门科学一样，采用归纳的研究方法。《心灵学》对此的表述为“或物质学，或心灵学，我皆先得物质心灵之细情，充类其情，以得统理。将统理依次序详释，而此二学得矣”；“在彼禽兽植物，吾不过将见闻之实事，充类其统理，而禽兽学、植物学于是乎得。在心灵固无异此。”其中的“统理”即原书中的“law”和“principle”，“充类”则对应于“induction ”。①

“充类”一词可见于《孟子·万章下》“夫谓非其有而取之者盗也，充类至义之尽也”的表述。朱熹曾在《四书章句集注》中分析这一篇章时指出“其谓非有而取为盗者，乃推其类”，也就是将“充类”等同于“推类”。考虑到程朱理学在晚清时期的主导地位，颜永京为什么要回避朱熹所用的“推类”，转而使用读者相对陌生的“充类”呢？一个可能的解释是，颜永京意识到了作为科学方法的“induction”与朱熹“推类”的差异。程朱理学认为，“万物各具一理，而万理同出一源”。据此，理学“格物穷理”的认识过程只须穷尽一事物的“理”，就能推出其他事物的“理”，而不强调不同类别事物的区分。与之不同，颜永京的“充类”遵循的是现代科学的分类精神，对心理现象的认识只在心理学范围内有效，对其他事物的认识则不适用于前文所述的“心灵之形用，及形用之凭何理”。如此，若借用读者熟悉的“推类”来翻译，就可能形成误解；而使用“充类”则既方便本土文人理解，又在一定程度上体现了和“推类”的区别。

事实上，外来的分类观念和传统“推类”的区别，在明末清初的逻辑学译介过程中就有所体现。其时，“类”主要用于翻译波菲利(Porphyry)在亚里士多德四谓词理论的基础上发展出的五谓词(属、种、种差、固有属性、偶性)学说，如《西学凡》分别译为万物之宗类、物之本类、物之分类、物类之所独有、物类听所有无物体自若，《名理探》和《穷理学》译为宗、类、殊、独、依。不过，尽管范畴论在亚里士多德逻辑学体系中占据重要地位，但明清之际中西思想会通的重心都在“格物穷理”之上，“类”作为范畴论术语则始终保持着“外

① 海文著，颜永京译：《心灵学》，第2—3页。

来性”而未能得到关注。①

三、作为逻辑推理及其规则的归纳：“引进辨实”与“引进眉录集成”

如前所述，按照海文对知识体系的划分，心理学与逻辑学是并列的学科分类。但由于《心灵学》底本成书时的心理学仍处于哲学心理学的发展阶段②，海文同时也指出，考虑到推理和思维的密切关系，心理学家同样要对逻辑学关切的推理过程加以研究。③《心灵学》将“reasoning”（推理）译为“分核”或“辨实”，并以“辨实”为基础进行组合，将归纳推理和演绎推理分别译为“引进辨实”和“推出辨实”，“引进辨实”的方法就是“将所经历之几许事，引至一总理”。④

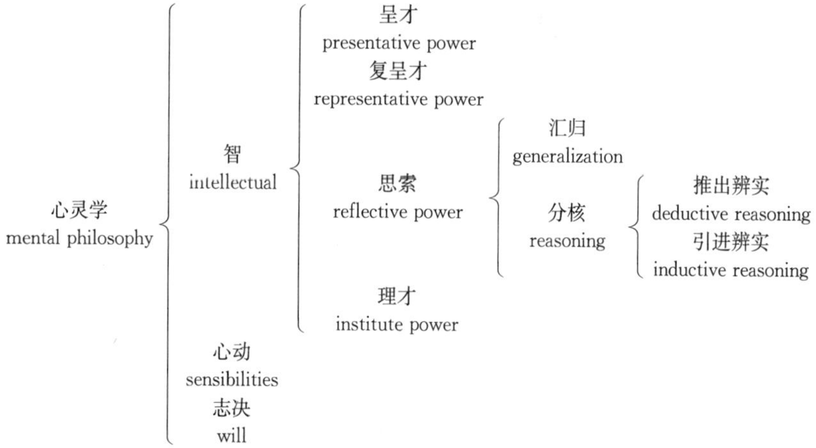

归纳推理（“引进辨实”）在《心灵学》体系中的位置示意图

---

① 徐光台：《明末西方〈范畴论〉重要语词的传入与翻译：从利玛窦〈天主实义〉到〈名理探〉》，（新竹）《清华学报》2005 年第 2 期。

② 阎书昌：《中国近代心理学史上的丁韪良及其〈性学举隅〉》，《心理学报》2011 年第 1 期。

③ J. Haven, *Mental Philosophy: Including the Intellect, Sensibilities, and Will*, Boston: Gould and Lincoln, 1858, p.203.

④ 海文著，颜永京译：《心灵学》，第 73 页。

在此，颜永京为“induction”提出了另一个译法——“引进”，与“deduction”（演绎）的译名“推出”形成对照。关于“辨实”，唐代刘禹锡在《上杜司徒书》中曾有“吠声者多，辨实者寡”的诗句。谭嗣同的用法与之类似，其在《壮飞楼治事十篇》前两篇《释名》《辨实》中，哀叹“洋务”的推行因其名称而受阻，但“其实了无所谓洋务，皆中国应办之实事”。在他看来，解决这一问题的途径就是诉诸“辨实”，从而达到“求其无变法之名而有变法之实”的目的。[①]可以看出，在刘禹锡和谭嗣同那里，“辨实”更强调作为认知结果的“实”；与之不同，颜永京的“辨实”意指“辨事物以得其实”，更关注“辨”这一推理过程，即译为“屑录集成”的“syllogism”（三段论）。

从“辨实”到“屑录集成”，最大的区别就是前者是推理过程，而后者是推导规则。正如颜永京的表述：“屑录集成非着重于事物之真假，乃着重于如何将诸表句连结、致第三表句可以从上表句而出。”[②]对应于“引进辨实”和“推出辨实”，颜永京也将归纳逻辑和演绎逻辑分别译为“引进屑录集成”和“推出屑录集成”，即“子与丑与寅，是甲”，且“子丑寅合以成乙”，因此“乙是甲”（原文为：x、y、z 是 A，x、y、z 构成 B，因此 B 是 A）；“乙是甲”，且“子丑寅合以成乙”，因此“子丑寅是甲”（原文为：B 是 A，x、y、z 构成 B，因此 x、y、z 是 A）。[③]将这一组表述进一步形式化，就变为：

子与丑与寅，是甲	乙是甲
子丑寅合以成乙	子丑寅合以成乙
乙是甲	子丑寅是甲

在对归纳确立推理规则的同时，归纳逻辑还需对归纳推理的有

① 谭嗣同：《壮飞楼治事十篇》，蔡尚思、方行编：《谭嗣同全集》，中华书局，1981 年，第 435—437 页。

② 海文著，颜永京译：《心灵学》，第 82 页。

③ 海文著，颜永京译：《心灵学》，第 84、209—210 页。

效性进行论证。按照《心灵学》的表述，就是回答如何从"知经历者为实"推出"凡我未曾经历、未曾见闻者亦必是真"的问题。《心灵学》首先将归纳推理的有效性诉诸"天然事物之常"，认为事物运行遵循着恒常的规律。[①]这一思路类似于同时期的穆勒(J.S.Mill)对事物"齐一性"的预设。然而，《心灵学》中归纳推理的有效性又不完全依赖客观世界的齐一性，更重要的是心理层面的"信念"，即颜永京所谓的心灵"本然以知"："此非经历以知，亦非用算学以显明，乃赖心灵之本然以知。盖我心灵本知凡诸事在同样境地，必定有同样结局。凡天然之事物，皆常而不变；既若许已见之人如此，则未见之众人亦如此。"[②]

在顾有信看来，颜永京创造"屑录集成"时使用了音译加意译的方法："屑录集成"既可理解为"syllogism"的音译，又可意指"对零碎记录的综合"。[③]这一诠释尤其适合于归纳推理的形式。但即使这一假设成立，按照颜永京在序言中的介绍，他仍然未能找到像"辨实"那样合适的既有语词，而只能通过"新创称谓"来表述这一新概念，这表现出"屑录集成"所指称的逻辑规则相对于本土思想的异质性。具体到归纳逻辑上，也就是"引进屑录集成"相对于本土思想的异质性。

---

① 海文著，颜永京译：《心灵学》，第73页。

② 海文著，颜永京译：《心灵学》，第87页。《心灵学》对"心灵本知"的强调，与颜永京将"psychology"译为"心灵学"形成呼应。明末来华传教士艾儒略译出的《性学觕述》和晚清丁韪良(W.A.P.Martin)《性学举隅》都将心理学译为"性学"。两相比较可以看出，在理学"性即理"和心学"心即理"之间，颜永京的"心灵学"明显偏向了后者。按照理学传统，"一切理都是永恒地在那里，无论有没有心，理照样在那里"，"性学"就是要研究客观的人"性"；但在心学体系中，心是理的立法者，没有心就没有理，这与《心灵学》强调的"心灵之本然以知"主张相契合。参见冯友兰著，涂又光译：《中国哲学简史》，北京大学出版社，2010年，第243、248—250页；汪凤炎：《论心、心学与心理学的关系》，杨鑫辉主编：《心理学探新论丛(1999)》，南京师范大学出版社，1999年，第70页。

③ J. Kurtz, *The Discovery of Chinese Logic*, p.123.

四、作为实际心理活动的归纳："希卜梯西"

除了上述两种应然性的归纳，《心灵学》还论及了一种实然性的归纳活动，即其译为"希卜梯西"(hypothesis)的假设。《心灵学》原本就大段引用了穆勒关于"hypothesis"的论证，颜永京也予以转述为"密尔云，格致学中所有之大理，其始皆是悬拟，皆是希卜梯西"，具体方法是："我先设一希卜梯西，似与所见闻相合者，再将此希卜梯西试验，视其有何效，继将其效与前所见闻者试配，考其对合与否。若不对，则将所设者重新检点。"[①]确实，在穆勒的设计中，"hypothesis"是在没有充分证据时进行归纳的结果，目的是据此进一步演绎出结论，再和已知事实对照。[②]用《心灵学》的概念来表述，即"希卜梯西"是"引进辨实"的阶段性成果。按照海文的界定，"hypothesis"是指"凡借此为用者，是因物无基可立；暂立希卜梯西以托之，再试验其基之可用与否"[③]，与穆勒的观点大致相同。

但与穆勒不同的是，《心灵学》将"希卜梯西"与"引进辨实"区分开来，并要用"希卜梯西"取代后者，其范例如下：

> 假如太阳穹苍之所以成者，系藉一力。若天文士必欲得实阶以考验力之是否吸力，则竟有难处。盖事在杳冥，而我所经历者不多，故无从捏手。此际若天文士取希卜梯西以代引进辨实之法，则大得帮助。彼已知凡在地面之物，其吸力与路程是

---

① 海文著，颜永京译：《心灵学》，第79—80页。

② J.S. Mill, *A System of Logic, Ratiocinative and Inductive: Being a Connected View of the Principles, and the Methods of Scientific Investigation*, vol.II, eighth edition. London: Longmans, Green, Reader, and Dyer, 1872, pp.9－12.

③ 海文著，颜永京译：《心灵学》，第77页。

> 成方倒比，遂立此为天文之希卜梯西，而悬拟太阳与诸行星亦藉吸力以成苍穹，及后果得其实。①

在这一认知过程中，并不是先从地球引力推出普遍性原理作为假设，再推出关于太空引力的具体结论，而是直接由地球引力得出关于太空引力的假设。对照《心灵学》底本可以发现，颜永京在上文“无从捏手”之后省略了海文一个非常重要的观点。在海文看来，归纳推理并不是一个容易的过程，有时甚至是不可能的；而假设和归纳推理存在本质上的不同，它无须借助普遍原理就能实现。②当然，穆勒也承认日常生活中可以从特殊直接推出特殊，但仍然要用三段论来对这种推理的合理性予以检验。③也就是说，类似于逻辑学关注应然性而心理学关注实然性的区别，“希卜梯西”在穆勒那里是严格遵守逻辑规则的产物④，而《心灵学》的“希卜梯西”更接近于日常心理活动，并不必然要上升到规范性。

“希卜梯西”作为音译，也属于表明其异质性的“新创称谓”。事实上，颜永京创造的术语也仅见“希卜梯西”有他人使用，其中就包括在归纳逻辑入华过程中影响深远的严复。严复以其《穆勒名学》和《名学浅说》在逻辑学特别是归纳逻辑传入过程中占据重要地位，由此也产生了对其重要影响的多种解释。⑤在冯友兰看来，严复的译

---

① 海文著，颜永京译：《心灵学》，第 78 页。

② J. Haven, *Mental Philosophy*: *Including the Intellect*, *Sensibilities*, *and Will*, p.212.

③ J.S. Mill, *A System of Logic*, *Ratiocinative and Inductive*: *Being a Connected View of the Principles*, *and the Methods of Scientific Investigation*, vol. I, eighth edition. London: Longmans, Green, Reader, and Dyer, 1872, pp.215－216, 227－228.

④ 李国山：《约翰·穆勒的心理主义辨析》，《南开学报(哲学社会科学版)》2009 年第 5 期；D. M. Godden, “Psychologism in the Logic of John Stuart Mill: Mill on the Subject Matter and Foundations of Ratiocinative Logic”, *History and Philosophy of Logic*, vol.26, no.2(May 2005), pp.115－143。

⑤ 对这些解释的梳理，可参见王慧斌：《晚清归纳逻辑入华研究评述》，《自然辩证法研究》2013 年第 2 期。

介工作之所以被广泛地知晓与认可，一定程度上可归因于其用中国经典范畴进行的阐释。[①]但对于“hypothesis”一词，严复似乎也没有找到令他满意的翻译，除了使用“臆说”“臆想”“臆猜”“臆理”“臆揣”，也用到了“希卜梯西”这一音译；[②]此外，留日学者蒋观云同样多次使用“希卜梯西”来指代“假定是名而后实征”，足见对此译法的认同。[③]由此似可推测，当时思想传统中的知识或为绝对正确的“理”，或为严复所用的“臆”，在这两极之间缺乏合理假设的空间。

结　　论

尽管颜永京所创造的这组归纳术语影响范围有限，但不妨碍从这组术语的本土化过程来分析其时中国文人对归纳逻辑的理解，并进行一定程度的中西比较。可以发现，从“充类”“引进辨实”“引进屑录集成”到“希卜梯西”，颜永京对这组概念的熟悉度依次降低，使得他越来越受制于“中国从未论及，亦无各项名目，故无称谓以达之”的困境，而只好选择用音译的方式“新创称谓”。

具体来看，第一，《心灵学》中的“充类”作为心理学研究方法，与程朱理学的“推类”同为从特殊到一般的认知路径，但“充类”遵循现代科学严格的学科界限；第二，作为归纳推理的“引进辨实”遵循作为其规则的“引进屑录集成”，后者比前者更难于在本土思想中找到对应；第三，颜永京将假设音译为“希卜梯西”并受到认可，表明中国文人的智识资源中缺乏进行合理假设的观念。

---

① 冯友兰著，涂又光译：《中国哲学简史》，第 262—263 页。

② 严复：《名学浅说》，商务印书馆，1981 年，第 69 页。

③ 观云：《华赖斯天文学新论》，《新民丛报》1903 年第 34 期；观云：《中国人种考(二)》，《新民丛报》1903 年第 37 期；观云：《佛教之无我轮回论》，《新民丛报》1905 年第 70 期。

近代“中国逻辑”建构的再反思

——以《墨子之论理学》为例

中山大学逻辑与认知研究所、哲学系　何　杨

一般而言，“中国逻辑”有两种理解，一是逻辑在中国，包括传入中国的印度因明、西方逻辑以及近代以来国人的逻辑研究；二是中国本土的逻辑，如先秦逻辑。前者是历史事实，后者涉及逻辑观念，是否存在存有争议。本文讨论的是后者。在逻辑东渐的背景下，刘师培、梁启超、胡适等近代学人借助西方逻辑开启了中国本土逻辑的讨论，建构了墨家逻辑、名家逻辑、荀子逻辑等“中国逻辑”，并影响了其后百来年的“中国逻辑”研究。自 20 世纪 90 年代以来，逻辑学界从时势背景、文化心态、学术价值等多重维度对近代学人的“中国逻辑”研究进行了深刻反思，一方面认为该研究有助于传播西方传统逻辑知识，并促进了墨家、名家等学派研究的近代复兴；另一方面则认为该研究存在偏重求同的比附现象，忽视了中国古代逻辑的自身特点。①这些反思颇富洞见。然而，近代学人“中国逻辑”研究的贡献是否仅限于此？对于当代的“中国逻辑”研究，是否还有其他启

---

① 关于近代“中国逻辑”研究的回顾与反思，可参阅彭漪涟：《中国近代逻辑思想史论》，上海人民出版社，1991 年；曾祥云：《中国近代比较逻辑思想研究》，黑龙江教育出版社，1992 年；崔清田：《墨家辩学研究的回顾与思考》，《南开学报》1995 年第 1 期；张斌峰：《近代〈墨辩〉复兴之路》，山西教育出版社，1999 年；曾昭式：《中国现代文化视野中的逻辑思潮》第一章、第四章，科学出版社，2009 年，第 16—50、115—151 页；Joachim Kurtz, *The Discovery of Chinese Logic*, Leiden/Boston: Brill, 2011；晋荣东：《中国近现代名辩学研究》第一章、第二章，上海古籍出版社，2015 年，第 24—169 页；曾昭式：《先秦逻辑新论》导言，科学出版社，2018 年，第 1—50 页。

发性意义？对这些问题的回答有赖对近代学人的具体作品进行详细深入的考察。有鉴于此，本文拟以梁启超于1904年发表的《墨子之论理学》为例，再次反思近代学人建构“中国逻辑”的方法、弊端与价值，希冀有助于当代“中国逻辑”的研究。

一、逻辑东渐与先秦文献的逻辑重构

粗略地说，逻辑东渐可分两段：一是明末清初，二是清末民初。首次东渐，既有在西学概论性质书籍中对逻辑学的简要介绍，如高一志《童幼教育·西学》(1615年撰，1632年刊)、艾儒略《西学凡》(1623)，又有对逻辑学知识的详细译介，如傅汎际与李之藻合译的《名理探》(1631)、南怀仁编纂的《穷理学》(1683)。此时输入的逻辑学知识主要是传统形式逻辑。不过，这些逻辑学知识并未引起学人的特别重视。

对逻辑的重视是在清末民初，彼时出现了大量逻辑学书籍的译介，主要途径有三：

一、译介西方著述。其中既有传教士的译介，例如，慕维廉(William Muirhead)的《格致新理》(1876—1877)、《格致新法》(1877—1878)和《格致新机》(1888)(三书皆与培根《新工具》相关)，艾约瑟(Edkins Joseph)的《辨学启蒙》(1886，译自耶方斯的 *Primers of Logic*)；也有国人的译介，例如，严复的《穆勒名学》(1902—1905，译自穆勒的 *A System of Logic, Ratiocinative and Inductive*)和《名学浅说》(1909，底本同《辨学启蒙》)、张君劢译《耶方思氏论理学》(1907)和王国维译《辨学》(1908)(张君劢和王国维所译底本均为耶方斯的 *Elementary Lessons in Logic*)。

二、译介日本著述。例如，汪荣宝译高山林次郎《论理学》上卷(1902)、林祖同译清野勉《论理学达旨》(1902)、田吴炤译十时弥《论理学纲要》(1903)、胡茂如译大西祝《论理学》(1906)、江苏师范编译高岛平三郎《论理学》(1906)、唐演译服部宇之吉《最新论理学教科书》(1908),等等。

三、国人自编教材。例如,韩述组《论理学》(1908),林可培《论理学讲义》(1909),陈文的《名学释例》(1910)、《中等教育名学教科书》(1911)和《名学讲义》(1913),王延直《普通应用论理学》(1912),等等。当然,这些国人的编纂也常以日本著述为依据,如韩述组《论理学》以服部宇之吉的《论理学讲义》(1904)为基础修订而成;①林可培编辑《论理学讲义》时,"以日本今福忍之《论理学要义》、北泽定吉之《论理学讲义》、渡边又次郎之《论理学》为主,大西祝之《论理学》及十时弥之《论理学纲要》为辅,再参讲师高岛平三郎先生之所口授"②。

清末民初输入的逻辑学知识以传统逻辑为主,包括以亚里士多德和斯多亚学派为代表的传统形式逻辑和以培根、穆勒为代表的古典归纳逻辑,如张君劢和王国维均翻译过 *Elementary Lessons in Logic*,主要依照概念、判断、推理(含演绎与归纳)的传统逻辑框架展开论述;十时弥《论理学纲要》包括思考原论(含思考之原理、名辞、定义、命题等内容)、演绎推理、归纳推理三部分,也是传统逻辑框架。③

逻辑学知识的系统引进,也引发了近代学人对中国古代逻辑的探索。④在以西方逻辑为参照的情况下,通常认为中国古代缺乏对逻辑理论的研究。然而,这并不意味着中国古代就完全没有逻辑学或与逻辑学相类似的学说。实际上,诸多学人都发现了先秦诸子对逻辑的研究,只是秦汉以后衰落了。其中,有些学者主要是在观点上肯定先秦诸子的逻辑研究,如谭嗣同在《论今日西学与中国古学》

---

① 参见韩述组编辑:《论理学》凡例五则,文明书局,1908 年,第 1 页。

② 林可培编辑:《论理学通义》编辑大意,中国图书公司,1909 年,第 1 页。

③ 晚清也出现了对现代逻辑的译介,如张君劢和王国维的译本都有涉及。相关论述参见何杨:《20 世纪前期现代逻辑在中国的译介补述》,《现代哲学》2017 年第 2 期。

④ 日本学界也影响了中国学人的中国古代逻辑研究,相关论述参见翟锦程:《近代中国逻辑思想源论》,《中国高等社会科学》2016 年第 1 期。

(1898)中从先秦诸子探寻西学源头,认为“近来所谓新学理者,无一不萌芽于是”,“辨学,则有惠施、公孙龙之类”。①严复在《名学浅说》(1909)的按语中也指出:

> 夫名学为术,吾国秦前,必已有之,不然,则所谓坚白同异、短长捭阖之学说,未由立也。孟子七篇,虽间有不坚可破之谈,顾其自谓知言,自白好辨,吾知其于此事深矣。至于战国说士,脱非老于此学,将必无以售其技。盖惟精于名学者,能为明辨以晰;亦惟精于名学者,乃知所以顺非而泽也。②

除了观点上的肯定,还有一些学者进一步对先秦诸子文献进行逻辑重构,代表性作品有刘师培的《攘书·正名篇》(1904)、《周末学术史序·论理学史序》(1905)与《荀子名学发微》(1907),梁启超的《墨子之论理学》(1904),王国维的《周秦诸子之名学》(1905),章太炎的《诸子学略说》(1906)和《原名》(1909)等。此外,陈文《中等教育名学教科书》之附录《古名学》将中国古代逻辑史料汇成一篇,收录《孔子·正名》《孟子·知言》《荀子·正名》《墨子·小取》《尹文子·大道上》《公孙龙子·迹府》《因明入正理论》等文献,勾勒出中国逻辑史的大体情况。③

从研究材料上看,近代学人建构“中国逻辑”的主要文献是《墨子》(尤其是广义《墨经》)和《荀子·正名》。从研究方法上看,主要是基于西方传统逻辑理论或因明学说研究先秦文献,从而建构出“先秦逻辑”。然而,当以一种外来的理论框架重构和解释先秦文献时,易于改变先秦文献的原有次序,删改与逻辑不相关的字句段落,

---

① 谭嗣同:《论今日西学与中国古学》,蔡尚思、方行编:《谭嗣同全集》(增订本),中华书局,1981年,第399页。

② 耶方斯著,严复译:《名学浅说》,商务印书馆,1981年,第46页。

③ 参见陈文:《中等教育名学教科书》,科学会编译部,1911年,第279—308页。

从而忽视原文主旨，出现牵强附会、肢解文献的弊端。对此，鞠实儿和笔者曾指出：

> 当我们用西方理论中的定义刻画某研究对象并对它进行研究时，后者就被转换为西方理论中的对象，而关于这些对象及其性质的描述就成为西方理论系统的一个子系统。因此，这种研究方式易于不顾古人著书立说时的特定背景和目的、忽略文本所处的历史文化背景、无视文本中的实际表述，最终流于穿凿附会。
>
> 中国古代文化具有与西方文化大相径庭的分类系统。中国古代的知识按它自己的分类方式组织为一个相互关联的整体；若将这一整体中被认为满足西方逻辑标准的文献当作中国古代逻辑研究的文献基础，由此引起的结果便是肢解中国古代文献。[①]

实际上，近代学人也注意到这些问题，如章太炎在1919年给胡适的信中评价其《中国哲学史大纲》，认为此书"尽有见解，但诸子学术，本不容易了然，总要看他宗旨所在，才得不错。如但看一句、两句好处，这都是断章取义的所为，不尽关系他的本意"[②]。以下谨以梁启超《墨子之论理学》为例，进一步讨论近代"中国逻辑"的研究方法。

二、《墨子之论理学》及其研究方法

1904年，梁启超在《新民丛报》第三年第一号（第四十九号）、第二号（第五十号）、第三号（第五十一号）"谈丛"栏目连载《墨子之论

---

① 鞠实儿、何杨：《基于广义论证的中国古代逻辑研究——以春秋赋诗论证为例》，《哲学研究》2014年第1期。

② 章太炎：《与胡适》，马勇整理：《章太炎全集·书信集》，上海人民出版社，2017年，第859页。

理学》。在开篇之附言三中，梁启超言："本篇原为墨子学说之一节，以文繁故别著之。"①所谓"墨子学说"，即其同年在《新民丛报》连载的《子墨子学说》。后来，《墨子之论理学》作为附录收录于《墨学微》（见于1916年《饮冰室丛著》）中，又作为附录收录于《子墨子学说》（见于1936年《饮冰室专集》）。该文主要分为四部分：一、"释名"，解释墨家逻辑的基本术语（如辩、名、辞、说等）；二、"法式"，论述墨家逻辑的有效式（如"彼此彼此可"）；三、"应用"，论证墨子的学说皆原本于逻辑；四、"归纳法之论理学"，论述墨子的归纳法。

由于墨子并不会像传统逻辑体系或逻辑学导论性质书籍的框架[如概念/名词、判断/命题、推理（含演绎与归纳）等]构造自己的逻辑体系，因此，对于梁启超等近代学人来说，提炼出墨子的逻辑学并非易事。对此，梁启超提出了"以欧西新理比附中国旧学"②的研究方法，即以西方逻辑为参照，从逻辑的视角重新解释和整理墨学，其具体表现如下：

一、"释名"。该部分都是借助西方传统逻辑对《墨子·小取》开篇部分中的术语进行诠释，例如"辩"即"论理学"，"名"即"名词"（Term），"辞"即"命题"（Proposition），"说"即"前提"（Premise，严格而言是"小前提"），"实、意、故"即"断案"（Conclusion），"类"即"媒词"（Middle Term），"或"即"特称命题"（Particular Proposition），"假"即"假言命题"（Hypothetical Proposition），"效"含"法式"之义，相当于三段论中的"格"（Figure），"譬"相当于"立证"（Verification），"侔"即"比较"（Comparison），"援"或为"积叠式（Sorites）之三段论法"。③

二、"法式"。该部分一方面借助内涵、外延、周延（文中用语为"普及"）等学说解读《墨子·经说下》有关"彼此"的论述和《墨子·小取》中有关"是而不然"的论述；另一方面基于三段论规则（文中用语为"公例"）解释《墨子·经说下》中有关"偏有偏无有"的论述。例

① 梁启超：《墨子之论理学》，《新民丛报》1904年，第三年第一号。另外，后来《墨子之论理学》作为附录收录时，删除了该附言三。

②③ 梁启超：《墨子之论理学》，《新民丛报》1904年，第三年第一号。

如，梁启超认为“彼此彼此可”意指逻辑学说“凡主宾两词之质量相等者，则可以互为主宾”；“以牛有齿、马有尾说牛之非马”违背了三段论规则一（“三段论法由三个名词组织而成，不能多于三，不可少于三”）和规则三（“媒词在两前提中最少必须有一处为普及者”）。①

三、“应用”。该部分论述墨子对兼爱、天志、非攻等学说的论说皆原本于三段论，如其论天志说：

> 大前提：天下有义则生，无义则死；有义则富，无义则贫；有义则治，无义则乱。
>
> 小前提：然则天欲其生而恶其死，欲其富而恶其贫，欲其治而恶其乱。
>
> 断案：此我所以知天欲义而恶不义也。②

上述引文出自《墨子·天志上》，只是梁启超依照三段论结构（添加“大前提”“小前提”“断案”术语）予以重新编排。对于其他《墨子》原文，梁启超也做了类似编排。在其看来，“《墨子》一书，全体皆应用论理学为精密之组织”③。

四、“归纳法之论理学”。该部分首先通过演绎法和归纳法的比较，介绍了归纳法学说及其重要性，然后据此解释《墨子·非命》诸篇的三表/法，认为第一法的“考之于天鬼之志”和第二法的“征以先王之书”属于演绎派，第一法的“本之于先圣大王之事”、第二法的“下察诸众人耳目之情实”和第三法“发而为刑政以观其是否能中国家人民之利”属于归纳派，最后还将墨子比作“东方之倍根”。④

由上可见，梁启超完全依照“以欧西新理比附中国旧学”的研究方法展开论说。这种做法基于一种新的视角重新解读墨家学说，有助于近代墨学的发展。不过，该做法也容易出于任意比附、曲解文义的情况。对此，梁启超本人也有自觉意识，如他在开篇附言一中

---

①②③④ 梁启超：《墨子之论理学》，《新民丛报》1904 年，第三年第三号。

指出:“本章所论墨子之论理,其能否尽免于牵合附会之诮,盖未敢自信,但勉求忠实,不诬古人,不自欺,则著者之志也。”[①]他在具体研究中也较为审慎,如并没有将《墨子·小取》中的“推”当作“推论”(Inference),而是认为其“定义颇奥古,不敢强解”。[②]

然而,从实际研究结果来看,依然存在诸多牵合附会之处。虽然学术救国的研究旨趣和维护民族自尊自信的文化心态(如梁启超将墨家逻辑研究当成“后起国民之责任”和“增长国民爱国心之法门”[③],将墨子视为“东方之倍根”和“全世界论理学一大祖师”[④])、对逻辑学和《墨子》文本的理解偏差(如梁启超在20年代撰写《墨子学案》《墨经校释》时均采纳胡适的观点而修改《墨子之论理学》的说法)皆有可能导致牵合附会,但是更为根本的原因在于墨学和源于西方的逻辑学可能是两套不同的学问。对此,近代学人吴熙曾指出:“墨子的名学在形式和理论二方面都和西人的逻辑学完全相反;如果不悉心研究,强合西人的逻辑学,便要弄得十分的‘支离破碎’的。”[⑤]今人宋文坚通过广义《墨经》(作为揭示墨家逻辑的核心文献)中的学说和西方逻辑学说的具体比较,指出“命题形式、推理、推理形式、有效性、定义乃是逻辑的核心概念,这些概念的缺失,显然使《墨经》不能把这些概念研究的对象当作自己的研究领域,因而它也就与逻辑研究失之交臂了”[⑥]。

三、近代“中国逻辑”研究的当代启示

梁启超“以欧西新理比附中国旧学”的研究方法也是近代学人

---

①②③ 梁启超:《墨子之论理学》,《新民丛报》1904年,第三年第一号。

④ 梁启超:《墨子之论理学》,《新民丛报》1904年,第三年第三号。

⑤ 吴熙:《墨子之名学》,《学生杂志》1925年,第12卷第11期。

⑥ 宋文坚:《品墨三味》,赵敦华主编:《哲学门》总第二十辑,北京大学出版社,2010年,第279页。

建构“中国逻辑”的常用方法，只是各位学人所运用的“欧西新理”和“中国旧学”可能存在差异，例如胡适借用的“欧西新理”是不同于传统逻辑的试验论理学，所处理的“中国旧学”也不只是墨学，还包括易学、荀学等。①这种研究方法在近年的逻辑史界饱受质疑。不过，笔者以为从研究方法及其结论的不足中往往也能找到启发。以下将以《墨子之论理学》为中心，从三个方面讨论近代“中国逻辑”的建构对于当代中国古代逻辑研究的价值。

（一）逻辑观念与“中国逻辑”研究

由于在中国古代的学问体系中并无逻辑学，因此，对于“中国逻辑”研究而言，一个必备前提是研究者所采取的逻辑观念。梁启超也意识到这一问题，他在《墨子之论理学》附言二中谈及对逻辑的理解，认为李之藻所译“名理”和严复所译“名学”与《汉书·艺文志》所言“名家”相关，但是相比于西方逻辑，“名家”之学“似有所未尽”。②实际上，梁启超也否认“名家”之学与西方逻辑的同等理论价值，认为“惠施、公孙龙之徒以名家标宗，其实乃如希腊之诡辩派，其论理学盖下于墨子数等也”③。而从其具体运用的“欧西新理”中，可以看出他所理解的逻辑学是以名词、命题、推理（包括演绎与归纳）为框架的传统逻辑。与之不同，胡适认为传统逻辑和现代逻辑皆非适当的逻辑方法，而主张比传统逻辑更为广义的试验论理学，从而所获取的逻辑史料更为丰富。

梁启超、胡适等近代学人通常将某种来自西方的逻辑类型当成逻辑的标准。如前所论，采用源自西方的逻辑学说来解读中国古代文献时，易出现牵强附会和肢解文献等问题。恰当的逻辑观是解决这些问题的一个可行方案，而包含墨家辩学和西方传统逻辑在内的逻辑观则可能是一种恰当的逻辑观。对此，鞠实儿曾基于当前逻辑

---

① 相关研究参见何杨：《胡适的中国古代逻辑史研究》，《兰州大学学报（社会科学版）》2017 年第 2 期。

②③ 梁启超：《墨子之论理学》，《新民丛报》1904 年，第三年第一号。

学的发展，从逻辑的说理功能角度出发，将文化、社会、主体、语境、目的等诸多影响论证生效性的因素都纳入逻辑学的考察范围，提出了包含不同文化下的论证规则的广义逻辑观念，认为"论证就是借助符号进行的具有说理功能的社会互动过程，而逻辑是构造这种论证的规则集合"[①]。此外，鞠实儿还基于广义论证逻辑观，从描述性和规范性两个层面论证了逻辑的文化相对性原理。[②]据此观念，不同文化下的论证规则都是逻辑学关注的对象，从而将西方传统逻辑和中国本土的逻辑放到同一平台，有助于借助外来理论框架揭示中国本土逻辑的自身特点。除了采取上述广义逻辑观，其实也可以直接研究中国古代固有的学说，而该学说与逻辑学说可能存在相似之处，例如墨家关于辩的学说。

（二）逻辑理论与逻辑应用

虽然梁启超主张"《墨子》殆无一处不用论理学之法则，至专言其法则之所以成立者，则惟《经说上》《经说下》《大取》《小取》《非命》诸篇为特详"，然而从其具体研究来看，《墨子》中言法则（或谓逻辑理论）的篇章段落着实不多，尤其是在"法式"部分，梁启超说："墨子论理学之法式未尝泐为专篇，故不可以尽见，今从诸篇中搜其绪论而排比之"；"墨子言论理学之格式东鳞西爪，略可考见。"[③]文献的缺失无疑给墨子逻辑的建构带来了困难。对此，梁启超注重从逻辑应用（或谓逻辑实践、论证实践）中揭示逻辑理论，如其在"法式"部分基于对《墨子·经说下》"牛有齿马有尾"段落（主要是论证实践）揭示其中隐含的三段论规则。当然，更重要的是，梁启超还专门列出一节讨论"应用"。这一

① 参见鞠实儿：《论逻辑的文化相对性——从民族志和历史学的观点看》，《中国社会科学》2010 年第 1 期；鞠实儿、何杨：《基于广义论证的中国古代逻辑研究——以春秋赋诗论证为例》，《哲学研究》2014 年第 1 期。

② 参见鞠实儿：《论逻辑的文化相对性——从民族志和历史学的观点看》，《中国社会科学》2010 年第 1 期。

③ 梁启超：《墨子之论理学》，《新民丛报》1904 年，第三年第一号。

做法的确有助于充实墨家逻辑的内容，并辅助对墨家逻辑理论的理解。不唯如此，在中国古文献中，存在大量的逻辑应用实例，远较逻辑理论文献丰富，对此，王国维曾从国人特质的角度予以考察：

> 我国人之特质，实际的也，通俗的也；西洋人之特质，思辨的也，科学的也，长于抽象而精于分类，……吾国人之所长，宁在于实践之方面，而于理论之方面，则以具体的知识为满足，至分类之事，则除迫于实际之需要外，殆不欲穷究之也。……在中国，则惠施、公孙龙等所谓名家者流，徒骋诡辩耳，其于辩论思想之法则，固彼等之所不论，而亦其所不欲论者也。故我中国有辩论而无名学，有文学而无文法。①

显然，如果将逻辑应用实例纳入中国古代逻辑的考察范围，那么中国古代逻辑史料将大大扩充。实际上，后世学者也常借用逻辑应用来谈论逻辑理论，并将某些逻辑应用当成逻辑理论的萌芽，或接近提出逻辑理论，从而建构出中国古代逻辑史。不过，如果研究者缺乏清醒的意识，也可能混淆逻辑理论和逻辑应用，将逻辑应用当成已有的逻辑理论；而且这种做法未能合理地对待逻辑应用的价值，仅仅将该逻辑应用当成某种西方逻辑理论的例证。因此，笔者主张根据相关的文化背景与文本语境等因素对逻辑应用或论证实践予以如实的描述与分析，这种研究将“不仅有助于理解中国古代有关论证的理论学说，而且有助于中国古代的哲学、文学等相关领域研究”②。

---

① 王国维：《论新学语之输入》，《王国维全集》第一卷，浙江教育出版社，2009 年，第 126—127 页。

② 对于此处观点更为详细的论述，参见何杨：《论证实践与中国逻辑史研究》，《逻辑学研究》2017 年第 3 期。笔者在该文中也有说明更倾向于采用“论证实践”一词，因为研究者对“逻辑”的理解不一，而且在使用逻辑实践、逻辑应用等术语时还涉及一种略显模糊的区分（即自觉的逻辑实践/逻辑应用和不自觉的逻辑实践/逻辑应用）。

(三)逻辑方法与学说思想

对于梁启超而言,逻辑不仅在整个学术思想体系中占有重要地位,而且是理解其他学说的前提基础,如其言:

> 凡一学说之独立也,必排斥他人之谬误,而揭橥一己之心得,若是者必以论理学为之城壁焉。其难他说也,以违反于论理原则者摘其伏,则所向无敌矣;其自树义也,以印合于论理原则者证其真,则持之成理矣。……《墨子》一书,盛水不漏者也,纲领条目相一贯,而无或抵牾者也。何以故?有论理学为之城堡故。故今欲论墨子全体之学说,不可不先识其根据之论理学。①
>
> 墨子每树一义明一理,终未尝凭一己之私臆以为武断也,必繁称博引,先定前提,然后下其断案,又其前提亦未始妄定,并用其所谓三表三法者一一研究之而求其真理之所存。若遍举之,则全书五十七篇中无一语非是也。②

由上可见,梁启超认为墨子不只是提出论点,而且基于逻辑理论论证己说,因此,“今欲论墨子全体之学说,不可不先识其根据之论理学”。此外,梁启超还指出:“墨子以纯用归纳法故,故以历史学及物理学为一切学说之根原。”③实际上,这种从逻辑方法到学说思想的研究进路也见于其他近代学人。例如,胡适的《先秦名学史》导论以“逻辑与哲学”为题名,在其看来,“哲学的发展是决定于逻辑方法的发展的”④。因此,他在撰写《中国哲学史大纲(卷上)》(1930 年改名为《中国古代哲学史》)时,特别注重“抓住每一位哲人或每一个

---

① 梁启超:《墨子之论理学》,《新民丛报》1904 年,第三年第一号。

②③ 梁启超:《墨子之论理学》,《新民丛报》1904 年,第三年第三号。

④ 胡适:《先秦名学史》,欧阳哲生编:《胡适文集》(6),北京大学出版社,2013 年,第 5 页。

学派的'名学方法'(逻辑方法,即是知识思考的方法),认为这是哲学史的中心问题"①。这样一种研究进路对于重新审视中国古代逻辑的研究价值颇具启发。由于现代符号逻辑的发展,当代的一些人文学者将逻辑学视为一门偏数学的理科学问,从而忽视了逻辑学对于文史哲等人文学科的价值。实际上,任何学说都要讲求逻辑论证(即梁启超所主张的任何学说"必以论理学为之城壁"),而不仅仅是提出论点。因此,虽然古代中国人未必都会研究逻辑,但是在其著书立说时依然需要提供论证,进而通过对逻辑的认识,有助于理解与中国传统文化相关的各种学说思想。②

综上所述,在救亡图存、逻辑东渐的历史背景下,梁启超、胡适等近代学人对"中国逻辑"的初步建构固然存在不足,但是其研究也不乏灼见,不仅有助于当代学人对中国本土逻辑的探讨,而且有助于拓展逻辑学对文史哲等人文学科的学术影响。笔者以为基于逻辑学和西学东渐研究的进展,如果能够对更多近代学人(如刘师培、王国维、章太炎等)的著述予以深入考察,将能发掘出更多有益之处,从而推动当前中国逻辑史研究和相关领域研究的进一步发展。

---

① 胡适:《中国古代哲学史》,欧阳哲生编:《胡适文集》(6),第143页。

② 此处论述参考了拙作《论证实践与中国逻辑史研究》,《逻辑学研究》2017年第3期。

从明末译介的西方逻辑学看中西文化的交汇*

南开大学学报编辑部　张栋豪

华北水利水电大学学报编辑部　张胜前

明末清初之际，罗马教廷为了扩大基督教的影响，向世界传播耶稣福音，同时为了配合西方殖民者的侵略活动，向亚洲地区派出了大批传教士，他们也来到了中国。这一时期的传教士以基督教耶稣会士为主。

自利玛窦开始，传教士基本上秉承“学术传教”的宗旨传播基督教，由此带来了西方先进的科学文化知识。以耶稣会在中国的经历为例，从利玛窦来华，到康熙禁教的一百多年间，耶稣会传教士在中国译著西方书籍共 437 种，其中纯宗教书籍 251 种，包括《圣经》教义、神学知识、膜拜仪式等；人文社科书籍 55 种，包括哲学（涉及逻辑）、教育、地理地图、语言文字等；自然科学书籍 131 种，包括数学、天文、生物、医学、水利、农学、机械等。①徐宗泽的《明清间耶稣会士译著提要》对明清时期耶稣会士的译著做了一个统计，主要分为圣书类、真教辩护类、神哲学类、教史类、历算类、科学类、格言类。译著书籍的主体是宗教类文献，其次是自然科学技术类文献。②他们独立或者和士大夫合作翻译了大量西方书籍，同时也把中国的文化带到了西方，为中西文化的交流会通做出了重要贡献。传教士在传播

---

* 本文获得国家社会科学基金重大项目（14ZDB013）、国家社会科学基金重点项目（AZX015）的资助。

① 钱存训：《近世译书对中国现代化的影响》，《文献》1986 年第 2 期。

② 徐宗泽：《明清间耶稣会士译著提要》，上海书店出版社，2010 年。

西学的时候，其中也传播了西方逻辑学的内容。

一、中国当时的学术背景

自秦汉以降，作为封建社会精神支柱的以儒家思想学说为主导和核心的传统文化，依然代代相传。历史的车轮滚到明清之际，近代早期的启蒙思想运动在中国次第开展起来了。这个时期的思想主要表现在“自然科学的研究热潮和市民文艺运动的蓬勃兴起”①。“反映在哲学思想上，当时南北崛起的一代启蒙思想家，不约而同地掀起对宋明道学及传统学风的揭露批判，通过提倡‘经世致用’‘核物究理’‘依人建极’而走向人文主义的觉醒。”②下面我们主要从王学和实学的角度分析其对西学传入的接应。明中叶以后，政治日趋腐败，社会危机加重。在程朱理学僵化、冷峻的文化氛围中，人们渴望一种新思想的出现。为了适应当时的变化，人们亟需一种新的学说，王守仁的“阳明心学”就是在这样一种环境下产生的。王学对程朱理学的修正，主要是对“心”进行了重新界定，倡导“知行合一”“心即理”“致良知”。相对于程朱理学排斥异己的态度，王学对待其他学说还是比较宽容的，对各种宗教思想是包容的。王学把源自陆象山的“东海西海，心同理同”的思想予以发扬。他的这一思想成为不同学说可以并存的重要支撑，为其他学说的出台提供了土壤，各种思想大肆泛滥，也为西学的传播提供了生存和发展的空间。因此当传教士来华之时，西学得以在中国传播。朱维铮指出，在利玛窦等人最初进入中国时，给予帮助者均是王学或倾向于王学的学者。③

另一方面，王学以讲学会的方式宣传自己的学术思想，为基督教的传播提供了组织形式上的借鉴。讲学会最初源于王阳明的讲

①② 萧萐父：《对外开放的历史反思》，《中国社会科学》1986 年第 4 期。

③ 朱维铮：《走出中世纪（增订本）》，复旦大学出版社，2007 年，第 74—79 页。

学活动，到了明代的中晚期，讲学会的数目之大，已经不易统计了。王学走“觉民行道”的路线，热衷于通过讲学会的形式进行思想宣传。这样的组织形式恰被基督教借鉴，利玛窦即摒除过去传教士教堂布道的形式，采取讲学会的平易近人的方式与官绅士子进行交往、沟通。

明清之际，随着宋明理学的日趋空疏衰败，一些人提出了“经世致用”的口号，形成了实学思潮。实学发源于明代中期，在明清之际达到高潮，延伸至乾嘉时期而与朴学相衔接，他们崇尚实学、重视实证、讲求“经世致用”，反对空谈心性，力倡“务实”之风。“质测之学”①的兴起对于冲击当时的空谈学风是一个大突破，科技研究热潮带动了一大批具有空前专精水平的科学论著的问世，如李时珍的《本草纲目》(1590)、徐光启的《农政全书》(1639)、宋应星的《天工开物》(1637)等。

实学与西学在思想上有一些相通之处。徐光启称赞西方传教士“实心、实行、实学”②，李之藻认为西学是“真修实学”③。方以智认为西学具有“详于质测”④的实证精神，他的儿子方中通指出西学“以实学胜无益之博学”⑤。明末金声认为西方的长处在于实学，“敬服西儒，嗜其实学”⑥，并且他“译授西学，流布此土，并为人广细宣说”⑦。我们从实学的宗旨、精神和方法等方面可以发现一些西学的

---

① 方以智在《物理小识·自序》中说：“物有故，实考究之，大而元合，小而草木蠢蠕，类其性情，征其好恶，推其常变，是曰质测。”参见方以智：《物理小识》，钦定四库全书本，卷首·1b。可见，所谓“质测”就是对事物进行实际考察，这门学问的目的在于通过实际考察，发现事物变化的规律。

② 徐光启著，王重民辑校：《徐光启集》上册，上海古籍出版社，1984 年，第 66 页。

③ 丁守和、陈有进等：《中国历代奏议大典》，哈尔滨出版社，1994 年，第 1444 页。

④ 萧萐父、许苏民：《明清启蒙学术流变》，辽宁教育出版社，1995 年，第 647 页。

⑤ 方中通：《数度衍》序，景印文渊阁四库全书本，台湾商务印书馆，1986 年。

⑥⑦ 陈卫平：《“李约瑟难题”与内圣开出科学》，《浙江社会科学》2006 年第 4 期。

影子，从而为西学的传入提供了前提条件。

第一，实学经世致用的精神为西方学术的传入在价值观上打开了通道。[①]实学虽然不排斥修身养性，但认为这并不是做学问的一切，应该从专注于个人心性的涵养拓展到关切所有涉及国计民生的实用之学。顾炎武说："士当求实学，凡天文地理兵农水火及一代典章之故，不可不熟究。"[②]实学与宋明理学在治学理念上的冲突导致了理学以心性为本的价值观念的松动，而这一松动所导致的缝隙恰恰让西学跻身于实学之列，为中国的知识分子所逐渐了解和认可。徐光启指出，虽然西方的科学技术是关于器物方面的，但是"切世用，兹事体不细已"[③]。李之藻论述了西方的科学技术对国计民生的重要作用，认为西方的科技书籍"多非吾中国书传所有，想在彼国，亦有圣作明述，别自成家，总皆有资实学，有裨世用"[④]。由此可见，理学价值观念的淡化和实学经世致用精神的流播，契合了西学格物致知的价值观。

第二，实学强调的言必证实的方法论与西学有相通之处。理学所谈论的话题大多出于自己的臆测而缺乏真凭实据，很少研究儒家经典。而实学提倡"言必证实"的方法论，这包括两个方面的含义：一是指论学一定要以典籍尤其是儒家经典为证据；二是指在研究外在事物的时候，要以自然界的事实为证据。也许是受到实学方法论的启发，也许是不谋而合，西方传教士在中国传教的时候，为了减少传播的阻力，他们大力引证儒家经典的词句以证实其"合儒"。利玛窦翻译的《天主实义》就是一个很好的例子。天主教之所以被一些国人接受，重要的原因之一是受到了实学以儒家经典为证据的方法论影响。同时，西方的科学技术重视仪器和实验的运用，要求所得的结论都要经过验证，这与实学"言必证实"的方法论有着相通之

① 陈卫平：《"李约瑟难题"与内圣开出科学》，《浙江社会科学》2006 年第 4 期。
② 顾炎武：《顾亭林诗文集·亭林余集》，中华书局，1959 年，第 155 页。
③ 徐光启著，王重民辑校：《徐光启集》上册，第 67 页。
④ 丁守和、陈有进等：《中国历代奏议大典》，第 1445 页。

处。徐光启认为利玛窦等来华传教士讲述的西方科技知识,"其言理言道,既皆返本跖实,绝去一切虚玄幻妄之说"①。从这些科学家以西方科技的实证映照宋明理学的虚空,可以看到实学"言必证实"方法论也为明清之际科学家接受和认同西方科技的实证方法提供了思想接应。②

第三,实学经世致用的精神和"言必证实"的方法论,是明清之际中国的知识分子把构建西学知识体系的形式逻辑思维方式纳入视野的引导。③徐光启在和传教士翻译西方著作的时候发现,西方科学是由把握事物的数量关系来发现自然界的客观规律,他把这种思维方法称为"由数达理",《几何原本》集中体现了这种形式逻辑的思维方式。④梅文鼎也称"《几何原本》为西算之根本"⑤。按照实学经世致用的精神,"由数达理"的逻辑思维方式也属于实用之学的范畴。对此,徐光启在《几何原本》中已经表达得非常充分:"《几何原本》者,度数之宗,所以穷方圆平直之情,尽规矩准绳之用……由显入微,从疑得信,盖不用为用,众用所基。"⑥

王学和实学的宗旨、精神及内容有着很大的差别,然而都在不同程度上对西学的传播起到了接应作用,这也从一个侧面反映了西学与明清之际的中国传统思想有着内在的关联。明清之际是中国学术史上又一个思想大繁荣的时代,各种学说的流播与发展是对重建思想世界的不同取向,西学的传入为这个时期的思想增添了一抹异样的亮色。

---

① 徐光启著,王重民辑校:《徐光启集》上册,第 80 页。

② 陈卫平:《明清之际西学流播与中国本土思想的接应》,《南京大学学报(哲学·人文科学·社会科学)》2009 年第 6 期。

③ 陈卫平:《"李约瑟难题"与内圣开出科学》,《浙江社会科学》2006 年第 4 期。

④ 陈卫平:《论明清之际"由数达理"的思维方法——从一个侧面看明清之际思想的性质》,《哲学研究》1989 年第 7 期。

⑤ 阮元等:《畴人传合编校注》,中州古籍出版社,2012 年,第 331 页。

⑥ 徐光启著,王重民辑校:《徐光启集》上册,第 75 页。

二、西方逻辑学的译介与中国文化的融合

1583年，第一批耶稣会传教士——罗明坚和利玛窦终于在中国内地定居。由于在此之前，其他修会的传教士因为缺乏谨慎或者过分狂热而传教失败，他们就非常注意不要授人口实，想办法改变传教的方式，循序渐进地行动并在必要时采取迂回的道路。他们认为，首先要赢得中国社会统治阶级也即士人和皇帝的认可。要和士人交往，就必须具有一定的文化修养，也就是要和他们有共同的话题，能够和他们谈论一些学术问题。正是在这种情况下，西方学术著作逐渐传入中国。虽然传播西学是传教士为了达到传教的目的所采取的一种策略和方式，但不可否认他们将欧洲的文化介绍到中国，同时又把中国的文化介绍到欧洲，从而使东西两大文明第一次建立了空前广泛的联系，特别是促使开明的中国人睁开眼睛看世界。

明末之际，来华传教士传播西学还处于起步阶段，因此译介的西方逻辑学著作并不太多，主要有利玛窦的《天主实义》、利玛窦与徐光启合译的《几何原本》、傅汎际与李之藻合译的《名理探》，但是我们还是能从中发现中西文化交汇碰撞的端倪。

（一）1595年《天主实义》

利玛窦于1595年译著的《天主实义》，又名《天学实义》，原型为1584年出版的《天主圣教实录》——意大利传教士罗明坚（Michele Ruggieri，1543—1607）根据罗马学院天主教教理的教科书《教理问答》（*Catechismus*）翻译而成。但是在《利玛窦中国札记》中，金尼阁说："在他们更好地锻炼了心智和眼光之后，看起来这本书就过于简略而不相宜了，因此利玛窦神父就对它进行了修订、补充和重新编辑。"[①]为了能和中国的儒生们进行无障碍对话交流，利玛窦深入研

---

① 利玛窦、金尼阁著，何高济、王遵仲、李申译：《利玛窦中国札记》，中华书局，1983年，第485页。

习汉文，并向西方翻译中国的四书五经。他利用其所掌握的西方神学和哲学观点同明朝的文人学士交流，最终成书《天主实义》，冯应京为该书作序。《天主实义》初刻于南昌，1601 年校正重刻于北京，1607 年汪孟朴重刻于杭州，李之藻作《天主实义重刻序》，即为燕贻堂校梓本，并被收入李之藻所辑的《天学初函》。此后《天主实义》多次再版，并于乾隆四十七年(1782)收入《四库全书》。该书分为上下两卷，共八篇。全书采用晚明讲学仍然盛行的语录体，假设问答。由“中士”即儒家学者提问质疑，由“西士”即耶稣会传教士作答释义，一问一答，一共 114 回。在利玛窦的著作中，《天主实义》这种当时西方世界的经院哲学思想同中国的儒家哲学思想的深入哲学层面的对话，可以被称为“对话”的典范。

利玛窦并不是采取纯粹单方面传教的方法来向人们阐述基督教的教理，而是力图将基督教教义思想同中国传统的儒学思想相融合，而且以中世纪哲学家托马斯·阿奎那关于上帝存在的“五路证明”、逻辑学家亚里士多德的“三魂说”及其“四因说”等西方哲学的知识体系，来解读适用于中国士子们传统的儒学基本观念，还进一步将两种不同文化传统有机地融会贯通，使中国人合理地接受西方基督教的教义成为可能。《天主实义》打着“补儒”的旗号，力求将儒、耶二者相结合，在中西方思想文化交流中有里程碑式的地位。①

例如，在《天主实义》第二卷《解释世人错认天主》文中，利玛窦为反驳朱熹理学所认为的“太极”或“理”不是万物的起源，辩证西方的天主是造物主，他引用了亚里士多德的十范畴概念，虽然他在说教中没有明确点明出处，但这是他第一次有意无意地向中国传播西方传统逻辑的基本概念。

在论辩太极是不是“理”的时候，他区别了事物的品类：

---

① 汪春伟：《利玛窦对中西哲学交流的贡献》，中共北京市委党校硕士学位论文，2012 年，第 30 页。

> 夫物之宗品有二：有自立者，有依赖者。物之不恃别体以为物，而自能成立，如天地、鬼神、人、鸟兽、草木、金石、四行等是也，斯属自立之品者；物之不能立，而托他体以为其物，如五常、五色、五音、五味、七情等是也，斯属依赖之品者。①

也就是说，事物的品类有两种，即自立体和依赖体。事物不依靠他物而能自己成立，例如天地、鬼神、人类、飞禽、走兽、草木、金属、石头等，都属于自立体。凡事物不能自立，要附属其他事物才能成立，例如五常（仁义礼智信）、五色（红黄蓝白黑）、五音（宫商角徵羽）、五味（甜酸苦辣咸）、七情（喜怒哀惧爱恶欲）等都属依赖体。

他在译著《天主实义》一书时，为了便于当时的士大夫能够理解和认识西方的思想文化，用了儒家经典的一些术语来解释西方哲学的术语，以向儒家知识分子传播基督教思想。例如，在中国传统文化中，“几何”一般指时间、数量的多少。在这里，利玛窦用“几何”指代亚里士多德范畴论中的“数量”。在古代汉语中，“视”是指人与人之间的关系，因此利玛窦用“相视”对应“关系”。在中国古代，“穿得”是指服饰的穿着情况，在《天主实义》中，利玛窦把“穿得”解释为如袍、裙、田池等，这与范畴论中的“所有”呼应。

利玛窦基本上用中国传统文化思想中的术语来阐释了西方哲学中的一些名词，但是由于中西文化存在一定的差异，并不是所有西方的术语都能用中国的名词来解释，有些西方的思想意识在中国文化中并不存在，这时就需要创造一个词语来对应西方的思想观念，然后再定义这个词语的内涵和外延。虽然利玛窦把亚里士多德范畴论中的十个范畴都用儒家术语来论述，但是否是一一对应的关系，却有值得商榷之处。

利玛窦的《天主实义》初步介绍了西方逻辑学的一些概念和范畴，笔者认为这是西方逻辑学在中国第一次公开“亮相”。在这里有

---

① 朱维铮主编：《利玛窦中文著译集》，复旦大学出版社，2012年，第18页。

一点可以肯定，当时利玛窦的真实目的并不是为了介绍、传播逻辑学，而是以此为有力的工具，系统论证天主教的基本教义和信仰，同时从天主教角度出发，大量地援引先秦儒家的经典做根据，批判了宋明理学和佛老二家，集中体现了他的神学思想。由于在该书中西方逻辑学的内容并没有很大篇幅涉及，而且利玛窦宣扬基督教神学，批驳中国正统的儒家传统及早已经深入人心的佛教和道教，这在当时遭到了绝大多数中国知识分子的抵制，因此国人也就不可能发掘和研究其中的逻辑学思想了。

（二）1607 年《几何原本》

明万历三十五年(1607)刊印的《几何原本》，是第一部译成中文的西方数学著作，由利玛窦口述，徐光启笔译。它的底本是耶稣会罗马学院的德国数学教授克拉维乌斯(1537—1612)1574 年编纂的拉丁文版本《欧几里得原本十五卷》(*Euclidis Elementorum Libra XV*)的平面几何部分，为古希腊数学家欧几里得(Euclides，约公元前 300 年)所著的《原本》(*Elements*)的修订注释本。该书第一次全面、系统地向中国传播了西方传统演绎逻辑体系。

徐光启 1600 年参加科举未第，在南京与利玛窦会面，对其所讲"格物穷理之学"极为赞叹；1603 年从传教士罗如望受洗入教；1604 年徐光启与利玛窦再次在北京相遇，开始合作著述传播西学。1606 年，徐光启请求利玛窦传授西方的科学知识，利玛窦用公元前 3 世纪希腊数学家欧几里得的著作《原本》做教材，给徐光启讲授西方的数学理论。经过学习，徐光启深深地为它的基本理论和逻辑推理所吸引，认识到这些知识可以弥补中国古代数学的不足之处。于是，徐光启建议利玛窦同他合作一起把它译成中文。1607 年，徐光启和利玛窦译出了前六卷。这部著作的拉丁文原名叫 *Euclidis Elementorum Libri XV*，当时徐光启认为如果直译成中文，书名不太像是一部数学著作，如果按照它的内容，译成《形学原本》，又显陈旧。利玛窦说，中文里的"形学"，英文叫作"Geo"，它的原意是希腊语的土地测量。徐光启查考了十几个词组，后来他想起了“几何”一词，觉得它与“Geo”音近意切，建议把书名译成《几何原本》。①“几何”在中国传统数学中也是无所不在的。《九章算术》中的大多数问题都是这样的形式：首先给出“已知”，然后问所求的量，最后一句往往是“问某某几何”。这里的“几何”对应的也是数。可以说，“几何”一词是对《原本》一书比较恰当的概括，而对于当时的中国知识分子来说，也没有理解上的困难。

徐光启作为有识见的士大夫，已深刻认识到“清谈心性”之理学的空洞，明王朝要强盛，必需“经世致用”之实学。他从西方传教士带来的“事天爱人之说，格物穷理之论，治国平天下之术”②，以及数学、医药、农田、水利等西学中看到了一个“得所未有”的世界，认为这些“显自法家名理，微及性命宗根”的西学，“较我中国往籍，多所未闻”，深感“心悦志满”。因此，他指出：“格物穷理之中，又复旁出一种象数之学。象数之学，大者为历法，为律吕；至其他有形有质之物，有度有数之事，无不赖以为用，用之无不尽巧极妙者。”③在这里，他认识到了传教士输入的数学方法是近代各门科学理论和应用技术的主要基石，是中国社会发展不可缺少的。

在《刻几何原本序》中，徐光启表达了对中国历史的敬仰，“周官六艺，数与居一焉，而五艺者，不以度数从事亦不得工也”④。然而，到了他那个朝代，数学早已经衰微，不复往日的辉煌。在此基础上，他极力夸赞了《几何原本》的重要性：

> 度数之宗，所以穷方圆平直之情，尽规矩准绳之用也。……先生曰：“是书也，以当百家之用，庶几有羲和、般墨其人乎，犹

① 梁丽娟：《17—18世纪中国对西方数学的汉译》，《洛阳大学学报（社会科学版）》2006年第4期。

② 徐光启著，王重民辑校：《徐光启集》下册，第434页。

③ 徐光启著，王重民辑校：《徐光启集》上册，第66页。

④ 徐宗泽：《明清间耶稣会士译著提要》，第192页。

其小者，有大用于此，将以习人之灵才，令细而确也。”……顾惟先生之学略有三种，大者修身事天，小者格物穷理，物理之一端别为象数，一一皆精实典要，洞无可疑，其分解擘析亦能使人无疑，而余乃亟传其小者，趋欲先其易信，使人绎其文，想见其意理，而知先生之学可信不疑，大概如是，则是书之为用更大矣。①

徐光启认为《几何原本》有“四不必”，即“不必疑，不必揣，不必试，不必改”；有“四不可得”，即“欲脱之不可得，欲驳之不可得，欲减之不可得，欲前后更置之不可得”；有“三至三能”，即“似至晦，实至明，故能以其明明他物之至晦；似至繁，实至简，故能以其简简他物之至繁；似至难，实至易，故能以其易易他物之至难”。②该书并不是告诉人们现成的结论，而是教人们学会一种解决问题的思维方法。利玛窦列举了《几何原本》的“度数旁通十事”，即在水利测量、天文气象、音乐、军事、财经会计、机械制造、建筑设计、地理测绘、医药生理、计时与钟表制造等十个方面的广泛用途，指出官员、农人、医生、商贾都应学习它，特别是对于领兵打仗的将领来说，“必先几何之学，不然者，虽智勇无所用之”③。

徐光启在《〈几何原本〉杂议》中说：

昔人云：“鸳鸯绣出从君看，不把金针度与人。”吾辈言几何之学，政与此异，因反其语曰：“金针度去从君用，未把鸳鸯绣与人。”若此书者，又非止金针度与而已，直是教人开丱冶铁，抽线造针，又是教人植桑饲蚕，湅丝染缕，有能此者，其绣出鸳鸯，直是等闲细事。④

---

① 徐宗泽：《明清间耶稣会士译著提要》，第192—193页。

② 朱维铮主编：《利玛窦中文著译集》，第305—306页。

③ 徐宗泽：《明清间耶稣会士译著提要》，第194页。

④ 徐光启著，王重民辑校：《徐光启集》下册，第78页。

在这里，徐光启用“鸳鸯绣”和“金针”来分别譬喻结论与方法。我们做任何事情要知其然还要知其所以然，也就是说，我们光知道结果是不行的，还应当清楚明白结果背后的做法和过程，而几何学就像一根“金针”——科学的方法与科学的思维方式，掌握了它们就可以认识这个世界的客观规律，这就是西方科学精神的精华所在。

徐光启认为西学中的科学“精实典要，洞无可疑。其分擘解析，亦能使人无疑”①。西方数学的公理化演绎系统，即蕴含于其中的分析方法给他留下了难以忘怀的深刻印象。徐光启在《译〈几何原本〉引》中充分表述了对西方科学中这种分析精神的认识、赞赏和吸收。该文开篇就指明致知的方法在于“因既明推其未明”，这实际上就是亚里士多德形式逻辑中的三段论在中世纪西方神学和科学中的应用，其实质是从已知的大前提即所谓“既明”出发，演绎证明出一定的结论（“未明”）。这是西方古典科学中的常用方法，与近代科学中由培根倡导的实验归纳法很不一样。限于历史条件，徐光启只能接触到这种从古希腊科学中发展而来的西方科学之精华，但他对这种方法的逻辑力量推崇备至，认为“彼士立论宗旨唯尚理之所据”，因而能达到无疑的真知而不只是意见，所以读了“了无一语可疑”。在阐述这种演绎法在《几何原本》中的具体应用时，徐光启说：

> 今详味其书，规摹次第洵为奇矣，题论之首先标界说，次设公论、题论所据，次乃具题，题有本解，有作法，有推论。先之所征，必后之所恃。十三卷中，五百余题，一脉贯通。卷与卷、题与题相结倚，一先不可后，一后不可先……初言实理，至易至明，渐次积累，终竟，乃发奥微之言。若暂观后来一二题旨，即其所言，人所难测，亦所难信。及以前题为据，层层印证，重重开发，则义如列眉，往往释然而后失笑矣。②

---

① 汪春伟：《利玛窦对中西哲学交流的贡献》，第 75 页。

② 徐宗泽：《明清间耶稣会士译著提要》，第 195 页。

西方几何中那种环环相扣的推导、证明的"完美"过程,确实令徐光启欢欣鼓舞,以至于使他常常情不自禁,"释然而后失笑",可谓达到了科学家在研究中常常进入的那种科学审美的至高境界。

也许对于徐光启来说,《几何原本》仅仅是一本数学著作。它对国人的影响亦多限于数学的角度,这之后出现了许多讨论《几何原本》的著作,比如孙元化的《几何体论》及《几何用法》(1608)、方中通的《几何约》(1661)、李子金的《几何易简录》(1679)、杜耕知的《几何论约》(1770)、梅文鼎的《几何通解》等。明清之际中国这些数学著作在不同程度上吸收了《几何原本》中的论证方式和体例。

(三)1629 年《名理探》

傅汎际(1589—1653),字体斋,葡萄牙耶稣会传教士,1620 年抵达中国澳门。李之藻(1565—1630),字振之,一字我存,教名"Leon",故号凉庵居士,又号凉庵逸民,浙江仁和(今杭州)人,明代科学家。

《名理探》由傅汎际译义、李之藻达辞,也就是傅用中文讲解,李理解后用合适的词表达写作。该书从 1623 年合作翻译,历经数年,于 1629 年完稿十卷。《名理探》原名《亚里士多德辩证法注释大全》(*In Universam Dialecticam Aristotelis*,其全名为 *Commentarii Collegii Conimbricensis Societatis Jesu In Universam Dialecticam Aristotelis*,即"科因布拉大学亚里士多德辩证法大全注释集"),1611 年在德国印行,是 17 世纪葡萄牙科因布拉大学耶稣会会士的逻辑讲义。它很可能是根据波斐利的《亚里士多德范畴概论》和他以后的正统经院哲学家的有关哲学论辩问题编写而成的。《亚里士多德范畴概论》原文为拉丁文,分上下两篇,上篇讲述了五公称和十范畴,下篇讲述了三段论。该书第一次介绍了亚里士多德逻辑关于五公和十伦的内容。

傅汎际与李之藻为什么要翻译这部著作呢?有人认为,李之藻与傅汎际是有感于中国人缺乏逻辑思维训练才翻译该书的。[①]实际

① 王建鲁、彭自强:《〈范畴篇〉中"十范畴"与〈名理探〉中"十伦"比较分析》,《哲学研究》2010 年第 9 期。

上并非如此。李之藻翻译《名理探》同他内心厌恶晚明心学末流的空疏学风有很大的关系。他曾经尖锐地批评晚明读书之弊:“学者之病有四:浅学自爹一也,怠惰废学二也,党所锢习三也,恶问胜己四也。”①基于此,面对西方吹来的“清新”知识之风,李之藻是欢喜甘愿接纳的。在李之藻看来,要矫正这种空疏的学术气氛,就需要引入讲究实际的西学来帮助恢复以往的“实学”之风,而《名理探》一书之意义就在于“欲人明此真实之理,而于明悟为用,推论为梯”,从而了解“格物穷理之大原本哉”。②

傅汎际和李之藻对“philo-sophia”共同给出了希腊词源的第一个命名解释——“爱知学”,这个符合中国学统的名称,远比高一志音译的“斐录所费亚”译名要简明、易懂和令人乐于接受。正如梅谦立所讲:

“爱知学者,西云‘斐禄琐费亚’,乃穷理诸学之总名。译名,则知之嗜;译义,则言知也”,或“译名,则言知之爱;译义,则言探取凡物之所以然,开人洞明物理之识也”。因为傅泛(汎)济和李之藻没有把 sophia 译成智慧,所以陈启伟教授很正确地赞成这种直译,而说,这“词在希腊文中确实有比‘智’(智慧)更宽泛的含义,可以指一般所谓的知或智能(不是智慧)。所以译为‘爱知学’也并不错”。换句话说,傅泛济和李之藻所强调的就是西方哲学不仅涉及“内圣”的个人修养,而且涉到“外王”的公共生活,包括具体的修辞技术,使真理能够产生出来。更为有趣的是,傅泛济和李之藻对于 philo-sophia 译成“爱知”不十分满意,而他们要加上“学”,好像人们需要学习这种“爱知”,如同儒家要学习“理”。如此,我们可以说,《名理探》表达出来传

① 徐宗泽:《明清间耶稣会士译著提要》,第 223—224 页。
② 傅汎际译义,李之藻达辞:《名理探》,第 3 页。

教士所传入的西方理论哲学传统。①

在《名理探》一书中,李之藻基本上是用儒学术语来翻译介绍西方学术思想的。比如他以"克己"称伦理学,以"超性学"称神学。在中国也确实只有儒家学说能较为适合翻译西方的学术著作,因为这样介绍也能较容易为当时国人所接受,而且接近中国传统的思维方式。徐宗泽称赞李之藻的《名理探》达辞非常通畅,有信达雅之三长;马良序、陈垣《李之藻传》曰:"其所译《寰有诠》《名理探》至艰深。而措辞之妙,往往令读者忘其为译文。"②

李之藻翻译达辞《名理探》同他崇尚实学有很大关系,翻译此书在某种程度上也是为了纠正陆王心学盛行下士人"空谈心性"的弊端。李天经在《名理探·序》中说:

> 世乃侈谭虚无,诧为神奇;是致知不必格物,而法象都捐,识解尽扫,希顿悟为宗旨,而流于荒唐幽谬;其去真实之大道,不亦远乎!西儒傅先生既诠寰有,复衍《名理探》十余卷。大抵欲人明此真实之理,而于明悟为用,推论为梯;读之其旨似奥,而味之其理皆真,诚为格物穷理之大原本哉。③

将陆王心学的"空疏"与程朱理学的"格物致知"相对立,又将程朱理学中的"格物致知"与亚里士多德的逻辑学乃至西学相比附,这在某种程度上也是当时接受西学的国人看待西方学术理论的态度。在李之藻看来,要矫正当时这种空疏的学术流弊,有必要引入讲究实际现实的西学来帮助恢复以往的"实学"之风。

---

① 梅谦立:《理论哲学和修辞哲学的两个不同对话模式》,景海峰:《拾薪集:"中国哲学"建构的当代反思与未来前瞻》,北京大学出版社,2007 年,第 89 页。

② 傅汎际译义,李之藻达辞:《名理探》,第 384 页。

③ 傅汎际译义,李之藻达辞:《名理探》,第 3 页。

三、西方逻辑学译介的影响

在传教士传播西学的这个阶段，中国已经进入了封建社会的晚期，社会矛盾日益尖锐，而且16世纪中叶以来，资本主义的萌芽已经开始出现，由此在文化上酝酿着新的革新与变化。当时的知识分子开始尝试突破传统的思维模式，自然科学的研究逐渐兴起，它强调“实验”方法，动摇了中国传统的价值观念、人生理想、审美情趣等；在哲学上掀起了对宋明道学及传统学风的揭露批判，通过提倡“经世致用”“格物穷理”而走向人文主义的觉醒。①梁启超在《中国近三百年学术史》一书中指出：

> 明朝以八股取士，一般士子，除了永乐皇帝钦定的《性理大全》外，几乎一书不读。学术界本身，本来就像贫血症的人，衰弱得可怜……利玛窦、庞迪我、熊三拔、龙华民、邓玉函、阳玛诺、罗雅若、艾儒略、汤若望等，自万历末年至天启、崇祯年间先后入中国。中国学者如徐文定（徐光启）、李凉庵（李之藻）等都和他们来往，对于各种学问有精深的研究……在这种新环境之下，学界空气，当然变换，后此清朝一代学者，对于历算学都有兴味，而且最喜欢谈经世致用之学，大概受到利、徐诸人的影响不小。②

正是在这种社会条件下，西学有了其存在的土壤和条件。当时的一些知识分子开始重视并吸收西方的科学知识，提出了融会中西之学、冲破传统学术藩篱而放眼世界的主张。大家逐渐形成共识：逻辑学是研究西方思想知识不可或缺的工具，其对于当时人们思维

---

① 萧萐父：《对外开放的历史反思》，《中国社会科学》1986年第4期。
② 梁启超：《中国近三百年学术史》，东方出版社，2012年，第3—10页。

方式的转变具有不可替代的重要作用。

虽然这个时期西学对中国学术界所产生的影响只是局限于某些领域或某些人的思想变化，但它对于中国整个学术思想的转变还是起了一些显著的作用。徐光启、李之藻、杨廷筠都是位高权重之人，都是进士，都曾担任过相当高的官职，因此他们的言行具有一定的感召力。他们喜好西学，并且受洗入教，所以他们对待西学的态度和传播西学的行为影响了周围一大批人。徐光启在翻译《几何原本》的时候，认为此书"不用为用，众用所基，真可谓万象之形囿、百家之学海"①，"能精此书者，无一事不可精，好学此书者，无一事不可学"②。李匡武认为徐光启对《几何原本》的介绍，"表明他已经突破了中国长期以来一直重视技艺而轻视理论研究的传统习惯，开始向着科学化、系统化的道路迈进，用演绎的眼光从事自然科学理论的研究"③。

可见，西学对当时中国学术思想的影响不可谓不深。更为重要的是，它对于我国学术界的影响，并不仅仅在于某些学问的传入，更进一步地在于治学精神、治学的科学方法的传播、接受和运用。

由于明朝国力强盛，以利玛窦为代表的西方传教士明智地意识到，在中国传教不能采用当时在基督教世界占主导地位的军事征服策略，而必须采用适合中国国情的适应性策略，与儒家思想进行调适；另一方面，在明朝末年社会剧烈变革的冲击下，以徐光启为代表的受经世致用思潮影响的中国士大夫，在对基督教和西方科技知识尤其是西方传统逻辑有所了解之后，认为它们在一定程度上可能有益于中国社会的进步，具有"补儒"之缺和强国富民的功效。因此他们全身心投入到会通中西、促进中西文化交流的事业中。④

---

① 朱维铮主编：《利玛窦中文著译集》，第 303 页。

② 朱维铮主编：《利玛窦中文著译集》，第 305 页。

③ 李匡武：《中国逻辑史：近代卷》，甘肃人民出版社，1989 年，第 13 页。

④ 沈定平：《明清之际中西文化交流史——明代：调适与会通》，商务印书馆，2007 年。

如果说，在明末清初中西文化交流过程中，以利玛窦、傅汎际、汤若望、金尼阁、艾儒略、南怀仁、庞迪我为代表的西方传教士，“是一种完整文化的不自觉的载体”①，那么，以徐光启、李之藻、杨廷筠、瞿本素、冯应京、王徵、方以智、顾炎武、李光第等为代表的中国学者，则是中国文化的不自觉的载体，他们为掀开近代早期中西文化交流序幕，以及开展平等对话、会通超胜局面发挥着积极作用，这些功劳已经被历史和实践证明是肯定的。②

在明末清初之际中西文化交流的过程中，欧洲国家在这时与国力强盛、历史悠久的中国在政治、经济和文化上各有优势，西方传教士和中国的士大夫在地位上还是相对平等的，既然不能采取强迫的手段，也就出于策略的考虑采取了“学术传教”的方式。而作为交流另一方的中国士大夫，对于利玛窦等人介绍来的西学，“既不趋之若鹜，盲目附和，也不拒之门外，孤芳自赏，而是心态平稳，该做自我批评时就反躬自问，虚心学习，该承认自己传统时，也不夜郎自大，旁若无人”③。这样一来，他们各自从自己的需要出发，向对方学习。于是，在 1600 年前后，正是通过他们实现了“在两个完全相互独立发展起来的伟大文化之间的第一次真正实质性接触”④，使中西文化交流进展到了思想与哲学平等对话的层次。

---

① 谢和耐著，于硕、红涛等译：《中国文化与基督教的冲撞》序，辽宁人民出版社，1989 年，第 2 页。

② 黄见德：《西方哲学东渐史》，人民出版社，2006 年，第 42 页。

③ 张西平：《回到平等对话的元点上：对四百年来中西文化交流的检讨》，《光明日报》2001 年 9 月 18 日。

④ 谢和耐著，于硕、红涛等译：《中国文化与基督教的冲撞》序，第 3 页。

雅思贝尔斯历史哲学视野中明清时期逻辑学的译介*

中山大学哲学系　江　璐

一、欧洲文化中心主义和“轴心时代”的历史观

当一个文明自认为自己具有优越性的时候，常会产生一种以自己的文化为中心的“中心主义”。这种态度历来就有，古希腊人将古希腊文明视为唯一的人类文明，而其他所有不讲古希腊语的民族都被视为野蛮人。亚里士多德在他的《政治学》中曾写道：“希腊人以优种（贵族）自居，不仅在本国是优种，就是到世界任何地方，都应该是优种。”①不过，希腊人虽然自恃优等，却通过与埃及、波斯的交往认识到了其他历史更加久远的文明。希罗多德在《历史》中就详细描述过埃及人、波斯人、印度人的文化、历史、风俗，其中不乏赞叹之辞。然而，即便通过战争、贸易的频繁交往，古希腊和罗马人对其他文明获得了比较详细的认识，但总体来说，古希腊、罗马文化都有一种很明显的自我优越感，并且自觉地将自己与野蛮人相区分。

时隔近两千年，这种世界观在 19 世纪欧洲的历史叙述和欧洲人的自我意识中又成为主流。例如，马克斯·韦伯认为，理性、创

---

* 本文获得中山大学西学东渐文献馆、广州与中外文化交流研究中心资助。

① 亚里士多德著，吴寿鹏译：《政治学》，商务印书馆，1965 年，第 18 页。

新、科学精神等均为西方之所特有产物，他在论述中延续了黑格尔的传统，并融入了来自地理决定论的论据。[①]与此相对，雅思贝尔斯所提出来的“轴心时代”一说，当然是对这种欧洲中心主义世界观的颠覆。这个概念是他在第二次世界大战刚刚结束之际的1946年，Rencontres internationales在日内瓦召开的第一场以“欧洲是什么?”为主题的大会上所提出的。[②]这个举动是意味深长的，欧洲只有与亚洲一起，在一个整体中，才能得到完整的认识。他所构想的“轴心时代”为公元前800—前200年，在这一时间阶段中，人类同时在不同地域独立地建立了多个文明中心，特别是中国、印度和希腊这三个地区。尽管由于当时交通的局限性，各文明之间的交往甚少，但是中国的隐士和游走于列国之间的思想家、印度的苦行者、希腊的哲学家以及以色列的先知，无论他们之间有何种差异，都属于同一体，因为这些地区的人们开始意识到了整体的存在，以及自身的限度。[③]通过对这一段时期的观察和反思，历史学家就会放弃一种以一个特殊地域为中心的视角，例如欧洲中心主义，但也包含发自任何角度的文化中心主义。取而代之的是雅思贝尔斯所提出来的以人类作为一个整体的共同性为出发点来观察世界历史和人类当下具体处境的视角，这是一种“有意识的人类总体的哲学视野”。[④]正如相互交流造成了轴心时代的三个中心文化一样，这三个中心文化在相逢之际，就可能存在着一种深刻的相互理解，并且意识到，他们所关切的是同一问题。[⑤]在这样的视野之下，历史学家和文化哲学家所

---

① Laxman D.Satya, “Eurocentrism in World History”, in *Economic and Political Weekly*, vol.40, no.20(May 14 - 20, 2005), p.2051.

② Andrew Smith, “Between facts and myth: Karl Jaspers and the actuality of the axial age”, in *International Journal of Philosophy and Theology* 76, 4(2015), p.317.

③ 雅思贝尔斯著，魏楚雄、俞新天译:《历史的起源与目的》，华夏出版社，1980年，第8—10页。

④ 乔安妮·赵美羊著，金寿铁译:《卡尔·雅思贝尔斯视野里的人类全球史:轴心时代与文明相互嫁接理念》，《学术研究》2013年第12期。

⑤ 雅思贝尔斯:《历史的起源和目标》，第15页。

要强调的不是不可跨越的文化差异，而更多的是不同文化之间的交往和连续性。从而，雅思贝尔斯提出一种“文化交互嫁接”（mutual civilizational grafting）的观念，并将其使用在西方与中国在明末清初之际所发生的文化接触上。他认为，这一段历史给他的文化交互嫁接理论提供了实例。①中国与印度的哲学与文化直接关切到欧洲人，因为借助它们可对欧洲人还没认清的人性潜力加以估价，与这一人性相联系的真实起源是不可替代的历史统一体。②中国的历史和思想不再处于欧洲中心主义视野之中的一个落后的发展阶段（黑格尔），或是一种与西方文明格格不入、完全异质的文明成就，相反，它同时也关切到西方人的命运。只有整体性地来认识历史，才可以认识自身，获得人生的意义。雅思贝尔斯的对话文化哲学更加有利于我们当下世界多元文化的融合，也就是说，有利于在求同存异的基础上共建世界和平与实现共同繁荣。这可以纠正曾经畅销一时的亨廷顿之《文明的冲突》所带来的文化对立观，后者是一种西方中心主义在当代的延续和继承。

在此也就涌现出这样一个问题：在考察本文的对象，即明清时期西方逻辑在华传播史的时候，我们使用何种研究框架可以充分地体现“轴心时代”的历史观精神？钟鸣旦所提出的“互动交流框架”似乎是一个好的候选者。如他所述，这一框架避免了他所分析的其他两个框架如“传播类框架”“接受框架”的文化本质主义，这些框架要么以欧洲中心主义，要么以中国中心主义的立场来分析文化传播史。而另一种由福柯等人所提出的“创新框架”也并没有打破欧洲中心主义的禁锢，尽管此框架采取批判性的态度来考察历史，然而却着重于欧洲权力在他者文化领域中的一种主动性、强加性的建构。总之，上述三个框架都并未做到将参与文化相遇的各方视为对等的活动者和主动的行动者。与此不同，“互动交流框架”肯定在中

---

① 乔安妮·赵美羊：《卡尔·雅思贝尔斯视野里的人类全球史：轴心时代与文明相互嫁接理念》，第 30—31 页。

② 参见雅思贝尔斯：《历史的起源和目标》，第 82 页。

西方交流中相容和理解而存在，并指出，尽管人总是受到他所处的文化和社会环境的影响和制约，但是人类却有能力走出特殊文化的局限。例如明清之际西方人在文化相遇中所发现的东方文献和世界使得世界首次成为一个整体，人类从而获得了一个崭新的意义，历史研究从而获得了一个整体性的视角。①此框架建立在一种对话式的交流理论之上，突破了一种不对等的传统哲学之主客体的二元对立模式，文化相遇被视为一种对参与者双方均具有构建性影响的过程。相应地，也就有必要对文中的“汉化”一词加以解释。在缺乏更好的表达的情况下，使用这个词所指的并不是西方传入的思想和内容被完全转化为接纳方的东西而失去了一切他异性的成分，而是想用来指中西文化交汇、相互影响的这样一种动态的过程，或者用钟鸣旦的话来说，想要指的不是某一方，而是双方相遇“之间”这一场域。

二、耶稣会的适应政策与汉化的关系

大航海时代处在雅思贝尔斯历史哲学四个阶段的最后一个阶段，即科学技术时代。尽管中世纪时期，人类不同文明之间的交往已渐渐发展，但新航海线路的开拓和美洲大陆的发现才在真正的意义上使得全球进入一体的时期。文艺复兴的人更具有一种全人类的视野，这是来自基督教的传统，是一种基督教式的人文主义。在遇见不同的文化，特别是遇见中国高度发达的文明的时候，文艺复兴的欧洲人所做的，并不是刻意去寻求差异，而是更多地想把中国的历史和文明融入到一个以基督教神学作为理论基础的世界历史与文明中。例如基歇尔（Athanasius Kircher）与白晋都认为，中国人

① 钟鸣旦著，刘贤译：《文化相遇的方法论：以 17 世纪中欧文化相遇为例》，《清史研究》2006 年第 11 期。

是《圣经》中所提到的失散的以色列的一个部落的后代。这是所谓"索隐派"的一个代表观点。而当时欧洲人并未像他们19世纪的后代那样将中国文明视为低于西方文明。相反,他们认为中国与欧洲一样都具有高度发达的文明。白晋还认为"中国哲学至少与柏拉图和亚里士多德的哲学史同等的"①。这种看法,已经非常接近数百年之后雅思贝尔斯的"轴心时代"的认识。而从另一方面来看,利玛窦抵达中国的时期,恰恰也是中国文化史上充满了创造力的时期。②如果说,欧洲人在与中国的交往中渐渐意识到中华文化的伟大,那么中国士大夫在与西方传教士交往之中,通过他们介绍过来的地理、科学和人文知识,也"逐渐走出了华夏中心的老观念"③。大航海时期中西交流史的历史意义非凡,如同张西平所述,在这一段文化史中,中西双方的历史文化及思想都无法独立地得到解释,而是"你中有我,我中有你。中国在世界之中,世界在中国之中"④。这恰恰也是雅思贝尔斯关于人类整体性设想的现实映照。

耶稣会传教士是文艺复兴时期的基督教人文主义的代表者,也使得他们能够在传教策略中克服"欧洲中心主义"。范礼安(Alessandro Vaglignano) 1577年10月至1578年7月首次驻留澳门,在与中国人和中国文化的接触中,他对这个陌生的文明产生了敬意,称中国人为"伟大和杰出的人民"⑤。正因如此,他认识到,耶稣会会士如果想要在中国达到传教的目的,必须采取一种与他们在美洲对待当地的印第安人的不同做法。也就是说,并不能将西方的文化形式强加

① 柯兰霓著,李岩译:《耶稣会士白晋的生平与著作》,大象出版社,2009年,第34页。

② 孟德卫著,陈怡译:《奇异的国度:耶稣会适应政策及汉学的起源》,大象出版社,2010年,第41页。

③ 张西平:《交错的文化史——早期传教士汉学研究史稿》,学苑出版社,2017年,第28页。

④ 张西平:《交错的文化史——早期传教士汉学研究史稿》,第1页。

⑤ 邓恩著,余三乐、石蓉译:《一代巨人——明末耶稣会士在中国的故事》,社会科学文献出版社,2014年,第4页。

于人，而需改变自身，接纳当地的文化形式，才能取得融合。作为一位具有卓越洞察力的人物，范礼安的建议很自然受到了那些唯我独尊、鼠目寸光的庸人阻挠。他们希望沿袭旧俗，坚持让澳门皈依基督教的中国人取葡萄牙人的名字、穿葡萄牙人的衣服且接受葡萄牙人的风俗习惯。在寡不敌众的情况下，范礼安只好要求耶稣会在印度果阿的省区教长派人来协助他在远东的工作，而历史的机缘恰恰让罗明坚来到了中国。罗明坚是意大利人，来到澳门之后，范礼安指示要他学习中文。1580 年，罗明坚随同商人前往广东，路上注意遵循中国的礼仪，赢得了当地官员的好感。1582 年，范礼安从日本回到澳门，废除了要求中国信徒葡萄牙化的做法，并提出传教士自己要“中国化”。这种思维转型的重要性，马上就获得了实效的验证：正因为罗明坚懂得中国文化与礼仪，他受到当时两广总督陈瑞的邀请前往肇庆定居，与他同行的是大名鼎鼎的利玛窦。他俩于 1583 年 9 月 10 日抵达肇庆。①

利玛窦也是意大利人，受过良好的人文主义教育，他的老师中有著名的数学家克拉维乌斯和精通古希腊罗马经典和历史的著名人文主义学者白拉敏(Bellarmine)。他深知文化适应策略的意义，他意识到，只有通过改变自身，使得自己适应中国文化，特别是主流的儒家文化，耶稣会才能在中国得到承认。②在华多年之后，他总结经验，认为新来的传教士需要熟悉官方口语、汉语书写和儒家经典。③从他的书信中我们可以得知，在他于 1588 年 8 月至 1589 年 8 月居住在肇庆期间，他请了老师来给自己讲解“四书”，同时他也决定接受儒生的打扮。④1593 年 2 月下旬至 1594 年 11 月 15 日之间，

---

① 邓恩著，余三乐、石蓉译：《一代巨人——明末耶稣会士在中国的故事》，第 4—9 页。

② 柯兰霓著，李岩译：《耶稣会士白晋的生平与著作》，第 106 页。

③ 柏理安著，毛瑞方译：《东方之旅——1579—1724 耶稣会传教团在中国》，江苏人民出版社，2017 年，第 270 页。

④ 达仁理著，文铮译：《利玛窦与〈四书〉拉丁文版本——从史学传统到新的研究》，《国际汉学》2015 年第 5 期。

他翻译了“四书”[1]，以便传教士对照学习中文和经典。“四书”与“五经”成为来华传教士的课程内容。利玛窦在华期间翻译和撰写的汉语著作共计有19种，其中6种被收录入《明史·艺文志》，13种被《四库全书》收录或存目。[2]

在西学东渐研究中，往往着重于对传教士角色和成就的研究。与此相比，士大夫往往受到忽视，或仅被视为配角，他们的身份常会被误解为仅仅是学生。在当时翻译过来的西方文献刻本中，李之藻与徐光启等人的作用被描述为“达辞”，而西方传教士的作用则是“译义”。无论在《几何原本》翻译中利玛窦和徐光启的合作，还是《寰有诠》(1628)和《名理探》(1631)译著中傅汎际和李之藻的合作，都是一个互动的关系。我们可以想象两对译著者在对话、讨论中共同寻求能充分传达西方文献所蕴含的本义，而中国读者又足够熟悉且能够在阅读学习过程中理解译文的经历。当时参与译介工作的士大夫担当的绝对不仅仅是被动的接纳者的角色。李之藻是万历二十六年(1598)进士，曾任南京工部员外郎、南京太仆寺少卿、高邮制使等职。他曾与利玛窦合译《同文算指》，与徐光启一同修订《大统历》。在1603年主试福建乡试，出天文学考题。1628年编撰收集传教士著作和译文的《天学初函》五十二卷，分理、器二编，收入关于数学、地理、哲学、宗教的各类著作共20部，后在《四库全书》中存目。[3]西方传教士曾德昭(Alvaro Semedo)在回忆李之藻的时候写道，

神父们译成中文的神学或科学方面的书籍，有的包括很多卷，几乎没有一本不经过他的手。他要么亲自校正，要么帮助

① 达仁理著，文铮译:《利玛窦与〈四书〉拉丁文版本——从史学传统到新的研究》，第146页。

② “利玛窦”，中国大百科全书总委会编:《中国大百科全书(第二版)》CD-Rom(光盘)，北京东方鼎电子有限公司，2011年。

③ “李之藻”，《中国大百科全书(第二版)》。

> 我们做，要么给予新的修饰，或者加一篇他自己的序和其他文字使它更具有权威。①

李之藻和徐光启一样都是当时杰出的学者和政治家，曾身居要职。在翻译西方文献的时候，他们两人所起的作用绝非被动的接纳，而是一种有意识的、创造性的转化。如同郑诚在他辑校的《李之藻集》序言中所评论的那样："晚明汉译西学的面貌，也受到李之藻个人兴趣的强烈影响。"②明清之际，西方科学文献传播到中国的过程并不是某一个文化征服了另一个文化的过程，而是一种相互嫁接和生长的过程。

涉及西方逻辑学在中国的译介的另一次中西文化相遇中的主要人物是南怀仁与康熙。南怀仁（1623—1688）清初来华，在钦天监供职，与汤若望一样，他成为中国的朝臣，1670 年康熙授其职务名曰"治理历法"。据白晋与张诚等人的叙述，在康熙的要求之下，南怀仁给他上几何和哲学课，或许其中也包括逻辑学。但这并非是一个不对等的有知识的人对缺乏知识的人的教授关系。在传教士眼中，康熙明显为君，而他们为臣。康熙也并非认为自己的文化有何"落后"而产生了"西化"的念头。他对知识汲取的方式是完全自主和自信的。作为一国之君，他所想到的是什么样的知识对他的统治有用。很明显，几何测量对地域广阔的中华帝国来说，是至关重要的。据张诚等人的记载，他也曾经想过要把西方传来的学科纳入中国传统的教育系统。所以南怀仁编撰《穷理学》，并且想要将其内容推广到科举之中，并非是异想天开之念。康熙与南怀仁接触频繁且亲密，这两位卓越人物之间相互影响是非常自然的事情。

传教士制定适应政策的初衷是传播基督教，通过研习儒家经典能与士大夫阶层对话，他们还起到了在欧洲传播中国文化的重要作

---

① 郑诚辑校：《李之藻集》，中华书局，2018 年，第 2 页。

② 郑诚辑校：《李之藻集》，第 2 页。

用。西方人在认识到中国文化自身的魅力之后，以雷慕沙（Jean-Pierre Abel-Rémusat，1788—1832）为代表的学者成为真正学术意义上的汉学家，研究中国，不再将之视为一种服务于另一目的的工具和手段，而是以理解中国文化本身为主旨。

三、耶稣会的教育与逻辑学

耶稣会教学大纲（*Ratio Studiorum*）中规定，大学三年人文学科学习中，第一年需学习逻辑。每天要上两次逻辑课，早上和下午各一个小时，以听课、诠释亚里士多德著作和练习为主要形式。基础课程完成后，学生要使用学到了的逻辑和修辞手法公开答辩，驳斥哲学、神学或科学论点。三段论构成了逻辑教学的很大部分，并且也在自然科学和数学教科书中出现。[①]1599 年版的教学大纲则规定，哲学教授在第一年的前两个月要教授逻辑，但并非使用教条式的教授方式，而是通过对托雷多（Toledo）或丰塞卡逻辑著作中章节的讨论让学生学习消化这部分内容。

1555 年，葡萄牙国王胡安三世（João Ⅲ）将他 1547 年所创立的科因布拉艺学院交给了耶稣会管理，同年有四位耶稣会教授在此任教，包括享有“葡萄牙之亚里士多德”之誉的丰赛卡神父（Pedro da Fonseca，1567—1639）。[②]由于修会创立人罗耀拉注重亚里士多德哲学和托马斯·阿奎那的神学，科因布拉学院的哲学教学内容以亚里士多德的著作为主。为此，学院组织了对亚里士多德哲学著作的系统注释工作，成果总共包括八部著作，在 1592—1606 年之间陆续出版，后被称作“科因布拉注释系列”。参与这套教材编写工作的有

---

① Joachim Kurtz, *The Discovery of Chinese Logic*, Leiden/Boston: Brill, 2011, p.23.

② Cf. John Dolye, *The Conimbricenses: Some Questions on Signs*, Milwaukee, WI: Marquette University Press, 2001, p.15.

果伊斯(Manuel de Góis)、库托(Sebastião de Couto)、阿尔瓦雷斯(Baltasar Álvares)等人。[①]这一系列的最后一部就是对亚里士多德逻辑学著作《工具论》的注释,另外也包括对希腊化时期哲学家波菲利的亚里士多德逻辑导论(*Isagoge*)的注释。

四、明末清初西方逻辑学在中国的翻译、传播和转化

比利时传教士金尼阁在中国度过了两年半的时光之后,受当时耶稣会省长龙华民(Niccolò Longobardo)的委托,在1613年回到欧洲。他此行任务之一是为耶稣会在北京和中国其他地方已经创立的驻院收集藏书。1620年他又一次来到中国的时候,传说他带来了7 000卷书,不过事实上数量可能为757部著作或更多。随他一同来华的一行人中,就有后来《名理探》的"释义"者,来自亚速尔(Azores)的葡萄牙耶稣会士傅汎际(1589—1653)。[②]傅汎际曾在科因布拉大学求学。[③]天启七年(1627),傅汎际与李之藻(1565—1630,字振之,教名Leo)开始翻译科因布拉亚里士多德逻辑大全注疏,1631年第一次在杭州刻印出版《名理探》十卷,包含了科因布拉本的波菲利《导论》以及亚里士多德《范畴篇》注疏。[④]据说李之藻与傅汎际也已翻译了科因布拉逻辑大全中关于《解释篇》《前分析篇》

---

① Mario de Carvalho, *The Coimbra Jesuit Aristotelian Course*, Coimbra: Coimbra University Press, 2018, pp.11 - 15.

② Cf. Nicolas Standaert, "The Transmission of Renaissance Culture in Seventeenth Century China", in *Renaissance Studies*, vol. 17, No. 3, 2003, pp.367、379 - 380.

③ Cf. Joachim Kurtz, *The Discovery of Chinese Logic*, Leiden/Boston: Brill, 2011, p.25.

④ 参见张西平、侯乐:《简析〈名理探〉与〈名理学〉中的逻辑学术语:兼及词源学与词类研究》,《唐都学刊》2011年第2期。

《后分析篇》《辩谬篇》的注疏，只是未刻印而已，后来南怀仁编辑的《穷理学》中包括这几部亚氏逻辑著作注疏的译文。

逻辑学是西方特有的一门学科，它是罗马帝国晚期自由教育七艺中的一门。逻辑学，也被称作为辩证法，起始于柏拉图，起初源于修辞学，后由亚里士多德将其与修辞学区分，树立为一门独立的学问。①中世纪大学的艺学院中所教授的就是七艺。科因布拉大学延续了中世纪的传统，此大学的艺学院后来由耶稣会的教授接管。②大航海运动中西方传入中国的天文学和数学等知识，如果能在中国的传统知识体系中找到其对应者的话，会更容易被接纳和融入，而逻辑学所面临的困难是所有学科中最大的。直到今日，中国古代逻辑的研究者中还有着“中国古代有无逻辑”的争论。近代学者梁启超、胡适、沈有鼎、金岳霖等人认为中国古代有逻辑，持类似看法的当代学者有孙中原等。③反对者则有民国学者王国维和蒋维乔，也有后来的郭沫若、牟宗三、唐君毅、徐复观等人，当代学者有程仲裳等人。④认为中国古代有逻辑的学者，在先秦之墨家文献如《墨经》《荀子·正名》《公孙龙子·名实论》中寻找根据，也有人将《易经》视为中国逻辑之开端，他们在儒家和法家(如荀子和韩非子)那里发现一些文本根据。当时，无论持哪一种观点，学者可以达成共识的是，“逻辑”在中国传统的教育体制中的确没有任何相应的学科可以与之对应。在从葡萄牙启程前往中国的西方传教士将科因布拉的系列注疏带到中国的时候，明代的国子监教育主要以“四书”“五经”、律令、书

① 戴维·L.瓦格纳编，张卜天译：《中世纪的自由七艺》，湖南科学技术出版社，2016 年，第 8—9 页。

② Cf. Cristiano Casalini, *Aristotle in Coimbra*, translated by Luana Salvarani, London: Routledge, 2017, p.40.

③ 参见孙中原：《中国逻辑学十讲》，中国人民大学出版社，2014 年，第 130—181 页。

④ 程仲裳：《“中国古代逻辑学”解构》，中国社会科学出版社，2009 年，第 110—125 页；程仲裳：《近百年“中国古代无逻辑学论”述评》，《学术研究》2006 年第 11 期。

数、御制大诰为课程内容，而在地方官学中，设有经、史、礼、律、书、乐、射、算、御等。[①]在西方，逻辑学早在在古罗马时期就属于帝国教育体系中系统教授的一门学科，中国古代的"名学""辩学"指的却是流派，而非普及性的、体制性的学科建制。西方传统逻辑的内容，特别是涉及形式化部分的，与上述中国古代文献中的内容也大相径庭。学者所找到的中国古代逻辑的依据大多属于古代的名辩之学，更多类似西方传统中修辞学中的内容。在此背景之下，西方逻辑学的东渐很自然就会遇到比数学、天文等学科更大的困难和阻力。这也一部分解释了为何李之藻与傅汎际呕心沥血翻译出来的《名理探》在后世接纳甚少，直到民国时期才获得重视和重印的缘故。

明朝的士大夫和文人对西方传来的学说明显是非常感兴趣的，徐光启就主动向利玛窦询问过西方教育考试等方面的信息。[②]而李之藻则在福建乡试出天文题，疑似受到西学影响。[③]在译介新的术语、概念、名词和思想的过程中，可以看到士大夫努力在自己的文化传统中寻找可以用来传播这些新知识的表达方式。虽然逻辑学是一门全新的学科，然而明末的士大夫和文人对此的接纳是很开放的，《名理探》译者之子李次虨所撰写的《名理探又序》中写道，逻辑学所探讨的"理道"为"吾儒本然"，且与古经籍中所记载的学问探讨方式相吻合。[④]《名理探》与墨家传统也并非是完全毫无交集的，尽管按顾有信等研究者的看法，翻译者李之藻似乎并未发现西方逻辑与中国古代逻辑间的可类比之处，然而李之藻还是使用了"名理"这一讨论论辩术的传统名词来称谓西方传来的"logica"一学。[⑤]"名"在墨

① 贾非：《中国古代考试与学校教育》，吉林教育出版社，2001 年，第 157、160 页。

② 余三乐：《徐光启与利玛窦》，中华书局，2010 年，第 37 页。

③ 徐光台：《西学对科举的冲击和回响——以李之藻主持福建乡试为例》，《历史研究》2012 年第 6 期。

④ 周振鹤主编：《明清之际西方传教士汉籍丛刊·第二辑》第五册，第 11 页。

⑤ Cf. Joachim Kurtz, *The Discovery of Chinese Logic*, Leiden: Brill, 2011, p.54.

家和儒家中都有讨论,《论语·子路》中说到“名不正则言不顺”,儒家有着一种“正名”的体系。而后期墨家则将“名”作为一个基本范畴进行系统性的讨论,以“名”所指谓的是实物,有了“名”则可表达思想。春秋名家邓析有着“大辨”和“小辨”之说,前者为考察事物、增长知识的辩论,后者为无益的争端。墨家《小取》篇中则写到“夫辨者,将以明是非之分,审治乱之纪,明同异之处,察名实之理,处利害,决嫌疑焉”①。可见,“名”和“理”都来自中国先秦哲学。很明显,在西方逻辑学的译介中,采取适应策略的耶稣会传教士很明显也渴望寻找能与中国传统接轨的传达模式,例如高一志在《童幼教育·西学》中将西方逻辑学解释为“明辨之道”,艾儒略在他 1626 年出版的《西学凡》中使用了一个中国传统的术语,即“辩学”来翻译“logica”这一门西方学科,而《名理探》中使用了“辨学”一词。②后南怀仁将“logica”的译名改为“理辨学”,仍保留了墨家中的“辨”这一术语。③

《名理探》中可举出的另一个具有创造性的例子是亚里士多德的生平描述。由于耶稣会的哲学教育强调亚里士多德的权威,在将这位古希腊哲学家介绍给中国读者的时候,译者很自然地将亚里士多德描述为帝王师,并称他为“大贤人”④,在此可见儒家传统的影响。另外在转换西方的纪年法时,将西方基督教的纪年“天主未降生前三百八十一年”解释为“周安王二十年己亥”。⑤在总论讨论西方学术之时,西方的伦理学(ethics)被诠释为“克己”之学。⑥明朝的译者使用了古文的一个常用词组“所以然”来翻译“causa”(今作“原因”),使用“殊”来表达亚里士多德的逻辑术语“differentia”(今作“差

---

① 张岱年主编:《中国哲学大辞典》,上海辞书出版社,2014 年,第 123、130—131 页。

② 参见王慧斌、尚智丛:《西方逻辑学传入过程中“辨学”与“辩学”概念的演变》,《清史研究》2015 年第 3 期。

③ 墨家中“辨”与“辩”的概念,参见孙中原编:《墨家大辞典》,商务印书馆,2016 年,第 14 页。

④⑤ 周振鹤主编:《明清之际西方传教士汉籍丛刊·第二辑》第五册,第 14 页。

⑥ 周振鹤主编:《明清之际西方传教士汉籍丛刊·第二辑》第五册,第 21 页。

异”)，使用墨家术语“两可”来翻译“contingens”(今作“偶然”)，使用“六合”来翻译“omnis res”(今作“一切物体”)。逻辑学由于其特殊性，能够找到相对应的古文已有的对应表达很不容易，从而迫使译者不得不使用相关意义的字和词来构造出新的词和词组，例如使用“限解”来翻译“definitio essentialis”(今作“本质定义”，*In Universam Dialecticam*，1621，第197栏)，“曲解”译“definitio descriptiva”(今作“描述性定义”)。此类例子就不一一列举了。为了以恰当的语言传达另一个语言中所蕴含的内容，古文本身的潜力得以发掘，中文作为语言和文化自身得到了扩展，而西方传教士在使用中国古文来表达他们所熟知的思想的时候，同时也发掘了自身文化在另一个他者中的映像和潜能。这不是一个机械性的传播过程，而是一种自我发展和自我认识的过程。

南怀仁于康熙二十二年(1683)编撰《穷理学》六十余卷，是一部全面的知识百科全书，内容包括逻辑学、形而上学、数学、天文学、力学与机械学(包括弹道测量)、生物学与医学等。《穷理学》这一书名体现了明末清初时期“格物穷理之学”的概念，当代汉学界将此书名译为“*Study of Fathoming Principles*”，而此书同时代的拉丁文文献中则有时将其称作“*Cursus Philosophicus*”(《哲学系列》)。①同年8月26日《穷理学》进呈康熙，期望能获得许可得以官刻发行。与利玛窦策划翻译计划的初衷不同，编撰《穷理学》的时候，南怀仁并未想到要建立耶稣会学校，他的主要目的是为他当时所供职的钦天监培训专用人才提供教学材料。从此书的内容来看，也以实用的内容为主。另外，他在编撰的时候还对其他传教士译著的文献加以了修订，减少了其中包含的神学成分。怀着雄心大志，他想要在清帝国的体制中推广西方科学。可见，他对自己的朝臣身份是相对认可的。②据顾有信所述，南怀仁甚至想要说服康熙让他的《穷理学》成为

① Kurtz, *The Discovery of Chinese Logic*, p.66.

② 尚智丛:《南怀仁〈穷理学〉的主体内容和基本机构》,《清史研究》2003年第3期。

中国科举考试的必要内容。[1]然而在南怀仁进呈《穷理学》之后，康熙将此书交付给礼部和翰林院评审，按《康熙起居注》记载，评审结果对南怀仁不利。[2]其中可读到："又会同翰林院题覆治理历法南怀仁疏，所请以西洋穷理学书刊刻颁布，议不准行。上曰'此书内文辞甚悖谬不通'。明珠等奏曰：'其所云人之知识记忆皆系于头脑等语，于理实为舛谬。'上曰：'部覆本不必发南怀仁，所撰书著发还。'"[3]故不得刊印，现仅存十四卷残抄本，藏于北京大学图书馆，2016 年浙江大学出版社首次整理出版。大学士明珠的评论以世界观不同为出发点，而康熙看似诟病《穷理学》内的语言。从《穷理学》的排序来看，南怀仁似乎按照耶稣会的教学习惯将逻辑学编撰为第一部分，逻辑学也占了《穷理学》的很大一部分。可以推测，康熙认为语言晦涩的部分是关于逻辑学的那一部分。与《名理探》不同，南怀仁将三段论的学说放置在最前，这增加了中国读者的陌生感。这样的安排当然能在文艺复兴时期耶稣会的知识论中找到根据，但是从策略上来看却效果不佳。对中国读者来说，《名理探》固然有一定的难度和陌生感，然而在所谓"学正不避杂"且追求知识"无所不包"[4]的明末士大夫的文化氛围中，此书还是得到了一次重印，与南怀仁所编撰的《穷理学》相比，还算是成功。在这或许可以容许一种猜测：《名理探》为李之藻与傅汎际的合作成果，属于一种文化相遇的产物。由于逻辑学在中国并没有对等的学科，从而陌生度高于《几何原本》中的数学，尽管如此，它受到了士大夫阶层的认可和推崇，这在重刻版的序中可见。李天纲在《名理探》之序中将《名理探》与其他学科之间的关系比喻为太阳与星月之间的关系，并且也简述了此书的内容

---

① Kurtz, *The Discovery of Chinese Logic*, p.69.

② A.Dudink and Nicolas Standaert, "Ferdinand Verbiest's Qiongli Xue", in *The Christian Mission in the Verbiest Era*, ed. Noël Golvers, Leuven University Press, 1999, pp.16 - 17.

③ 中国第一历史档案馆整理：《康熙起居注》卷二，中华书局，1984 年，第 1104 页。

④ 赵园：《制度・言论・心态》，北京大学出版社，2006 年，第 16 页。

和结构，解释了“直通、断通和推通”的含义。[①]李之藻的《天学初函》也是对传教士汉译文献的编撰，却被收录入清代的《四库全书》，而南怀仁的《穷理学》在编撰中并未得到中国文人的协助，在编撰上缺少通过文化相遇所获得的构建和转化，在接纳中就遇到阻力。当然，其中也不乏政治因素，例如翰林院的对抗，朝臣对潜在的外来文化和学说竞争的抵抗，等等。不过，《穷理学》的编撰与进呈仍是体现一种想将其融入中国的教育和学术体系的努力。兼有耶稣会中华省副省长和清朝朝臣的身份，南怀仁做到了对自身认同和定位的扩展和转化。1669 年，康熙授予南怀仁钦天监监副职衔，1670 年授予他“钦天监治理历法”衔。在此职务之上，他多次进呈奏疏。他与清朝廷的衙门之间关系并不太好，礼部和通政部都曾拒收过他的奏疏。只是在康熙的干预下，这些部门才接纳了他的奏疏。南怀仁也曾违例不经过相关部门上奏本。[②]南怀仁在 1678 年撰成《康熙永乐年历法》，供钦天监官生学习。1679 年起与徐日昇、闵明我三位神父一起向康熙讲授西学。[③]由此可见，南怀仁很大程度上依赖他与康熙的亲密关系，却缺乏与文人阶层的交往和互动。与此相比，利玛窦一代人是在士大夫文人的帮助下才接触到宫廷的，士大夫积极参与了译介、讨论、传播、印刷。南怀仁的社会活动圈子却局限于清宫内廷，使得他想传播的思想和知识缺乏一个文人共同体的基础。《穷理学》没有中国文人参与讨论和编辑，在康熙交付翰林院审议的时候也遭到反对。这些历史上的因素导致了这部文本传播时遇到阻力，造成了只有一部残抄本留存后世的情况。这从另一个角度说明了文化交融和互动的重要性。

---

① 周振鹤主编：《明清之际西方传教士汉籍丛刊·第二辑》第五册，第 9—10 页。

② 陈玉芳：《康熙时期宫廷传教士的上疏途径》，《古代文明》2018 年第 3 期。

③ 崔广社：《南怀仁在华事迹考》，《文献》2000 年第 2 期。

五、总结和展望

与数学相比，明末清初西方逻辑学在中国的传播并不算特别成功，所译介的文献在传播和接纳上远远不如《几何原本》或《同文算指》。但是正因为逻辑学在中国传统学术中的边缘地位，以及西方逻辑学对当时中国人的陌生度，当时西方逻辑学文献的汉译恰提供了一个很好的文化相遇的例子。由于缺乏充足的对应概念和理论框架，对此类文献的考察使得我们更好地观察到一个特殊文化的有机的自我扩展和转化。不同文化具有相互的可理解性，这种可理解性并非在于已经具有一个共同的理解框架，而在于每一个文化都具有能力扩展自身，将他者转化为自身，这是一个双向的运动。对当下的世界状况来说，此例展现出，要理解他者，则不能使自身原有的固有范式套用在他者之上，而是需要将自身的范式加以扩展与转化，以便使得他者变成自己内在的东西，同时他者也在此运动中看到了自身的另一种潜在可能性。自我和他者之间没有沟壑，通过相遇，两者获得了相互的构建和成长。这是一种整体性的理解和沟通，需要双方都具有开放的态度和成长的意愿。

《同文算指别编》与弦表在中国的早期传入与使用*

中国科学院自然科学史研究所　李　亮

算表是古人进行天文历算的重要推算工具。古希腊、印度和阿拉伯的天文学家很早就开始利用三角学知识，构建不同的天文算表，以辅助计算。尤其是三角函数表和球面三角法的运用，很好地解决了天文学各方面的计算问题。与其他古代文明注重几何模型不同，中国的传统天文学通常利用代数方法解决三角学上的问题，所以对三角函数表的需求并不迫切，发展也相对比较滞后。隋唐之际，印度天文学传入中国，当时的《九执历》就曾介绍印度的正弦表，但球面三角法基本上没有引起中国数学家和天文学家的重视。16 世纪末，随着西学东渐和明末历法改革的推进，西方的三角学知识通过依附天文学再次传入中国，对中国的数学和天文的发展都产生较为深远的影响。

最早系统介绍三角函数和三角函数表的中文专著是邓玉函的《大测》，但在此之前一些并不完整和系统的三角学知识就已陆续传入中国，这其中就包括一份名为《同文算指别编》的抄本。该书由于当时并未出版，所以一直未引起数学史和天文史学界的关注。作为数学著作，此书在内容上虽然稍显简略，主要介绍的是球面三角学

* 本文初稿成于 2013 年，由法国 ANR “History of Numerical Tables”(HNT)项目和中国国家自然科学基金青年项目“明代天文算表研究”(批准号：11403111)资助，此次发表对标题和内容做了少量的调整。法国国家图书馆藏《同文算指别编》抄本是作者于 2012 年在巴黎从事博士后工作期间参与 HNT 项目时调查和整理的。作者感谢林力娜(Karine Chemla)教授提供《同文算指别编》在法国国家图书馆的馆藏信息，以及在 2013 年 5 月法国布列塔尼 HNT 项目工作坊期间帮助获得克拉维乌斯的相关拉丁文著作。

在天文学上的应用，不过该书中记载的八位数据弦表，却是近代西方三角学和三角函数表传入中国之首。本文将从三角函数表的传入和使用的角度对《同文算指别编》进行介绍，分析其内容的来源，并且对明末清初中国引入和会通西方三角函数表的过程中引起的问题和引发的争论进行探讨。

一、《同文算指别编》及其内容

《同文算指》是意大利耶稣会士利玛窦（1552—1610）和李之藻（1565—1630）合作编译的一部影响甚大的数学译著。数学史家钱宝琮曾指出："《同文算指》书在西学东渐史中与徐光启所译之《几何原本》六卷皆为极重要之著述，而所收成效犹在《几何原本》之上。"①该书分为前编、通编和别编三部分，前两部分于 1614 年左右出版，据李之藻《同文算指前编》序记载："荟辑所闻，厘为三种：前编举要，则思已过半；通编稍演其例，以通俚俗，间取《九章》补缀，而卒不出原书之范围；别编则测圜诸术，存之以俟同志。"②其前编介绍了自然数、小数的笔算加减乘除四则运算的方法。通编是全书的中心内容，叙述了分数、比例、级数求和、盈不足、方程、开带以平方等算法。③其主要内容被认为是根据利玛窦的老师克拉维乌斯（1537—1612）在 1583 年出版的《实用算术概论》(*Epitome Arithmeticae Practicae*)一书编译④，同时还参考了中国数学家程大位的《算法统宗》⑤和周述学的《神道大编历宗算会》等书，对此学界已有诸多研究。

---

① 钱宝琮：《浙江畴人著述记》，《钱宝琮科学史论文选集》，科学出版社，1983 年，第 307 页。

② 邹振环：《〈同文算指〉的译述及其意义》，《上海科技翻译》1990 年第 2 期。

③ 钱宝琮：《中国数学史》，科学出版社，1964 年，第 236 页。

④ 武田楠雄：《〈同文算指〉の成立》，《科学史研究》1954 年第 30 期。

⑤ 潘亦宁：《中西数学会通的尝试——以〈同文算指〉（1614 年）的编纂为例》，《自然科学史研究》2006 年第 3 期。

由于《同文算指》出版时只包含前编二卷和通编八卷，别编并未一同出版，因此不广为人知，以致早期的学者甚至怀疑《同文算指别编》就是《圜容较义》，只因其刻本单行，故不称别编。①后来李俨发现了法国国家图书馆所藏的《同文算指别编》抄本（馆藏号为 Chinois 4862)，并于 1935 年由王重民赴巴黎从事敦煌史料研究和整理工作期间代为复制回国。②

法国国家图书馆藏《同文算指别编》抄本，署名“西海，利玛窦授；浙西，李之藻演”，内容上只有“截圜弦算”一节（见图 1)。全书开篇介绍西方的三百六十度“平度”制，以及“弦”“弧”和“全数”等概念，并给出了“弧”和“弦”之间的六种用法。③

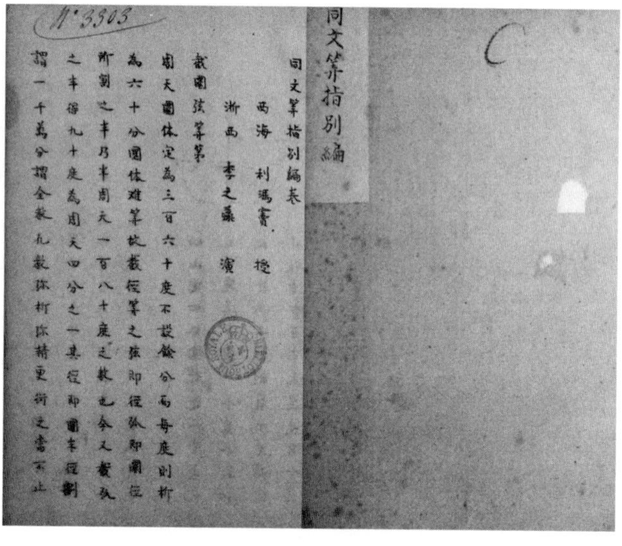

图 1 法国国家图书馆藏《同文算指别编》首页（左）和封面（右）

① 钱宝琮：《浙江畴人著述记》，《钱宝琮科学史论文选集》，第 285 页。

② 当年摄制的该书照片目前保存于中国科学院自然科学史研究所图书馆（馆藏号：善子 530.9915/302)，近年来这些照片又被重新处理和整理，收录于《中国科学技术典籍通汇·数学卷》第四卷。

③ 即“有以弧度分求正弦数者；有以弧度分求余弦数者；有以正弦数求弧度分者；有以余弦数求余弧度分者；有以弧度分求弦倒数者；有以弦倒数求弧度分者”。

从该抄本的内容看，其中有多处删改和润色的痕迹，可能属于当时编译用的一个“工作本”。书中的主体是一份弦表，但该抄本并没有完整地抄录弦表的全部内容，只给出了表格的首尾两页，且每页也只示范性地列出了首尾几行的数据。不过在弦表首尾两页之间预留了足够的空白页面，显然是为了以后补充所用。①

在弦表之后，该书还详细介绍了如何使用该表进行十种不同的天文计算，包括：

(1) 推黄道度离赤道法；
(2) 以北极度推日出入时所离卯酉中地平度法；
(3) 以日出入时所离卯酉中之平度推此极出地度法；
(4) 推每日太阳最高度法；
(5) 推半昼分法；
(6) 以时刻推太阳离地平度法；
(7) 以太阳离地度分推时刻法；
(8) 推朦胧景时刻法；
(9) 以各宿距黄道度求距赤道度法；
(10) 以黄道经度求所值赤道经度法。

从中可以看出，这些计算主要涉及黄道坐标、赤道坐标和地平坐标之间的换算，以及与之相关的日出入时刻和晨昏时刻的推算等，属于球面三角学知识的内容。以第一个问题“推黄道度离赤道法”为例，其内容如下：

推黄道度离赤道法

有黄道见行经度，而问所离赤道纬度几何者？取本弧度正弦

① 中国科学院自然科学史研究所藏该书算表页的照片也有王重民标注的“原书此处有白纸数十页。重民记”字样。

数为第二率，以黄道极二十三度三十分正弦数为第三率与相乘，而以全数为第一率除之，得数以求正度分，即黄道去赤道之度分。

假如日躔金牛二度，则去白羊黄赤相交处三十二度，其正弦五二九九一九二为实，其黄道极二十三度三十分，其正弦三九八七四九一，以相乘得二十一万一千三百〇四亿八千〇四十〇万七千二百七十二数，以全数除之得二百一十一万三千〇四十八数，以求正弧度分，知所离赤道十二度十二分也。此例系黄赤相交离半弧以内者，其日躔天秤之后亦同此法。

若二至之后，则系半弧以外矣，取日行度减半弧之九十度，而以减余为用云。除法不尽者，置不算，以不满一故。

第一率　全数：一〇〇〇〇〇〇〇

第二率　日躔弦：五二九九一九二

第三率　黄极弦：三九八七四九一

第四率　离赤纬：二一一三〇四八[①]

从以上内容可以看出，每个问题都是首先介绍计算步骤，然后以“假如”（即算例）的形式给出具体的推算方法，最后还列出计算过程中所需的从“第一率”到“第四率”的各个数值。此外，书中每个问题之后所附的“假如”算例，不但前后关联，也非常有具针对性。例如，这些“假如”都以“金牛二度”为例，有的算例在计算时还需要调用前一算例中的相关结果。地理纬度则统一以“京师北极出地四十度”为例，时间也一致采用“万历庚子”（1600），并且还以此对恒星位置进行岁差修正，如文中提到“假如大角经度原离白羊一百七十度二十分，今于万历庚子测之，加岁差二十七度四十七分”。

总体而言，该书在内容上除了仅对“弧度”“正弦”“余弦”和“弦倒数”[②]等概念做了简单说明外，并没有系统地介绍三角学的理论知

① 利玛窦、李之藻：《同文算指别编》，法国国家图书馆藏抄本。

② “弦倒数”即现代三角学中的“矢”，《崇祯历书·大测》记载：“倒弦者，余弦与全数之较，本名矢。”

识和给出算表的编算方法，而是以问题的形式说明如何通过弦表直接进行相关的天文计算，可以说是一本极具实用性和操作性的三角学小册子。

二、《同文算指别编》中的弦表

《同文算指别编》全书主体内容都是介绍如何使用正弦和余弦表进行天文学中的球面三角计算。由于是首次将西方的三角算表介绍到中国，为了让读者能够熟悉算表的结构和使用方法，该书还在弦表之前，对其编排方式和用法做了详细介绍。其内容如下：

> 后列横表每二副，总作一副。观而置右副居上，左幅居下，相联定算，首层所排〇、一、二、三顺行至八十九，皆正弧度，末层所列自八十九逆数至一、〇皆余弧度，相交对其每幅，右行所顺列自〇、一、二、三以至六十为正弧度之细分，左行所倒列自六十至三、二、一、〇为余弧度之细分，亦相交对其中间，自第二层至三十一层所列，皆本度本分之弦也。①

中国传统的数学和天文算表一般很少在表前给出专门的解释性文字，这份弦表由于译自西方著作，其排列方式和用法也都符合西方的习惯，所以为了更清楚地介绍该表，对其编排结构逐一做了说明。文中还使用了之前中国传统算表中较少使用的“副”“层”和“行”等术语，其中“副”大致相当于一页，即表的每部分都由上下两副组成，右副居上，为 0—30 分即各度前 30 分的数据，左副居下，为后半部分的数据。“层”表示算表的各个横行，该表每副共

---

① 利玛窦、李之藻：《同文算指别编》，法国国家图书馆藏抄本。

有 33 层，首层和末层分别顺行和逆行列出从 0—89 各个度数，中间的 31 层为对应的 0—30 或者 30—60 分的正弦和余弦数值（见图 2）。

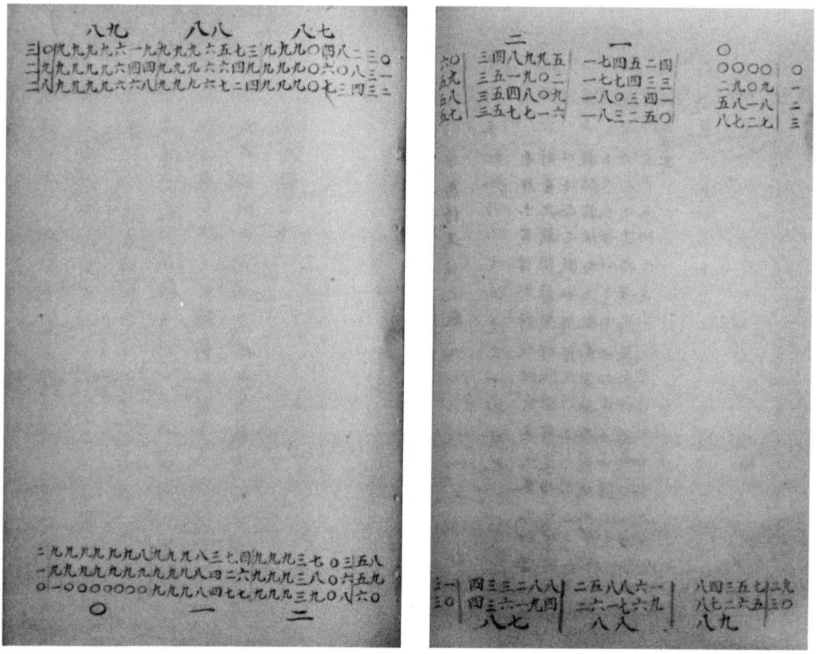

图 2　法国国家图书馆藏《同文算指别编》中的弦表

这份弦表将正弦和余弦数值置于一份表中，使其数据能够被共享以节约表格的篇幅，采用从不同方向读取的方式，可以实现分别进行正弦和余弦的读数操作，这种如今看起来司空见惯的西方表格形式，在传教士将西方算表传入中国之前却显得非常“另类”。这种利用表格数据的对称性，从两个不同方向读取表格的西方算表形式，我们称之为“旋转对称”(Rotational Symmetry)的算表结构。[①]这

① Li Liang, “Tables with ‘European’ layout in China: A case study in tabular layout transmission”, *International Journal for the History of the Exact and Natural Sciences in Islamic Civilisation*, issue 13, 2014, pp.83 - 101.

种结构对此后中国数学和天文算表产生了深远的影响，不仅在之后清代的各种算表中被广泛运用，甚至在《明史·律历志》的编修中还被用于改编《回回历法》的算表。①

该表的另一特点是使用了八位数据，以“一〇〇〇〇〇〇〇”（即一千万）为全数（即圆半径），书中提到“其径即环半径，割谓一千万分，谓全数。凡数弥析弥精，更衍之，当不止此。然析至千万见大凡矣，故名全数也”。弦表全数即半径越大，算表的位数越多，数据也就越精确，该书采用1 000万为半径，认为千万分最为常见。采用这样的全数也确实是当时西方弦表最为常用的标准之一，下文将对西方弦表的大致发展和《同文算指别编》中的八位弦表的来源做进一步分析。

三、三角函数表的发展及《别编》弦表的来源

西方的弦表起源于古希腊，不过严格意义上的现代弦表却是15世纪之后才正式出现的。古希腊数学家希帕恰斯（Hipparchus，约公元前190—前120）最早给出了计算指定圆弧所对应弦长的方法，之后经过托勒密（Claudius Ptolemy，约100—170）的发展，编算成半径为60，间隔为半度的弦表，并被收入其《至大论》（*Almagest*）第一卷中。托勒密之后的相当长时间内，弦表并没有得到重视和发展，直到德国天文学家雷乔蒙塔努斯（Iohannes Regiomontanus，又名Johannes Müller，1436—1476）于1463年左右编写了一份共计30页，半径为60 000，间

① Li Liang, “Arabic Astronomical Tables in China: Tabular Layout and its Implications for the Transmission and Use of the Huihui Lifa”, *EASTM*, no.44, 2016, pp.21－68.

隔为一角分的弦表。该表于1490年在其著作 *Tabulæ directionum profectionumque*① 中出版。为了提高精度，1465年雷乔蒙塔努斯又将弦表的半径增加至6 000 000。此外，为了计算方便，他又对弦表进行了改进，并于1468年完成了半径为10 000 000（八位）的弦表。②这也奠定了弦表的基本形式，其后的相当长时间内，西方编撰的各类弦表都直接或间接地来自雷乔蒙塔努斯。例如，德国学者阿皮安（Peter Apian, 1495—1552）在其著作 *Introductio geographica*（1533）③中就将雷乔蒙塔努斯弦表的半径简化到100 000（六位）。此外，哥白尼（Nicolaus Copernicus, 1473—1543）也在雷乔蒙塔努斯弦表的基础上出版了一本名为 *De lateribus et angulis triangulorum*（1542）的小册子，该书简要介绍了平面和球面三角的一些运用并提供了一份共计36页，间隔为一角分的八位弦表。④另外，哥白尼在其《天体运行论》（*De revolutionibus orbium coelestium*, 1543）中还给出了一份进行了简化的间隔为十角分的五位弦表。⑤

哥白尼的门徒雷蒂库斯（Georg Joachim Rheticus, 1514—1574）则将弦表的计算推向了极致；他一生中最主要的工作除了帮助哥白尼出版《天体运行论》，就是进行三角算表的编算，可以说将毕生精力都投入至算表的编算中⑥，被认为是"20世纪之前最伟大

---

① Johannes Regiomontanus, *Tabulæ directionum profectionumque*, Augsburg: Erhard Ratdolt, 1490.

② Menso Folkerts, "Regiomontanus als Mathematiker", *Centaurus*, vol. 21, issue 3-4, 1977, pp.214-245.

③ Peter Apian, *Introductio geographica*, Ingolstadt, 1533.

④ Nicolas Copernicus, *De lateribus et angulis triangulorum, tum planorum rectilineorum, tum sphaericorum, libellus eruditissimus & utilissimus*, Wittemberg: Johannes Lufft, 1542.

⑤ Nicolas Copernicus, *De revolutionibus orbium coelestium*, Nuremberg: Johannes Petreius, 1543.

⑥ 雷蒂库斯不但出版了最早的正割表，还首次使三角算表的间隔达到一角分以下。

的数学算表编算者"①。他认为当时造成观测误差的主要原因已经不再是仪器的精密与否，而是三角算表中不断累计的误差所致，于是立志编算间隔为 10 角秒，半径为十一位的弦表。然而这项工作一直到他死后，才由他的门徒瓦伦廷(Valentinus Otho, 1550—1603)继续完成，并于 1596 年出版在著作 *Opus palatinum de triangulis*② 中。雷蒂库斯甚至还试图编算一份间隔为 10 角秒，半径为十六位的弦表，这一想法在 1613 年才最终由皮提斯卡斯(Bartholomaeus Pitiscus, 1561—1613)实现。

《同文算指别编》中的八位弦表由利玛窦传入中国。由于利玛窦和徐光启、李之藻翻译的诸多西方著作，如《几何原本》《测量法义》《圜容较义》等都直接或间接地来自克拉维乌斯的著作③，且《同文算指》前编和通编中的主要内容也源自克拉维乌斯④，所以据此推断这份弦表很可能同样来自克拉维乌斯的著作。当时在西方出版有八位弦表著作的数学家屈指可数，克拉维乌斯正是其中一位，克拉维乌斯的多部著作中都有与《同文算指别编》弦表非常相似的算表(见图 3)。⑤此外，克拉维乌斯也指出他的弦表主要是在雷乔蒙塔努斯弦表的基础上修订而成的。

① Raymond Clare Archibald, "Rheticus, with special reference to his Opus Palatinum", *Mathematics of Computation*, vol.3, no.28, 1949, pp.552-561.

② Georg Joachim Rheticus and Valentinus Otho, *Opus palatinum de triangulis*, Neustadt: Matthaeus Harnisch, 1596.

③ 克拉维乌斯被利玛窦称为"丁先生"，徐光启在"刻《几何原本》序"中说："利先生从少年时，论道之暇，留意艺学，且此业在彼中所谓师传曹习者，其师丁氏，又绝代名家也。"

④ 《几何原本》《测量法义》《圜容较义》及《同文算指》前编和通编的主要内容分别来自克拉维乌斯的 *Euclidis elementorum libri XV*(1574); *Geometria practica*(1604); *In sphaeram Ioannis de Sacro Bosco commentaries*(1570); *Epitome arithmeticae practicae*(1583)。

⑤ 例如克拉维乌斯的著作：*Astrolabium*(1593); *Theodosii Tripolitae Sphaericorum libri tres*(1558); *Opera Mathematica*(1612)和 *Tabulæ Sinuum, Tangentium Et Secantium, Ad partes radij 10 000 000*(1607)。

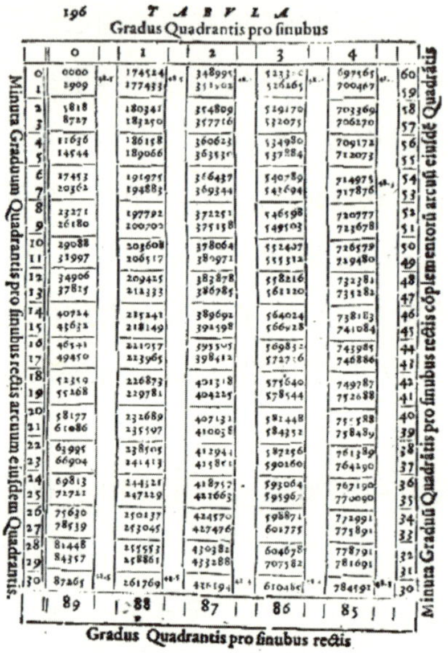

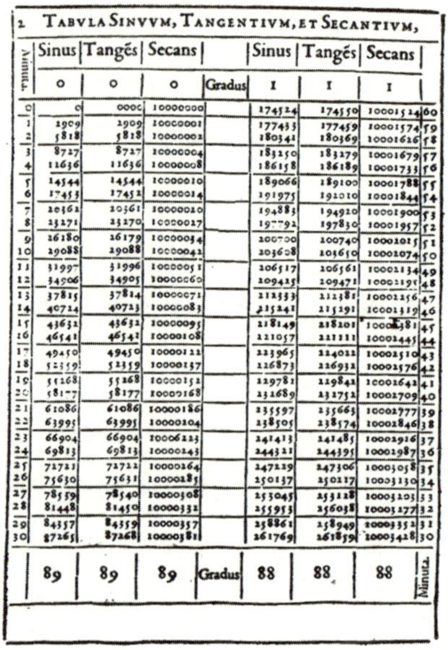

图 3　克拉维乌斯著作中的弦表①

在克拉维乌斯的介绍八位弦表的著作中，与《同文算指别编》在内容和性质上最为接近的是于 1607 年出版的一本手册，名为“*Tabulæ Sinuum, Tangentium Et Secantium, Ad partes radij 10 000 000*.”（大意为：半径为 1 000 万的正弦、正切和正割及其简要使用手册）。②该书原书包括“Typographus Ad lectorem”（序言）、“Definitiones”（定义）、“Observationes”（惯例）、“Exposition partium tabulae”（表的一些解释）、“Usus tabularum in sinibus”（正弦表的使用）和“Usus tabularum in tangentibus & secantibus”（正切和正割表的使用）。其中“Definitiones”部分简要介绍了“Chorda”（弦）、“Sinvs rectus”（正弦）、“Sinus versus”（倒弦）、“Complementum sinus versi”（倒余弦）、“Complementum arcus”（余弧）、“Sinus

① 左图源自 *Astrolabium*，右图源自 *Tabulæ Sinuum, Tangentium Et Secantium, Ad partes radij 10 000 000*。

② 该书全名为“Tabulæ Sinuum, Tangentium Et Secantium, Ad partes radij 10 000 000. & ad scrupula prima Quadrantis, Et ad earum praxin breuis introductio, ex pleniore Tractatu”。

complementi"(余弦)、"Sinus totus"(半径,即全数)、"Tangens"(正切)、"Secans"(正割)。"Exposition partium tabulae"部分则和《同文算指别编》一样介绍了表的编排结构和查表方法。

《同文算指别编》与该书不同之处在于:一方面别编中还介绍弦表在天文计算中的运用,并且给出了具体算例,另一方面别编并没有和弦表一起给出切线和割线的算表。与《同文算指》的前编和通编一样,别编部分很明显不是单一直译自克拉维乌斯的某部著作,天文计算部分的内容应该参照了其他相关著作,"假如"算例部分则根据中国京师的位置和万历年间的天象重新编算而成。

至于《同文算指别编》为何最终没有完成并正式出版,这可能与利玛窦于 1610 年去世以及出版时机的制约有关。李之藻与利玛窦于 1601 年相识①,从其学习西方天文、数学、地理等知识,因为聪颖勤奋,他很快掌握了这些新知识。利玛窦在其札记中也提到"他(李之藻)掌握了丁先生(Father Clavius)所写的几何学教科书的大部分内容"②。不久后两人以"耳受手书"的方式③合作完成了《浑盖通宪图说》④(1607)和《圜容较义》(1608)两书⑤,随后两人便又开始了《同文算指》的编译。李之藻在《同文算指》序中也提到"往游金台,遇西儒利玛窦先生",利玛窦与其"精言天道,旁及算指",李之藻因"喜其便于日用",随即决定翻译此书。与此同时利玛窦也不断写

---

① 李之藻于 1601 年,在利玛窦留居北京不久,便去拜访,他曾在《职方外纪序》中提到:"万历辛丑(1601),利氏来者,余捉寮友数辈前之。"参见徐宗泽编著:《明清间耶稣会士译著提要》,第 312 页。

② 利玛窦、金尼阁著,何高济等译:《利玛窦中国札记》,第 433 页。

③ 李之藻在《浑盖通宪图说自序》中记载:"昔从京师识利先生,欧罗巴人也,示我平仪。……得未曾有,耳受手书,颇亦镜其大凡。"

④ 《浑盖通宪图说》于 1605 年开始编译,1607 年刻印出版。

⑤ 利玛窦在 1608 年 8 月 2 日给罗马耶稣会总会长阿桂委瓦神父的信中提到"跟我学习数学已经好久了,今年再印刷《浑盖通宪图说》,是我恩师丁先生神父的 *Astrolabio* 的节译本,由我口授而他笔录","现在他已回到北京,准备印刷丁先生恩师的《同文算指》(*Arithmetica Practica*)及《论钟表》(*De Horologiis*)两书"。参见利玛窦著,罗渔译:《利玛窦书信集》,台湾光启出版社,1986 年,第 366 页。

信要求罗马教廷给他寄送最新的数学书籍。1610 年初，李之藻在北京病倒，利玛窦在他生病期间悉心照顾，李之藻受其感召，最终受洗成为天主教徒。然而，也就在这一年五月，利玛窦过世。《同文算指》在利玛窦再世时未能出版，而自 1611 年开始，李之藻也因其父去世而回家乡守丧，出版事宜只能一再拖延。

此外，由于别编的内容只有“截圜弦算”一节，而且前面介绍的平面三角学知识，与后面实际使用的球面三角学知识在体例和内容上也不完全一致，属于尚未完成的著作，所以可能在利玛窦去世后，李之藻难以独自继续完成该书，最终只留下这部“半成品”著作。

四、三角函数表在中国的引入和会通

公元 6 世纪时，印度的一些天文学和数学书籍随着佛经一起传入中国，其中就包括印度弧度度量法及球面三角法等。《开元占经》(718)中的《九执历》就记载有一份当时传入的正弦表。[①]此外天文学家僧一行(683—727)在他编修的《大衍历》(724)中也构造有一张晷影差分表，被认为是最早的正切函数表。[②]不过这些著作虽然将类似于三角学的计算表格化，但这些表格并不算严格意义上的三角函数表，并且未能引起中国数学家和天文学家的重视，也没有对后来的数学发展产生显著的影响。

真正意义上的三角学知识及其算表，是自明末以后通过耶稣会士传入中国的，这对中国天文学和数学此后的发展产生了长远的影

① 田淼：《西方数学知识在中国的传播——中国数学家对三角函数概念及公式的研究》，田淼：《中国数学的西化历程》，山东教育出版社，2005 年，第 278—325 页。

② 刘金沂、赵澄秋：《唐代一行编成世界上最早的正切函数表》，《自然科学史研究》1986 年第 4 期。

响。据李俨统计，自三角学被引入中国至19世纪末，中国共出版了102部三角学著作，其中关于平面三角学的有39部，球面三角学37部，三角函数表26种。①

《同文算指别编》是最早将弦表及其在天文学上的使用介绍到中国的著作，但是由于该书最终并未完成以及出版，所以在当时的影响比较有限。中国最早出版的三角学的著作主要有邓玉函(Johann Schreck, 1576—1630)的《大测》《割圆八线表》和罗雅谷(Giacomo Rho, 1593—1638)的《测量全义》，这些著作都完成于1631年左右，属于《崇祯历书》的一部分。②与《同文算指别编》只注重实用性不同，《大测》从表原、表法、表用等多方面系统地介绍了三角学的相关知识，并指出中国传统勾股术的不足，如“遇斜角则勾股穷矣”以及“测天而圜面曲线非勾股所能得也”。③对于在天文学中较多使用的球面三角学知识则在《测量全义》的卷七至卷九中也有详细介绍。此外，《割圆八线表》的“表外用法八条”中也强调了三角函数表在球面计算和天文推算上的优势，如“球面上大小圈，最难得其比例，因此诸线，可相比相准，不失分秒”，以及“地平上用此诸线，可定诸方相距之里差，可定太阳出入时刻，可定昼夜长短时刻”，这些在天文学上的运用也和《同文算指别编》中要解决各类问题一致。

三角函数表传入中国后，受到了普遍的重视。清代学者安清翘(1756—1829)曾指出“古句股弧矢之术，于理已尽，于法亦无不足，所少者未曾立表耳”④，认为中国古代虽然有勾股和弧矢割圆等术，但遗憾的是未能像西方那样发展出相应的三角函数表。徐光启也强调过三角函数表在天文计算中的重要性，并将其命名为“大测表”

---

① 李俨：《三角术和三角函数表的东来》，李俨：《中算史论丛》第三集，科学出版社，1955年，第191页。

② 崇祯四年(1631)正月二十八日徐光启在第一次进呈的书中正式提交了《大测》二卷、《割圆八线表》六卷和《通率表》二卷等。《测量全义》十卷则属于崇祯四年八月初一日第二次进呈的书目之一。

③ 徐光启：《崇祯历书·大测》，韩国首尔大学奎章阁图书馆藏明刊本。

④ 安清翘：《一线表用》卷一，中国科学院自然科学史研究所藏。

（又称“八线表”），他认为，“其数之多，其用之广，于测量百法中皆为第一，故名大测”[1]。此外徐光启还指出：“定割圆之数，当作割圆线之立成表，一名三角形表，一名度数表，今名大测表，大测表不过一象限，然既确识东西之经度，即以西洋所定测算立成，举而按之，用力省而获便多矣。”[2]

《崇祯历书》中保留有两份早期的三角函数表，一份为《割圆八线表》中记载的间隔为一角分的六位算表，另一份为《测量全义》卷三中记载的“割圆八线小表”（间隔为十五角分的五位算表）。这里的“小表”是相对“大表”和“中表”而言的[3]，其区别在于“大表之全数或八位或九位、十位，今小表止全数六位，以便推算”[4]。

据《治历缘起》记载，崇祯三年（1630）时已完成“书表稿草一十九卷”，其中就包括《测圆八线立成长表》四卷和《通率立成表》一卷等。不过，崇祯四年正式进呈的包括《割圆八线表》六卷和《通率表》二卷。[5]而《崇祯历书》现存《割圆八线表》却只有一卷，可见当时编算的长表等最终都并未被刊刻。长表之所以未被刊刻，应该是徐光启认为六位小表已经足以应付平常的使用，并且能够“以便推算”。

另据徐光启《学历小辨》记载，最初编修《大测》时“有《立成》，有《通率》，都为一十六卷，八十余万言”[6]，可见其内容之多，工作量之巨大。《大测》文中也提到虽然使用算表可以“不劳余力，不费晷刻”，但是同时“为之者劳，用之者逸”。[7]徐光启在其奏疏中也提到立成诸表的编算“此则今之愈繁，乃后之愈简，以臣等之甚难，开诸臣之甚易，何足畏哉？”[8]表明这些算表的编算虽然是艰巨的工作，但编成后可以一劳永逸，使用极为便捷。

---

①④ 徐光启：《崇祯历书·割圆八线表》，韩国首尔大学奎章阁图书馆藏明刊本。

②⑤⑧ 徐光启：《崇祯历书·治历缘起》，美国哥伦比亚大学藏明刊本。

③ 如《治历缘起》曾提到《黄道升度立成中表》四卷，今已不得见。

⑥ 徐光启：《学历小辨》，日本国立公文书馆藏本。

⑦ 徐光启：《崇祯历书·大测》，韩国首尔大学奎章阁图书馆藏明刊本。

三角八线表在历法推算中“推步展卷即得”的特点，使得它不仅得到历局的追捧，甚至一些反对西法的传统历算家也不排斥它作为一种计算工具来使用。例如，徐光启曾指责魏文魁“尤用周三径一，开方求矢之法”，魏文魁却答复“弧矢割圆三乘之误，贵局定有良见著为书，何如使魏收入《历元》以传后世?”可见，即便魏文魁这样保守派也希望徐光启将其弧矢推算之法公之于世。当然作为西法推算的有力工具，徐光启自然不愿将其分享，只是略带嘲讽地回应他，“老而好学，诚往昔之美谈。然求人之术，乃当以排抵为羔雁耶?”并指出历局的算表多达八十余万言，如果“以入《历元》得无本末不相称耶? 此书为用甚大，故名《大测》，自当孤行于世，待知者用之”①。

三角八线表的使用，大大促进了明末历法改革的进程和《崇祯历书》的编修工作，如崇祯二年(1629)徐光启在改历之初就提到“如旧用测圆术，求距度一率，即须展转乘除，穷日之力，而臣等翻译原文二万一千六百率，又改从大统加减演算为三万六千率，用之，推步展卷即得”。他在《学历小辨》中也提到：“新法立成其种以百计，一种之率大者以万计，傥用其旧术，当聚数十人推算二三百年乃可竣事，将何以应诏称任使乎?”②所以在徐光启看来，倘若使用传统的弧矢割圆的方法进行推算，动辄上万格的篇幅，是几乎无法在短期内完成的。

不过从前文提到的“臣等翻译原文二万一千六百率，又改从大统加减演算为三万六千率，用之”③，也反映了徐光启等人最初编算这些算表时，先是翻译和计算西法的三角八线表，然后又将六十进制重新换算为百进制，以符合传统的使用习惯。这也就解释了前文所提《通率表》的用途，徐光启曾提到“《通率表》二卷，属会通”，其作

---

①② 徐光启:《学历小辨》，日本国立公文书馆藏本。

③ “二万一千六百率”，即三百六十度，每度六十分;“三万六千率”则为三百六十度，每度一百分。

用之一就是实现中国传统的“日度”和新法“天度”之间的转换（见图 4）①，如《割圆八线表》提到“有天度三百六十五度四分之一弧，求其各直线，先以天度通为平度三百六十度，用通率表，次依前法求之”②。

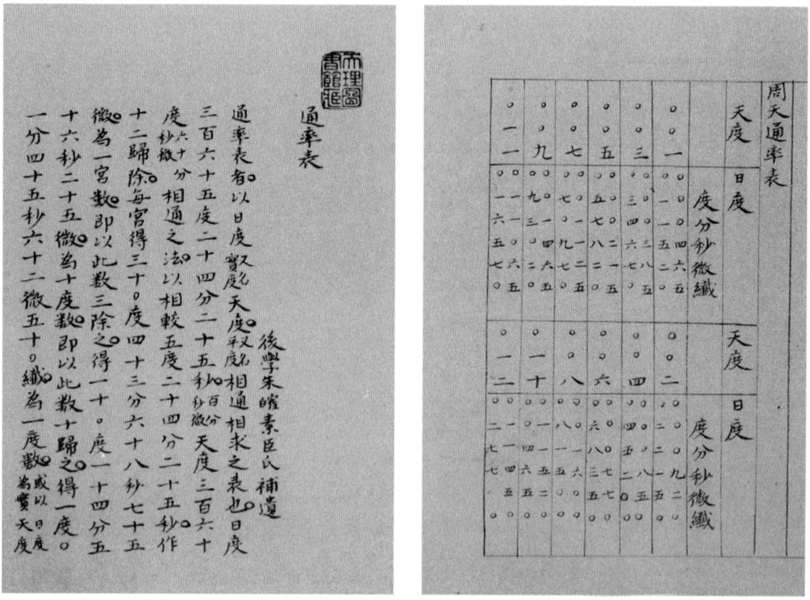
通率表

後學朱㬨素臣氏補遺

通率表者。以日度又名實度、天度又名平度。相通相求之表也。日度三百六十五度二十四分二十五秒百分秒微。天度三百六十度六十分秒微。相通之法。以相較五度二十四分二十五秒。作十二歸除。每宮得三十。度四十三分六十八秒七十五微。為一宮數。即以此數三除之。得一十。度一十四分五十六秒二十五微。為十度數。即以此數十歸之。得一度。一分四十五秒六十二微五十。纖為一度數。或以日度為實天度

图 4　日本天理大学藏《崇祯历书・通率表》朱㬨补遗抄本

从《崇祯历书》最终的出版情况看，其三角八线表还是放弃了传统的百进制，而全盘接受西法的六十进制。一方面可能是因为这样的转换工作无疑加大了推算的工作量，本身使用也不便。另一方面可能也是徐光启等人在修历中意识到“会通”的难处，勾股和以三角为基础的割圆八线不可相容，如祝平一就认为放弃周天度，而统一

① 《通率表》在《崇祯历书》中未正式刊刻，在日本现存多件朱㬨补遗抄本，如天理大学图书馆、东北大学图书馆、岛根大学图书馆等藏。其卷首记载：“通率表者，以日度又名实度；天度又名平度，相通相求之表也。日度三百六十五度二十四分二十五秒百分秒微，天度三百六十度六十分秒微，相通之法。”另外，此处概念或有调整，下文《割圆八线表》中天度为三百六十五度四分之一，平度为三百六十度。

② 徐光启：《崇祯历书・割圆八线表》，韩国首尔大学奎章阁图书馆藏明刊本。

使用平度三百六十度正是历局策略调整之一，这样会使以往《大统历》所使用的各类立成表形同废物，以迫使中法的支持者放弃中法，从而接受西法。①

其实，关于三角函数表到底采用六十进制还是百进制，到了清代还一直存在争议。例如薛凤祚（1599—1680）在其《天学会通》中就编撰了百进制的三角函数，他认为："今有较正会通之役，复患中法太脱略，而旧法又以六成十不能相入，乃取而通之，自诸书以及八线皆取六数通以十数。"②梅文鼎（1633—1721）对其评价为"是书亦称其以西法六十分通为百分，从授时之法，实为便用"③，可见梅文鼎对该书使用与《授时历》相同的百进制，而非西方的六十进制，以符合传统习惯，给予了充分肯定。④不过，江永（1681—1762）对此却提出了不同的看法，他指出"薛仪甫（即薛凤祚）著《天学会通》改六十分为百分，则当先改八线表，而余诸表皆不可用，亦觉更张多事"⑤，认为薛凤祚虽然将三角函数表转为百进制，这却给其他各种六十进制表的使用带来了极大的不便，明显是多此一举。

结　语

《同文算指别编》是最早将弦表和西方三角学知识传入中国的著作，全书内容虽然只有"截圜弦算"一节，但较为全面地介绍了"弦""弧"和"全数"等概念，以及"弧"和"弦"之间的六种用法。另外，书中还通过实例介绍了如何通过弦表进行天文学上的球面三角

① 祝平一：《三角函数表与明末的中西历法之争——科学的物质文化试探》（上）、（下），《大陆杂志》1999 年第 5—6 期。

②③ 薛凤祚：《天学会通》，文渊阁四库全书本。

④ 李亮、石云里：《薛凤祚西洋历学对黄宗羲的影响》，《中西文化会通的先驱（全国首届薛凤祚学术思想研讨会论文集）》，2011 年。

⑤ 江永：《数学》卷一，《丛书集成初编》本。

计算，是一本极具实用性和操作性的三角学手册。不过，由于别编属于尚未完成的著作，前面介绍的平面三角学知识与后面实际使用的球面三角学知识在体例和内容上有所脱节，该书最终也并未出版，在当时的影响比较有限。

别编中的弦表应该源自克拉维乌斯的著作，在克拉维乌斯的多种著作中皆有十分类似的表格，尤其是 1607 年出版的小册子 *Tabulæ Sinuum, Tangentium Et Secantium, Ad partes radij 10 000 000*，与别编的弦表和前半部分内容比较一致。别编后半部分的天文学实例，则是在其他相关著作的基础上，重新整理编纂而成的，书中地理纬度采用“京师北极出地四十度”，时间采用“万历庚子”(1600)，也说明该书并非完全直译自西方著作，而是因地制宜地做了适当改编。

崇祯改历期间，随着《崇祯历书》的纂修，西方的三角学知识通过《大测》《割圆八线表》和《测量全义》等书系统地传入中国。三角八线表的引入和使用，也在很大程度上促进了历法改革的进程，许多天文算表得以借此迅速地编算完成。在改历之初，为了符合中国传统百进制的习惯，历局曾计划在翻译完成的西方六十进制算表的基础上，另制一份百进制算表，两种不同进制的算表，可以使用《通率表》进行相互转换计算。或许是因为工作量过大，以及使用上的不便，这一计划最终被放弃。此外，也不排除这是历局采用的策略，希望以此迫使中法的支持者接受西法。入清之后，关于算表进制的争论仍旧在延续，也反映了三角函数表的传入和会通，经历了一个较长和曲折的过程。

明清节气注历的转变

中国科学院大学　王广超

中国古代历法为阴阳合历，即把朔望月和基于太阳年而划分的节气结合起来考虑历日安排。自汉代至清代，历日安排经历了两次重要转变。第一次发生在隋唐之际：此前采用“平朔平气”①法，唐初改平朔为定朔，根据月亮实际运行周期推算朔望月。唐代至明末以定朔、平气注历。②第二次在明清之际：改平气注历为定气注历，即根据日躔行度安排节气。实际上，早在北齐时(550—577)，张子信即已发现“日行在春分后则迟，秋分后则速”这一规律。自隋代刘焯

---

① 所谓平气、平朔，指朔望月与节气时长固定，取大月为30日，小月29日，大小月交叉安排，平均一个月大概29.5日。可以通过连排大小月的方法使计算值逼近实际值。节气也是固定的，将回归年长度等分二十四份，每一份为一个节气。如东汉四分历，朔望月为 $29\frac{499}{940}$，而节气长度为 $365\frac{1}{4}\div 24=15\frac{7}{32}$。这样，每积累32—33个阴历月出现一次无中气月，为使中气相对固定于某月，此月置闰。每经过一次闰月后，下月中气会落在月初(偶有落在初二日)，以后每个月中气日期逐步向前推进，历经上旬、中旬、下旬，最后在下一次闰月前的月份内落在月尾。这是由于每次更换一个中气比上一次多积累一个闰分造成的。

② 所谓定朔，是根据日、月同经的实际时刻确定某月的初日。由于月亮沿白道不均匀运动，按实际同经时刻确定朔日会导致在历谱中出现几个月连大或连小的情况。这在隋唐之际曾引起很大的争议，一度废止定朔法注历。后来李淳风提出“进朔法”，使四大三小情况不再发生，定朔法再度被采用。使用定朔平气注历对传统无中气置闰规则影响不大，其原因在于前后两个中气交气时刻距离约近30.5天，而一个最大的“实朔望月”也不超过30天，故此非闰月这个月，均含有一个中气。而又由于月亮在天球上的视运动迟速不匀，直接反映在近点月上，在近地点两侧轨道半周范围内运行快，远地点半周运行慢，这种迟速以日为单位，经27日，所产生的积累量，在一个平近点月中自行抵消。故此，仍然积累32—33个历法月造成一个无中气月。关于隋唐之际定朔争议，可参见陈美东：《中国科学技术史·天文学卷》，科学出版社，2003年，第345—346页。

(544—610)的《皇极历》之后,各历多列有包含一年之中太阳不均匀视运动的日躔表。而在定朔、交食的计算中,唐初历法即已应用定气作为太阳改正,但是注历依然采用平气。①陈展云在《旧历改用定气后在置闰上出现的问题》一文中详细地分析了清历采用定气法后在置闰方法上的转变,指出采用"定气"注历,会出现两种无中气的情况,一种为"跨限"所致,一种为"累月"所致,清历对跨限所致的无中气之月不置闰,仅当累至一定月份后出现的无中气月才置闰。②可见,采用定气注历会使置闰计算变得复杂。从编算历日的目的是为敬授民时这一角度来说,采用平气注历更为可行,而定气注历并不必要。于是,就产生了如下的问题:何以传教士天文学家要改平气注历为定气注历?定气注历又何以最终得到朝廷的认可?黄一农在《从汤若望所编民历试析清初中欧文化的冲突与妥协》一文中列举了清初所编民历与传统历法不同的几项,其中包括定气注历。③此文的讨论仅限于清初时段,且着力于中西文化冲突的背景中汤若望(1592—1666)在历日安排上所做的变革与妥协,对节气注历这一转变的历史脉络及其影响未做深入分析。本文试图从明清之际的社会、政治、文化背景出发,分析当时节气注历转变的始末及清初历算家对此转变的反应,希望从节气注历的转变方面理解明清之际西方天文学传入对岁次历书的影响。

一、明末改历中的定气注历

定气注历要追溯到明末改历。明代历法自明初确立后,一直没

① 如唐初行用的《麟德甲子元历》云:"凡推日月度及推发敛,皆依定气推之,若注历,依恒气日。"参见刘昫等:《旧唐书》,中华书局,1975年,第1184页。

② 陈展云:《旧历改用定气后在置闰上出现的问题》,《自然科学史研究》1986年第1期。

③ 黄一农:《从汤若望所编民历试析清初中欧文化的冲突与妥协》,(新竹)《清华学报》1996年第2期。

有改进。钦天监官员基本上根据现成的立成表推算天象，不太关注历理的探究，致使明末历法严重失准。一些不满历法现状的士人，建议朝廷改历。而当时正值传教士来华传教屡受挫折之际，他们最终确定了通过改历而获得朝廷认可从而实现传教目的的策略。崇祯二年(1629)五月发生一次日食，传统历法再次失准，而徐光启(1562—1633)等按照西法的推算得以应验，证明西法优于中法。于是礼部奏请开局修历，乃以徐光启督修历法，是年十一月六日成立历局，开始翻译西法。历局的主要工作包括制器、测验、演算、翻译、制历等，自崇祯二年迄七年(1629—1634)，先后进呈历书五批，共计137卷。其中的前三批是徐光启生前就已完成，并大都亲润色审改的，而后二批是徐氏生前已做安排或已开展工作，继由李天经(1579—1659)完成的。其中的《日躔历指》和《日躔表》与节气推步相关。①

新法根据日行位置计算节气，以冬至点为起点将黄道均分为十二份，每一份为一宫，规定：太阳交宫时刻为中气，交宫中点为节气。节气时刻的计算大体分为三步：先求天正冬至时刻，然后求本年节气日率，进而以节气日率逐一加天正冬至日干支及时刻，求出每一个节气的干支及时刻。而天正冬至时刻和节气日率的计算均以入宫和入宫中点为依据。从推步技术来看，新法节气时刻的推算比传统大统历法更为科学，主要体现在如下两点：一、传统历法日躔盈缩限固定在冬至点，而新法则认为盈缩限即远地点是移动的，并将这一变量纳入到了均数(加减差)的计算之中；②二、与传统历法相比，新法节气推步加入了地半径差、蒙气差修正。③

---

① 本文使用了《中国科学技术典籍通汇》和《故宫珍本丛刊》两个版本的《西洋新法历书》，《中国科学技术典籍通汇》版中收入的奏疏较全，而未收入《日躔表》，《故宫珍本丛刊》版有《日躔表》部分。

② 《日躔表》收有《太阳平行永表》，其中有太阳远地点变动数据，远地点随时间逐渐偏离冬至点，一年移动45分。

③ 徐光启等纂修，汤若望修订：《西洋新法历书·第四册》，故宫博物院编：《故宫珍本丛刊》第386册“天文算法”，海南出版社，2000年，第60—67页。

在历书翻译即将完成之际，李天经将监局官生推算的甲戌、乙亥日躔细行表与其他编译历书一并进呈，并指出其中的节气推算与大统旧法不同。[①]实际上，李天经在“崇祯七年闰八月十八日题本”中就已指出旧法推算崇祯八年八月秋分有误，认为旧法不明太阳盈缩加减之理，因此导致冬、夏二至的推算有几刻的差误，而推算其他的节气则有一二日之差。[②]

不过，就节气问题，真正引起崇祯帝注意的是关于崇祯九年雨水日期时刻的推算。李天经在崇祯八年四月进呈的“丙子年（崇祯九年）新历”中的雨水节气时刻与旧法所推相差两日。[③]此一变动引起一些维护旧法的士人的批驳，崇祯帝命李天经详细奏禀，在奏疏中李氏论道：

> 盖论节气有二法：一为平节气，一为定节气。平节气者，以三百六十五日二四二五为岁实，而以二十四平分之计日定率，每得一十五日二千一百八十四分三十七秒五十微为一节气。故从岁前冬至起算，必越六十日八十七刻有奇而始历雨水。旧法所推十五日子正二刻者此也，日度之节气也。定节气者，以三百六十为周天度，而亦以二十四平分之，因天立差，每得一十五度为一节气。故从岁前冬至起算，考定太阳所躔宿次止，须五十九日二十刻有奇而已满六十度，新法所推十三日卯初二刻零八分雨水者此也，天度之节气也。[④]

可见，“日度”与“天度”这些概念成为李天经重新界定节气合理

---

① 徐光启等纂修，汤若望修订：《西洋新法历书》，薄树人主编：《中国科学技术典籍通汇·天文学卷（八）》，大象出版社，1993年，第728页。

② 徐光启等纂修，汤若望修订：《西洋新法历书》，薄树人主编：《中国科学技术典籍通汇·天文学卷（八）》，第718—719页。

③④ 徐光启等纂修，汤若望修订：《西洋新法历书》，薄树人主编：《中国科学技术典籍通汇·天文学卷（八）》，第757页。

性的概念工具，传统平节气依日度而定，计日定率，而新法则依天度而定，因天立差。由于太阳之行有盈缩，日日不等，故此李氏主张不应拘泥于气策以平分岁实，而应根据日行位置计算节气。

李天经主要以新法“合天”为理由论证定气注历的合理性，春、秋分的推算是他论证的突破点。传统岁次历书中，昼夜长度一般分注于重要节气之下。①由于旧法采用平气算历，而依据所算太阳实际位置计算昼夜漏刻，故此往往在春分前二日、秋分后二日注昼夜平分五十刻。②李氏提出这一安排存在矛盾。不但如此，李天经还组织实际测算春、秋分太阳高度为新法辩护，并进而将新法推算春秋分之合理性推广到其他节气。③

其实，对新法来说，改平气注历为定气注历势必会影响传统的置闰规则，而这是维护传统历法的士人难以接受的。如新旧法在推算崇祯十四年的节气以及九月十四日丁亥日食两方面存在差异，钦天监监正张守登等会同监局官生登台测候日食，证明测候与新法推算一一吻合。但关于节气及置闰问题，张守登说道：

> 谨按郭守敬之法所推太阳行度，春分亦开在本年二月初十日，正值昼夜平分之日。职等公随礼部提督黄家瑞、并在局官生测得赤道平分亦与新法相同，历法所注可考也。惟于十二日为春分者，按大统立法冬至日行盈积八十八日有奇，当春分前三日交在赤道，实行一象限而适平。夏至日行缩，积九十三日

---

① 《崇祯十二年岁次己卯大统历》冬至日历注如下：“（十一月）二十八日辛巳冬至，十一月中，日出辰初初刻，日入申正四刻，昼四十一刻，夜五十九刻。”国家图书馆古籍影印室编：《明代大统历日汇编》第六册，北京图书馆出版社，2007年，第58页。

② 如《崇祯十二年岁次己卯大统历》春分日为二月十九日丁未，却在十六日甲辰注“昼五十刻，夜五十刻”（第40页）。八月二十四日己酉秋分，却在二十七日壬子注“昼五十刻，夜五十刻”（第52页）。

③ 徐光启等纂修，汤若望修订：《西洋新法历书》，薄树人主编：《中国科学技术典籍通汇·天文学卷（八）》，第757—758页。

> 有奇,当秋分后三日交在赤道,实行一象限而复平正。气盈朔虚积余生闰之法,所以与新法不同。若以太阳十五度为一气,则无积余之数,无积余凭何生闰。新法所谓庚辰岁闰四月正坐此也。臣等再四虚心考正,不敢偏执,犹不敢不求至当以仰副圣明。①

可见,张守登提出郭守敬法并非不知日行之盈缩,按其日行盈缩法推春分与新法相同。只是旧法用平气注历,故此实际日行往往春分前三日、秋分后三日适交在赤道。在张守登看来,之所以用平气,是为能够产生闰余,从而进行置闰。而新法以十五度为一气,无闰余,故不能置闰。了解中国古代历法发展史的都知道,置闰的目的是为消除闰余,使十二中气与阴历月相对应,张守登此论有本末倒置之嫌。

事实上,采用定气也会产生闰余,而为使中气相对固定,也需要置闰。在"十五年新历"疏中,李天经就次年十月与十二月是否置闰的问题进行了详细讨论,从中可见新法置闰规则:

> 臣谨按本局所推新法诸历,悉依天度起算,其节气交宫与夫伏见行度等项,皆在天真正之实行度也。所有置闰之法,首论合朔后先,次论月无中气。除十三年臣局依天度所推本年四月有闰,已蒙圣明洞鉴。新法合天,众心允服矣。兹臣恭进十五年新历,而十月与十二月中气适交次月合朔时刻之前,所以两月间虽无中气,而又不该有闰。盖新法置闰,专以合朔为主。若中气适在合朔时刻前者,是中气尚属前月之晦,则无闰。若在合朔日时后者,则前月当有闰,而无疑也。今臣等预察得崇祯十六年正月后有闰,因正月后止有惊蛰一节,而春分中气在

① 徐光启等纂修,汤若望修订:《西洋新法历书》,薄树人主编:《中国科学技术典籍通汇·天文学卷(八)》,第 842 页。

次月合朔之后，是十六年当闰正月，而无疑矣。①

文中提到的“前月之晦”，指的是前月朔望月之晦，而非历法月末日。因为历法一般以合朔所在日为初一日，而历法月只截取整日数，和它同月相应的朔望月的尾数会转入下月初一日。李天经主张推算闰月应以日月实际行度而非历法月为准。这就是李氏所谓的新法“悉依天度起算”。上文论述了新旧法推闰的区别：传统历法采取定朔平气法注历，置闰取“无中气置闰”法，即积累 32—33 个月后出现无中气月，此月置闰；而按照新法定气安排历日，会出现两种无中气的情况：一种是跨限所致无中气，另外为累月所致无中气，按李天经所述，前者不置闰，而后者置闰。

可以看出，采用定气注历会使历日推算变得更为复杂。事实上，从编算历日的目的是为敬授民时这一角度来说，传统的以平气注历而用定气计算日月食更为可行，定气注历并没有必要。传教士天文学家之所以改用定气法注历主要出于传教上的考虑。因为若采用新法定气注历，计算难度无疑会增加许多，原钦天监官员将不能胜任，故此需要长期借助传教士天文学家编算历法，这将有利于传教工作。

但是，新法正统化的历程并不顺利。自修历之始，历局就陷入与保守派士人的纷争。尤其在李天经接替徐光启掌管历局以后，历局与东局之间的纷争尤为激烈。而在东局解散后，钦天监官员与历局之间的矛盾日益加深。②正因此，在译书完结近四年后，于崇祯十一年，皇帝下诏：“仍行大统历，如交食经纬、晦朔弦望，因年远有差者，旁求参考新法与回回科并存。”③这可以说是自李天经掌管历局

① 徐光启等纂修，汤若望修订：《西洋新法历书》，薄树人主编：《中国科学技术典籍通汇·天文学卷(八)》，第 847 页。

② 石云里：《崇祯改历过程中的中西之争》，《传统文化与现代化》1996 年第 3 期。

③ 张廷玉等：《明史》，中华书局，1974 年，第 543 页。

事务以来为西法争取合法地位过程中的一个重要的突破。但诏书中未提及节气时刻参考新法，由此推断，节气推算仍是维护旧法的官员与传教士天文学家之间的一个主要分歧。另外一个重要的进展发生在崇祯十五年十二月，皇帝下旨："另立新法一科，专门教习，严加申斥，俟测验大定，徐商更改。"①可见，此时崇祯帝已下定决心启用新法。最终，于崇祯十六年八月，崇祯帝下诏，改西法为大统历法，通行天下。但不久国变，新法未在崇祯朝施行。

新法之所以最终得到崇祯帝认可，除李天经等宣扬的新法"合天"这一表面原因之外，另一个重要原因是以传统方法步算的钦天监官生在历算方面的无能。这种无能不仅体现在计算日月食的失准方面，还体现在论证平气注历的合理性方面。如上文提到的张守登有关置闰的论证就是例证。正是因此，他们只能按照传教士天文学家设置的种种规则测验中西法的优劣。相比较之下，清初历算家对新法定气注历的批判更加恰当，详见下文。

尽管新法未在崇祯朝得以施行，但其积累的影响却并未因旧朝的崩溃而消散。新朝廷建立之初，在汤若望等的努力下，新法迅速得以颁行。但新法正统化的进程并不顺利，在接下来发生的中西历争中被传统历法取代，后来在南怀仁（Ferdinand Verbiest，1623—1688）的努力下才得以重新采用。由于其关系深远，定气注历成为双方争论的一个焦点。

二、清初中西历争中的定气注历

顺治元年五月，顺治帝入主北京。原钦天监官员将加紧推算的新朝顺治二年历本进呈给朝廷，摄政王多尔衮询问他们依据何法推

① 徐光启等纂修，汤若望修订：《西洋新法历书》，薄树人主编：《中国科学技术典籍通汇·天文学卷（八）》，第 846 页。

算，答称照旧法。多尔衮说旧法舛误颇多，悉闻新设历局中，西士汤若望之法颇合天象，允宜用此新法，于是传汤若望来朝。汤若望将他们所推新法历本进呈，多尔衮于是命将新旧法历本互与磨勘。汤若望指出旧法历本大谬七条，而监官于新法历本则无谬可指，只是说："臣等所学之法俱系前贤所传，不忍舍列代成典，改就外国新法。"随后，亲王传旨："西洋新法，推算精密，见今造历，准悉依此法，着汤若望、龙华民等测验天象，随时奏闻。"[①]

于是，汤若望率同历局供事官生殚竭心力，于顺治元年七月十四日完成新历的推算，十九日装潢完成，二十日恭进新法民历式样。在二十日奏疏中，汤若望着重强调新法依据太阳入宫度数推算节气，可据此推算不同地区太阳出入方位及昼夜时刻等项。最终，新历样本得到顺治帝的肯定。支持旧法的钦天监官员在新历行将就绪之际，进行了最后的努力，与汤若望共赴礼部"共对历法新旧之异"。在将对手所撰大统历书详加推敲后，汤若望于七月二十五日上疏列举依旧法推算历书中五处自相矛盾之处，其中前四项即围绕节气推算展开。[②]随后八月份发生的一次日食客观上为新法最终获得颁行帮了很大的忙，依据新法推算与实测再次密合，皇帝下旨行用新法。[③]《顺治二年岁次乙酉时宪历》即依据新法推算，颁行天下。

新法之所以在短短几个月的时间里得以正统化，笔者认为有如下三个原因：第一，当时正处在政权更迭时期，新统治者的异族身份相比之下更容易采用外国新法；第二，不容忽视的是新法在明末改历过程中已经积累了相当大的影响，正是因此才有多尔衮在原钦天监官员进呈历本时询问汤若望之法；第三，明末汤若望等传教士天

---

① 黄伯禄：《正教奉褒》，韩琦、吴旻校注：《熙朝崇正集 熙朝定案（外三种）》，第 279 页。

② 徐光启等纂修，汤若望修订：《西洋新法历书》，薄树人主编：《中国科学技术典籍通汇·天文学卷（八）》，第 868—869 页。

③ 黄伯禄：《正教奉褒》，韩琦、吴旻校注：《熙朝崇正集 熙朝定案（外三种）》，第 280 页。

文学家培养了一批精通新法的历算人才，正是这些人在短短的两个月中帮汤若望推算出历样，而他们后来在钦天监中被委以重任。

当然，汤若望首先需要做的是裁汰原钦天监历官。这一意图通过顺治元年八月二十二日礼部对监、局天文官生的考试得以实现。①进而，汤若望将自己培养的亲信安插进钦天监。十二月初九日，内院命重整后的钦天监速将其编制的职衔造册送呈。②顺治二年二月，内院参考汤若望送呈的职衔名册，议定钦天监编制。该监最高主管官员为修正历法掌管印务一员，下领监正、监副、主簿各一员，并设历科、天文科、漏刻科三个单位，原回回科含所属官生尽遭裁汰。③笔者将《治历缘起》中参与修历的监局官生和由屈春海整理的《清初钦天监时宪科职官年表》④对比发现，除汤若望掌管钦天监事务外，深谙新法的朱光大、刘有庆分别被提升至管理历法以及监副的职位，原历局官生宋可成、宋发、李祖白、焦应旭、掌承、朱光显委以时宪科博士之职。

《顺治二年岁次乙酉时宪历》依新法推算，其中出现了一些与传统历书迥异的历日安排。顺治二年五月二十八日（己酉）为夏至，七月三日（壬子）为处暑。在此二月之间，夹两个月，只有一个中气，其中一个月为闰月。从其编排看，选含大暑气的月份为闰月，清末历算家汪曰桢对此进行过分析，认为“盖大暑加时在合朔加时之前，则中气尚属前月”⑤。实际上，这正是李天经所谓的“新法尤视合朔后先”的一个例子。另外，由于依据日行宫度确定节气，而太阳在冬至

① 黄一农：《汤若望与清初西历之正统化》，吴嘉丽、叶鸿洒主编：《新编中国科技史》下册，台北银禾文化事业公司，1990 年，第 465—490 页。

② 徐光启等纂修，汤若望修订：《西洋新法历书》，薄树人主编：《中国科学技术典籍通汇·天文学卷（八）》，第 897 页。

③ 徐光启等纂修，汤若望修订：《西洋新法历书》，薄树人主编：《中国科学技术典籍通汇·天文学卷（八）》，第 902 页。

④ 屈春海：《清代钦天监暨时宪科职官年表》，《中国科技史料》1997 年第 3 期。

⑤ 汪曰桢：《历代长术辑要》，《续修四库全书》第 1041 册，上海古籍出版社，2002 年，第 186 页。

点附近运行较快，致使在冬至附近容易出现一个朔望月内三个节气的情况。实际上，依新法推算的顺治三年十一月就出现了大雪、冬至、小寒等三节气。[①]还有，顺治十八年十一月份含冬至、小寒、大寒等三节气，致使阴历月与中气对应混乱。对此，汤若望于顺治十七年二月初一日进十八年民历式样奏疏中进一步强调定气是天上真节气，与旧法平节气不同。[②]

传教士天文学家改行新历、排挤钦天监旧臣的做法招致维护传统士人的强烈反弹。当时对西法抨击最为猛烈、影响最大的当属杨光先(1597—1669)。他对西方天文学较为系统的抨击见于他所著《摘谬十论》，其中定气注历为书中抨击的重点，第二、三、四摘与此有关。第二摘为"一月有三节气之新"，指责上文提到的顺治三年和十八年十一月按新法推算出现大雪、冬至、小寒等三节气，这在杨光先看来是不可宽恕的错误，认为自开天辟地至今未有如此法也。第三摘为"二至二分长短之新"，指责新法春分至秋分比秋分至春分所行日数多八日。第四摘"夏至太阳行迟之新"，指责新法规定夏至日行迟。[③]实际上，杨光先是当时维护传统的一个士人代表，其对于新法定气注历的批驳则折射出维护传统的士人对现行历法的看法。最终，在康熙初年，其借汤若望"选择之误"，将传教士势力逐出钦天监，李祖白(？—1665)等五名中国籍传教士天文学家遭处斩，汤若望被革职，后幸遇天变大赦而获释，于康熙五年七月在北京病故。[④]自康熙四年至八年，岁次时宪历的推算由杨光先和吴明烜负责，先后根据大统历和回历推算。

"历狱"后京城中还有几位精通天算的耶稣会士，其中南怀仁的

---

① 据查，顺治三年十一月一日，大雪；十五日，冬至；三十日，小寒。参考：《大清顺治三年岁次丙戌时宪历》，国家图书馆善本库顺治三年藏本。

② 徐光启等纂修，汤若望修订：《西洋新法历书》，薄树人主编：《中国科学技术典籍通汇·天文学卷(八)》，第964页。

③ 杨光先：《不得已》，薄树人主编：《中国科学技术典籍通汇·天文学卷(六)》。

④ 黄一农：《择日之争与康熙历狱》，(新竹)《清华学报》1991年第2期。

水平最高。南怀仁为比利时传教士，于顺治十七年奉召从陕西入京，纂修历法。①他曾潜心研究杨光先所布的西法“十谬”，经条分缕析后，以“言必有凭，法必有验”的态度完成《不得已辨》一书。②针对杨光先对有关节气推算的指责，南怀仁指出：节气是依据太阳过宫度分决定的，每行三十度为一节气。之所以顺治三年十一月有三节气，是由于冬至前后日行疾，而此月恰逢大月。与此相应，夏至日行迟。故此，春分至秋分所经日数比秋分至春分日数多。南怀仁认为，杨光先等没有认识到日行的日数与度数之别，致使旧法所定节气与天行所差甚远。③

康熙帝亲政后，曾数次申斥钦天监官员推算天象不准。后来，得知京城中还有几位善于历算的耶稣会士，于是派内阁大臣前去询问他们能否指出当时钦天监所用历法的疏漏之处。当时，南怀仁指出，历书最大的错误就是规定下一年(康熙八年)为 13 个月。④事后，内阁大臣将南怀仁所指历法中错误一一呈禀给皇帝。次日，以南怀仁为首的几位传教士奉召进宫，与钦天监官员当面对峙，最终决定以圭表测算日影决定胜负。在三次赌测日影的竞赛中，南怀仁胜利，赢得了康熙帝的信任。⑤康熙七年十一月二十六日，皇帝命将吴明烜所造的康熙八年《七政历》及《民历》各一本交与南怀仁，命其指出其中的差错。十二月，南怀仁奉旨将查对历本的结果上奏，所指旧法错误多集中于节气注历方面。⑥

---

① 黄伯禄：《正教奉褒》，韩琦、吴旻校注：《熙朝崇正集　熙朝定案(外三种)》，第 288 页。

② 黄一农：《康熙朝涉及“历狱”的天主教中文著述考》，《书目季刊》1991 年第 1 期。

③ 南怀仁：《不得已辨》，中国科学院自然科学史研究所线装书库藏，第 16 页。

④ Ferdinand Verbiest, *The Astronomia Europaea of Ferdinand Verbiest*, edited by Noel Golvers, Nettetal: Steyler Verlag, 1993, p.58.

⑤ 王广超：《明清之际圭表测影考》，《中国科技史杂志》2010 年第 4 期。

⑥ 南怀仁：《熙朝定案》，韩琦、吴旻校注：《熙朝崇正集　熙朝定案(外三种)》，第 50—51 页。

事后，康熙命图海等大臣赴观象台测验南怀仁、吴明烜所算历日，呈报结果是吴明烜测验逐款皆错，南怀仁测验即已相符；将康熙九年一应历日交与南怀仁推算，吴明烜交吏部议处。康熙八年二月初七，杨光先因历日差错不能修理且左袒吴明烜而遭革职，而吴明烜则很幸运地以监副的身份留在钦天监供事。①

康熙八年三月，南怀仁授钦天监监副职衔，监理历务，指责先前钦天监官员按古法推算康熙八年历置闰出错。南怀仁指出，置闰当在康熙九年二月。皇帝于是命礼部详查此事，钦天监官员多支持南怀仁，后来下诏："罢康熙八年闰，移置康熙九年二月，其节气、占候系从南怀仁之言。"②自此，定气注历得以长期行用。

当时，钦天监中有些人并不认可新法。据《三鱼堂日记》记载，陆陇其曾于康熙十四年闰五月初二日会见漏刻科蔡九旌，蔡氏言："铜壶滴漏，交食节气，始设平日，不常设。……历主古法，不甚服西人。"③可见，蔡氏对新法定气注历并不以为然。当然，对新法更为精到的批判来自当时的历算家。

三、清初历算家对定气注历的反应

入清以来，《天学初函》《崇祯历书》等天文学书籍广泛流传④，民间出现了一些精于天算的历算家。清初历算家中，尤以王锡阐

---

① 南怀仁：《熙朝定案》，韩琦、吴旻校注：《熙朝崇正集 熙朝定案（外三种）》，第52—58页。

② 《清实录》第四册，中华书局，1985年，第391页。

③ 陆陇其：《三鱼堂日记》，《续修四库全书》第559册，上海古籍出版社，2002年，第491页。

④ 据《三鱼堂日记》记载，陆陇其曾向传教士利类思请教有关西方天算问题，利类思推荐陆氏阅读新法历书，这些书并不难得到，因"书板皆在天主堂，得数金便可全印"，后陆陇其果然买了《日躔表》二本，乃西洋历书中之一。参见陆陇其：《三鱼堂日记》，《续修四库全书》第559册，第487、491页。可见，当时购买新法历书并非难事。

(1628—1682)、梅文鼎(1633—1721)的影响最大,对清初时宪历改平气注历为定气注历持反对态度。

王锡阐是明末遗民,明亡后曾先后投水、绝食以求殉国,拒不仕清。在其天文著作《晓庵新法》中,以崇祯元年(1628)为“历元”,以南京为“里差之元”。他对西法总体评价是:“谓西历善矣,然以为测候精详可也,以为深知法意未可也。安其误而不辨未可也。”进而举出五处西法不知法意之处,其中的第一、四、五处与定气注历有关。王锡阐认为中历的确存在岁差数强、盈缩过多的问题,但即便如此还不至于差过两日,而《历指》对中法春秋分差过两日指责纯粹是不明中法的意思。①另外,在王锡阐看来,西法也存在内在矛盾:

> 而西法唯主经度。经度者,东西度也。以经度求黄赤距差,绝非平行。二分左右经度之一距差,几及其半,二至左右经度之一距差,仅以秒计。故但主日辰,则平气已足,若主天度则需兼论距纬。如四立为分至之中,中西皆然。今以距四十五度为立春定气,此时日距赤道尚十六度有奇,则所谓中者,经度之中,非距纬之中也。距纬之中在距至五十九度以上。设止用经度,亦衹可谓天度之平气,于日行南北未有当也。②

王锡阐的反驳可谓点出了关键。确实,西法定气依据十二宫计算,而十二宫则依据黄道经度划分。但实际测算太阳位置时,却以测量太阳的视高度为根据,由此推求太阳视赤纬,进而根据黄赤距差求出太阳黄经。但黄赤距差随黄经的变化并不均匀,故此经度的中点并不一定对应距纬的中点。因而,王锡阐说“故但主日辰,则平气已足,若主天度则需兼论距纬”,但西法并没有考虑后者,故此也

① 王锡阐:《晓庵遗书》,薄树人主编:《中国科学技术典籍通汇》第6卷,河南教育出版社,1998年,第433页。

② 王锡阐:《晓庵遗书》,薄树人主编:《中国科学技术典籍通汇》第6卷,第595页。

并非完全按其所说根据天度计算节气。

不但如此，王锡阐指出，采用定气注历会导致闰月安排的错乱，出现一月有两中气或一岁有两个可闰之月的情况，并举出顺治十八年时宪历因安排闰月出现的一系列问题。①当年历书算定七月应置闰，致使秋分中气落在八月初一日，也就是所谓的归余之后气尚在晦。另外，由于十一月份含冬至、小寒、大寒三节气，导致了本该在十二月份的大寒中气安排在十一月份。更为严重的问题是，以新法推算的雨水中气应在十二月二十九日，下一日才会出现朔日，但是，这样的话就会将作为首春中气的雨水安排在腊月末尾。钦天监历官不得已才退朔一日，将雨水安排在正月初一日。王锡阐认为这是钦天监官员的无奈之举，暴露了他们不明中法之意的缺陷。②

总之，王锡阐认为定气注历并非西法的优越所在，西法强在“书器尤备，测候加精”。在他看来，徐光启翻译西法的初衷是不错的，“欲求超胜，必须会通，会通之前，必须翻译，翻译有绪，然后令甄明大统，深知法意者，参详考定其意”，只是徐光启的继任者在翻译之余并未兼顾会通之法。③

梅文鼎比王锡阐年幼五岁，开始历算研究正是杨光先挑起历争前后。由于是从中法入手研究历算，他在早年的研究工作中表现出一定的崇中抑西的倾向，后来，在接触到《崇祯历书》后，通过认真研究，转向以西法为主。④关于中西历法的关系，梅氏曾有从“权舆”说向“西学中源”说的一个转变⑤，而转变的契机正是康熙四十四年

---

① 王锡阐：《晓庵遗书》，薄树人主编：《中国科学技术典籍通汇》第 6 卷，第 433—434 页。

② 其中的历日安排，参考自郑鹤声：《近世中西史日对照表》，中华书局，1981 年，第 292—293 页。

③ 王锡阐：《晓庵遗书》，薄树人主编：《中国科学技术典籍通汇》第 6 卷，第 593—594 页。

④ 严敦杰：《梅文鼎的数学和天文学工作》，《自然科学史研究》1989 年第 2 期。

⑤ 王扬宗：《康熙、梅文鼎和“西学中源”说》，《传统文化与现代化》1995 年第 3 期。

(1705)四月康熙对梅文鼎的召见。梅文鼎晚年作《历学疑问补》，宣扬西学中源说。

梅文鼎深受王锡阐的影响，学术取向上与王有很多相似之处，对节气注历的看法即一例。在《历学疑问补》中，梅文鼎谈到对定气注历的看法。首先，梅氏指出中国传统历算家并非不知定气，只是以恒气注历，以定气算日月交食，并指出翻译西法的人没有详加考证，就称旧法春秋二分并差两日，这纯粹是诬陷古人的做法。那么，中法何以不用定气注历而用恒气注历呢，梅文鼎认为古人主要是出于置闰的考虑，对此论述道：

> 问授时既知有定气，何为不以注历，曰：古者注历只用恒气，为置闰地也。……惟以恒气注历，则置闰之理易明，何则？恒气之日数皆平分，故其每月之内各有一节气、一中气，此两气策之日，合之共三十日四十三刻奇，以较每月常数三十日多四十三刻奇，谓之气盈。又太阴自合朔至第二合朔实止二十九日五十三刻奇，以较每月三十日又少四十六刻奇，谓之朔虚，合气盈朔虚计之共余九十刻奇，谓之月闰，乃每月朔策与两气策相较之差也。此月闰至三十三个月间，其余分必满月策而生闰月矣。闰月之法，其前月中气必在其晦，后月中气必在其朔，则闰月只有一节气，而无中气，然后名之为闰月。斯乃自然而然，天造地设无可疑惑者也。①

然而，在梅文鼎看来，用定气注历会造成节气之日数多寡不齐，故此会出现一月内三节气，或在非闰月内只有一节气的情况，这就会导致“置闰之理不明，民乃惑矣”的结果。

可见，梅文鼎的论调与王锡阐基本相似，认为中法并非不知定

① 梅文鼎著，魏荔彤辑：《历学疑问补》卷二，《兼济堂纂刻梅氏勿庵先生历算全书》第12册，清雍正元年(1723)，第11页。

气，只是出于置闰的考虑不以之注历，而强行采用定气注历则会产生闰月安排混乱的结果。与王锡阐仅指责传教士天文学家“不知法意”不同，梅文鼎对节气注历提出一个折中的建议，即仍以恒气注历，而用根据新法计算的定气分注于节气日之下，这样就可以使置闰之理明了无误，而定气之用也并存不废。①

后来，钦天监依据新法推算嘉庆十八年八月当置闰，如果这样的话，当年冬至在十月内，就会出现南郊大祀不在仲冬之月，而次年的春分、惊蛰也将较早出现等一系列不合常理的问题。于是，嘉庆帝命钦天监再三详细通查。最终，钦天监历官根据康熙十九年、五十七年闰月安排之成例，改嘉庆十八年闰八月置十九年闰二月。②

结　　论

定气注历可以说是中国古历在明清之际西方天文学传入影响下的一个重要的变故。无可否认，从现代天文学意义上说，定气注历确实比平气注历更“科学”。但是，中国古代历法毕竟不是现代意义上的天文学，其最终目的不是发现天体运行规律，而是依天体运行之规律敬授民时。就此来说，改定气注历其实并不必要。传教士天文学家改定气注历主要是出于传教的考虑。清初历算家王锡阐、梅文鼎从历法为敬授民时这一角度批判新法定气注历，认为此为“不知法意”之举。本文关注的问题是，何以“不合法意”的定气注历在明清之际得以颁行？当然，定气注历的科学性是重要的因素。李天经通过实际测验、理论推演等方式论证定气注历符合天度。而清

① 梅文鼎著，魏荔彤辑：《历学疑问补》卷二，《兼济堂纂刻梅氏勿庵先生历算全书》第 12 册，第 13 页。

② 刘锦藻：《皇朝续文献通考》第 819 册，上海古籍出版社，2002 年，第 512—513 页。

初历争中,定气注历的合理性更是通过圭表测影得以彰显。如果“合天”是改定气注历的必要原因,而当时所处的变革局面则为定气注历提供了可能性。相较旧朝廷,新朝廷更易接受新法。最终,新法定气注历在清代得以长期行用。

四元素说在清代的后续传播与接受*

内蒙古师范大学科学技术史研究院　陈志辉

引　　言

明代晚期，随着新航路的开辟，欧洲传教士来华传播基督教。其中，耶稣会传教士采取学术传教的策略，吸引中国士人信奉上帝。这个策略的一项重要内容，就是把传教士在欧洲所学习到的、经过托马斯·阿奎那(1224—1274)调和的亚里士多德(公元前384—前322)式自然知识，介绍给中国士人。作为亚氏自然哲学重要组成部分的四元素理论(前人曾参照中国传统的五行学说译为"四行说"，以下简称"四元素说")，也通过耶稣会士的译著传入中国。四元素说认为，宇宙以地球为中心并以月球为界，分为月上区和月下区，月上区的天体由不朽的第五元素组成，而月下的世界则由火、气、水、土四种元素组成，四种元素各有其性质，相互作用组成万物；物理世界的所有现象，均可用这一套四元素理论体系加以解释。

先前的研究，集中于耶稣会士如何以四元素说挑战中国传统的五行理论①，明末清初中国士人对四元素说的反应②，以及四元素说

* 本文为教育部人文社会科学研究西部和边疆地区青年基金项目(立项号：15XJC770001)成果之一。

① 徐光台：《明末西方四元素说的传入》，(新竹)《清华学报》1997年第3期；本杰明·艾尔曼著，王红霞等译：《中国近代科学的文化史》，上海古籍出版社，2009年，第26—29页。

② 徐光台：《明末清初中国士人对四行说的反应——以熊明遇〈格致草〉为例》，《汉学研究》1999年第2期；张晓林：《四大耶？五行耶？四行耶？——杨廷筠辨儒释耶元素论》，《兰州大学学报(社会科学版)》2009年第6期。

中某类具体知识(例如地震)在中国的传播与流变①。本文意图在这些工作的基础上,考察四元素说本身在清代的后续传播,以及中国学者的接受情况。

一、明末四元素说著作的编译及中国学者的吸收

在罗明坚(1543—1607)的《天主实录》和利玛窦(1552—1610)的《天主实义》中,已有数个片断提到了四元素,如"天下之物,莫不以火、气、水、土四行相结以成"②。然而最先系统阐述四元素理论体系的,是利玛窦与李之藻(1565—1630)合译的《乾坤体义》。此书中有名为"四元行论"的专章,连图共十余叶、3 500 余字,介绍、传播四元素说。③

利玛窦之后,熊三拔(1575—1620)与徐光启(1562—1633)合译的《泰西水法》(1612),以及傅汎际(1587—1653)译义、李之藻达辞的《寰有诠》(1628)均介绍了四元素说。但此二书并非关于四元素说的专门著述。《泰西水法》以水利科学为主题,故其重点在于阐述与水元素相关的理论和应用。④《寰有诠》则可视为亚里士多德《论天》(*De Coelo*)科因布拉评注本的节译本。⑤与利玛窦译四元素为

① 黄兴涛:《西方地震知识在华早期传播与中国现代地震学的兴起》,《中国人民大学学报》2008 年第 5 期;徐光宜:《明清西方地震知识入华新探》,《中国科技史杂志》2012 年第 4 期。

② 利玛窦:《天主实义》,《天学初函》本,第 29a 页。参考徐光台:《明末西方四元素说的传入》,第 354—359 页。

③ 利玛窦、李之藻:《乾坤体义》,薄树人主编:《中国科学技术典籍通汇·天文卷(八)》,第 292—298 页。参考徐光台:《明末西方四元素说的传入》,第 354—370 页。

④ 参考徐光台:《明末西方四元素说的传入》,第 370—372 页。

⑤ 薄树人:《寰有诠提要》,薄树人主编:《中国科学技术典籍通汇·天文卷(八)》,第 451—452 页。

“四元行”不同，其卷之二“纯体篇第二”中，元素被译为“纯体”。篇中所讨论的，就是组成世界万物的四元素和组成天体的第五元素，而以第五元素“天”为主。[①]因为此书的重点在于以神学化的亚里士多德自然哲学来讨论天文学根本问题，因而四元素理论只占全书的一部分，并无主要的地位。

与上面两部著作不同，高一志（约1568—1640）的《空际格致》是较为系统的介绍四元素理论的著作[②]，一般认为此书的翻译以亚里士多德《空际之学》(*Meteorología*)科因布拉评注本为蓝本。[③]此书在清代影响尚存，下文将有讨论。

另一方面，明末清初对基督教有好感的士人熊明遇（1579—1649）、游艺（活跃于1640—17世纪80年代）和揭暄（1613—1695）均对耶稣会士所传播的四元素说有所吸收。

熊明遇《格致草》多次用“元行”解释自然现象，表明其接受了四元素说。[④]“化育论”一篇中，熊氏就万物的生成这一问题，比较了佛家的四大理论、儒家的五行理论、西方的四元素理论和邵雍（1011—1077）的理论，认为四元素理论“之妙有难以言语形容者”，并以“元行之火土水气变蒸腾动，为风雨露雷彗孛雪霜虹霓震”。又如解释海咸河淡，熊氏认为“水为元行，元行无味”，咸水是外部合成的，可以分离。[⑤]徐光台也考证出，因与徐光启和耶稣会士的交往，熊氏在万历年间对彗星的认识，由用中国星占传统转变为四元素体系的解说。[⑥]

---

① 傅汎际译义，李之藻达辞：《寰有诠》，薄树人主编：《中国科学技术典籍通汇·天文卷（八）》，第496—515页。参考徐光台：《明末西方四元素说的传入》，第354—370页。

② 参考徐光台：《明末西方四元素说的传入》，第370—372页。

③ 参见金文兵：《高一志译著考略》，《江南大学学报（人文社会科学版）》2011年第2期。

④ 徐光台从熊氏的宇宙论观点、大气与地面现象的解说等方面讨论了后者对四元素说的接纳，参见氏著：《明末清初中国士人对四行说的反应——以熊明遇〈格致草〉为例》，第18—25页。

⑤ 熊明遇：《格致草》，薄树人主编：《中国科学技术典籍通汇·天文卷（六）》，第103、116、126页。

⑥ 徐光台：《异象与常象：明万历年间西方彗星见解对士人的冲激》，（新竹）《清华学报》2009年第4期。

清初游艺曾师从熊明遇，其通俗天文和气象著作《天经或问》曾流传日本，颇有影响。①据冯锦荣的研究，《天经或问》前集中，“霄霞”章以下多段对各种气象的解释文字，多引熊氏《格致草·气行变化演说》和方孔炤（1591—1655）、方以智（1611—1671）父子共撰的《周易图象几表》。②受熊氏的影响，游艺接受了四元素说对各种自然现象的解释。与熊氏的立论相似，在“四行五行”一节中，游艺比较耶、儒、佛和邵雍诸家理论，认为“天下万象之初皆为以四元行结成之理亦诚然”③。

成书于康熙年间的揭暄《璇玑遗述》，也是一部包含四元素说的天文学著作。此书虽然对耶稣会士的天文著作（如《寰有诠》）多有批判④，也并未明言接受四元素说，但在卷六“风雨实征”部分援引了游艺、熊明遇以及传教士的一些观点⑤，表明揭氏接受了四元素说对部分自然现象的解释。

总体来说，明末清初的四元素说著作体现出中西之别。耶稣会士传播四元素论的目的，是要通过自然哲学知识吸引中国士人信教，因而在其著作中时时把四元素知识与基督神学相联系。而中国学者的著作则注重四元素说对自然现象的解释，即徐光台所揭示的，这是一种“对传统自然知识的考据”⑥。

---

① 冯锦荣：《游艺及其〈天经或问〉前后集》，王渝生主编：《第七届国际中国科学史会议文集》，大象出版社，1999 年，第 298—299 页。

② 冯锦荣：《游艺及其〈天经或问〉前后集》，第 286—300 页。

③ 游艺：《天经或问前集》卷四，《景印文渊阁四库全书》子部第 793 册，台北商务印书馆，1982—1983 年，第 650—651 页。

④ 薄树人：《寰有诠提要》，第 453 页。

⑤ 如“造温泉法”条下注“大西疗病，以温泉为第一……火水土气四[元行]（行元）皆无味，故水不能为药，为药必藉他味”（第 384 页）。揭暄：《璇玑遗述》，影印光绪二十五年（1899）《刻鹄斋丛书》本，薄树人主编：《中国科学技术典籍通汇·天文卷（六）》，第 367—386 页。

⑥ 徐光台：《异象与常象：明万历年间西方彗星见解对士人的冲激》，（新竹）《清华学报》2009 年第 4 期。

二、清中期学者对四元素说的批判、吸收和应用

(一) 阮元对道光六年彗星见事件的处理及其理论来源

近人陈伯陶(1855—1930)《瓜庐文剩·李明彻传》中记载了一则与1826年彗星有关的史料:

> (道光)丙戌春,彗星见南方。(阮)元疑粤有兵起,问之(李明彻),以旱对。问:"可禳否?"曰:"禳无益,当备旱。"先是甲申岁,元因明彻言,奏免洋米入口之税,以关使虑税短,故米舶出口货仍照征。明彻因复言:"夷人嗜利,如并免其出口货税,米当大至,虽旱无害。"元如其言。是秋旱,米价反平。自后粤虽旱潦,不洊(荐)饥,明彻发之也。①

文中提到的李明彻(1751—1833)是广东道士,通天算、舆地之学,抄录编辑明末清初学者的天文著作,成为《圜天图说》(1819)及《圜天图说续编》(1821),由当时的两广总督阮元资助出版。笔者已经考察了这里提到的道光六年"彗星见",以及此事与阮元"备旱"相关联的真实性。②在此事件中,阮元对彗星出现,由"疑有兵"到"备旱",显然有一个改变的过程,而影响阮元判断和决策的关键人物是李明彻。

中国传统上有关于彗星成因和性质的论述。如《开元占经》引用古代纬书、星经等,认为彗星是五大行星之"精"变化而来的。③古

---

① 陈伯陶:《李明彻传》,《瓜庐文剩》卷四,1931年,第36b页。

② 陈志辉、江晓原:《西学的移用与致用:从道光六年彗星见事件看乾嘉学者对四行说的态度》,《上海交通大学学报(哲学社会科学版)》2014年第2期。

③ 瞿昙悉达:《开元占经》卷八十八,清文渊阁《四库全书》本校,第748页。

人或因彗星形似扫帚，进而联想到它能“除旧布新”，意味着要改朝换代，而这多半靠武力实现，因此常有“兵起四方”“兵起天下”之类的占词。①因此，在没有其他关于彗星的具体信息的情况下，依照传统占书判断将来会出现战争，是很正常的。由此足以证明，阮元正是循传统星占理论，首先做出“疑粤有兵起”这个判断，只是他不能确定，还要找懂得相关知识的人来会商。事实上，当时的著名学者姚文田（1758—1827）就认为道光初年出现的彗星，预示着会有与“外夷”的战争。②从另一方面看，根据中国传统的占书，判断彗星现将有旱灾反而是不常见的，而如果李明彻是从传统星占学理论这个角度来判断的，那么阮元的看法也会与他相一致。显然，李明彻的判断另有依据。

李明彻的依据在其《圜天图说续编》中，“彗孛说”一节解释了彗星的成因与性质：

> 流陨彗孛皆火气，实非星也。火气从地挟土上升，不遇阴气，不成雷电，凌空直突，冲入火际。火自归火，挟上之土轻微，结燥如炱煤，乘势直冲，遇火便燃，壮如药引：今夏天奔星是也。其土势火盛者，有声有迹，不能及于天，在火际旋转，得真火烧煅，结阴堕地而成落星之石。（原注：俗云星陨变石是也。）初落之际，热不可摩，如埏器初出也。若更精厚者，结聚不散，附于晶宇，即能成彗孛也。（原注：火际极热，土气冲入此际，如窖中虽无火，投物则发光耳。结聚其气而论大小、厚薄之分，则有彗、孛各不同也。）
>
> 彗长而孛大，故能久不散，亦能随天转。……凡彗将见，必有大风或大旱。缘燥热横满空中，容易变风；未带湿气，故不能

---

① 江晓原：《星占学与传统文化》，上海古籍出版社，1992 年，第 129 页。

② 李元度：《姚文僖公事略》，《国朝先正事略》卷二十四，沈云龙主编：《近代中国史料丛刊》第 12 辑，第 1202 页。此事亦载《清史稿》姚文田本传，赵尔巽等：《清史稿》卷三百七十四，中华书局，1977 年，第 11551 页。

> 变云，故主多荒而旱，以彗燥热，能噏地上饶泽之气。又主多震，以彗在上噏气之紧，地中之气欲出，吸之，所以震动。主灾疾，以彗吸动燥气，流动人间水泽之处。①

李明彻认为，“火气”把地上的土带到天空中极热的“火际”，火际虽热，却不发光。冲向火际的“土”则像煤一样，极为易燃，当中厚而大者因为火际极热而被点燃、发光，这就是彗孛，亦即彗星。因此，彗星的性质是燥热的，能吸地上的水气，造成大旱。由此也可以证明，这也是李氏判断彗星出现而将有旱灾的根据，这个判断与中国传统的星占理论毫无关系。李明彻对于彗星的认识，显然属于四元素说理论体系，其直接来源则是清初游艺的《天经或问·前集·彗孛》(1675)。现照录如下，以兹比较。

> 曰：流陨彗孛皆火也。火气从下挟土上升，不遇阴云，不成雷电，凌空直突，至于火际。火自归火，挟上之土轻微，热燥亦如㷔煤，乘势直冲，遇火便燃，状如药引：今夏月奔星是也。其土势大盛者，有声有迹，下反于地，或成落星之石。初落之际，热不可摩，如埏气初出。若更精厚，结聚不散，附于晶宇，即成彗孛。（原注：游熙曰：火际极热，土气冲此际，如窑中无光，投物则发光耳。结聚其气论其厚薄大小之分，则有彗、孛之不同。）
>
> 彗长而孛大，故能久不散，亦随天转。……凡彗将见，必多大风大旱。缘燥热横满空中，容易变风；未带湿气，不能变云，主多荒而旱，以彗燥热，能噏地上饶泽之气。又主多震，以彗在上噏气之紧，地中之气欲出，所以摇动。又主灾病，以彗噏动燥气，流动人间水泽之处。②

---

① 李明彻：《圜天图说续编》卷下，松梅轩道光元年(1831)版，第23a—b页。

② 游艺：《天经或问前集》卷四，第630—631页。

若把两段文献相互比较，我们即可发现文字雷同，亦即李明彻基本上全部抄录了游艺关于彗星知识的文字。然而，《圜天图说续编》中最重要的一处改动，便是将“凡彗将见，必多大风或大旱”中的“必多”改为“必有”。基于这样的理解，李明彻也就明白，传统的祈禳救护对于彗星出现后的旱灾并无帮助，因此他向阮元建议：应当采取适当的措施，全力备旱。

如此说来，李明彻是否真正接受西方的四元素说呢？需要指出的是，李明彻《圜天图说续编》却并没有对众多空际自然现象知识的一般原理——四元素说多加介绍，而事实上，李氏更属意于中国传统的五行说。《天经或问前集・彗孛》在解释“地中有火”时有游艺之子游熊的小字注：“游熊曰：世人惟知地中有水滂沛，不知有火如此神异也。”①李明彻在相应的位置改此注为：“世人知地中有水滂沛，不知地中亦有火，如五行中皆有火也。”②

显然，李明彻故意把“五行”中的火与四元素论中的火元素相混，有意削弱西方“四行”与中国传统“五行”之间的矛盾。除了添加“五行”两字表明其立场外，李氏还把疑似与天主教上帝相关的“神异”两字删除，显示他并非完全接受四元素说，特别是与造物主关联的四元素说，而仅接受“四行”理论对彗孛等自然现象的具体解释，并且在关键之处移用了“四行”说的理论，而为传统的“五行”说服务。由此可以看到，由于中国传统学说与西方学说相互矛盾，需要通过移花接木、改换名称的方式为人接受，以减少心理上所受到的冲击。

事实上，经李明彻转手改造的理论在晚清仍有影响。1874 年七月二十二日，《申报》就刊登未署名的来稿，题为《彗星说》：“阮仪征鉴定李青来《圜天图说》云：‘彗孛皆火气非星也。……又主灾疾，以彗吸动燥气，流动人间。’如此说来，尚属有据。”③

---

① 游艺：《天经或问前集》卷四，第 631 页。按，游熊是游艺之子，参见冯锦荣：《游艺及其〈天经或问〉前后集》，第 295 页。

② 李明彻：《圜天图说续编》卷下，第 23b 页。

③ 佚名：《彗星说》，《申报》1874 年 7 月 22 日第 2 版。

(二)乾嘉学者对四元素说中"实理"的接纳

尽管从现代天文学理论来看,源于亚里士多德的关于彗星知识是错误的,但这并不影响明末以至清中期士人对这一知识的接纳。徐光台的研究表明,徐光启和熊明遇是从传统星变转而接受亚里士多德对彗星解说的中国士人。①清人由于切实治经的需要,与之相关的训诂、天文、历算、舆地等专门之学也被广泛研究。治经的最终目的,是为了"通经致用"。桂馥(1736—1805)即谓:"士不通经,不足致用;而训诂不明,不足以通经。"②实际上,被纳入天算之学的四行元素说,其致用性尤为明显。明末耶稣会士翻译的相关著作,实际上已经考虑到了四元素说的致用或实用性,以吸引中国士人的关注。利玛窦《四元行论》在谈及认识火元素性质的实用之处时,就提到火"点彗星属而设百象,于智者占卜将来凶岁灾祸而免之也"③。一般说来,耶稣会士是极力反对星占学的,认为这是迷信④,但这里的"占卜"只是借用了中国传统的星占学话语,其蕴含的是根据"四行"说理论进行有逻辑的推论。这在熊三拔述旨、徐光启演说的《泰西水法·水法或问》中,有进一步的说明:

> 问:……农民所急当在雨矣,然雨旸时若不可岁得,水旱虫蝗或居强半,不知何术可得豫知,以为其备乎?
>
> 曰:天灾流行,事非偶值,造物之主自有深意。若诸天七政各有本德所主、本情所属,因而推测灾变:历家之说,亦颇有之。

---

① 徐光台的研究表明,徐光启(1562—1633)和熊明遇是从传统星变转而接受亚里士多德对彗星解说的中国士人。见氏著:《异象与常象:明万历年间西方彗星见解对士人的冲激》,(新竹)《清华学报》2009 年第 4 期。

② 桂文灿著,王晓骊、柳向春点校:《经学博采录》卷二,华东师范大学出版社,2010 年,第 63 页。

③ 利玛窦、李之藻:《乾坤体义》卷上,第 17b 页。

④ 黄一农:《耶稣会士对中国传统星占术数的态度》,《九州学刊》1991 年第 3 期。

> 然而有验有不验焉。盖数术之赘余，君子弗道也。傥居人上者果有意养民，欲为其备，则经理山川、兴修水利、劝课农桑、广储粟谷、阜通财货，即水旱灾伤，自可消弭太半，脱值不虞，有备无患矣。①

紧接下来的一条问答，则以田家是否"有术知一时晴雨"为问，而答之以"无关数术，殆四行之实理也"。②由四元素说的"实理"，而使"智者"或"居人上者"预知凶灾，进而"广储粟谷、阜通财货"备灾。因此，这里的"实理"，是一种揭示事物之间相互关系而且是信而有征的道理。李明彻推测彗星出现后将会有旱灾，并劝阮元增加粮食供应备旱，思路正与之相一致。只是"四行"之名被换成了"五行"，而仍使用"四行之实理"。

另一方面，阮元主编《畴人传》时表明步算和占候是两家，在为"畴人"作传时专取"步算一家"，而"以妖星、晕珥、云气、虹霓占验吉凶，及太一、壬遁、卦气、风角之流涉于内学者，一概不收"③。然而，纯粹学术是一事，通经而致实用又是另一事。道光六年彗星见，依照传统星占理论多为战争前兆，广东又为当时边防外交重地，身为封疆大吏的阮元不能置之不理。既然李明彻有"实理"作为支撑，而且旱灾也凑巧应验，阮元乐于致用，顺理成章。至于并未采纳李氏的备旱措施而改用其他，则是另一问题，牵涉官员迁任、上报等制度原因。

同一时期的主流汉学家，对李明彻所本的《天经或问前集》给出了相当正面的评价：

---

① 熊三拔：《泰西水法》卷五，影印金陵大学寄存罗马藏明崇祯二年（1629）《天学初函》本，载《天学初函》第三册，台北学生书局，1986 年，第 1667—1668 页。

② 熊三拔：《泰西水法》卷五，第 1668—1669 页。徐光台认为，这两条问答似乎有间接挑战与"术数关连的五行说的蕴意"，参见氏著：《明末西方四元素说的传入》，第 371—372 页。

③ 阮元：《畴人传凡例》，冯立升主编：《畴人传汇编》，中州古籍出版社，2012 年，第 15 页。

> 此其前集也，凡天地之象、日月星之行、薄蚀朒朓之故，与风云、雷电、雨露、霜雾、虹霓之属，皆设为问答，一一推阐其所以然，颇为明晰。至于占验之术，则悉屏不言，尤为深识。……虽步算尚多未谙，然反复究阐，具有实征。存是一编，可以知即数即理本无二致，非空言天道者所可及也。①

很明显，四库馆臣所提到的推究各种自然现象的“所以然”“实征”等，与熊三拔、徐光启所称的四元素说的“实理”实际上是一致的。然而，高一志的《空际格致》在四元素说原理和解释上都要比李明彻所习所本的《天经或问》系统、自洽，但并没有被收入《四库全书》，只列入“杂家类·杂学之属”存目，而且得到四库馆臣的负面评价：

> 西法以火、气、水、土为四大元行，而以中国五行兼用金、木为非。一志因作此书，以畅其说。然其窥测天文，不能废五星也。天地自然之气，而欲以强词夺之，乌可得乎？适成其妄而已矣。②

四库馆臣认为，西学所长在天文，精于进行金、木、水、火、土五大行星的观测，既然西人不能否认五大行星，那岂非与《空际格致》里所主张的四元素说矛盾？四库馆臣误以为西方也用金、木、水、火、土五行来命名五大行星；他们不清楚，这只是耶稣会士们按照中国传统的对译，在他们所使用的拉丁文中，五大行星的字面意义不仅与五行无关，也与四行无关。事实上，游艺在《天经或问》前集“四行五行”一节就试着对这个矛盾进行解答，虽然他援引揭暄的观点来证明五行相生相克原理并非正确，但仅凭他赞同揭氏“水因土载而生”③一点，就足以说明他并不能理解“四行”各有相应位置这一基

---

① 永瑢、纪昀等：《四库全书总目提要》卷一百零六，中华书局，1965年，第899页。

② 永瑢、纪昀等：《四库全书总目提要》卷一百二十五，第1081页。

③ 游艺：《天经或问前集》卷四，第640—641页。

本原理，其相互之间也并非如中国传统五行说中的相生相克关系。游艺尚且不能充分理解四元素说，更不用说处于禁教时期的乾嘉学者了。加上《四库全书总目提要》的影响，乾嘉学者普遍不接受四元素说。阮元弟子梁章钜（1775—1849）就在其笔记《退庵随笔》中评论《空际格致》自相矛盾。①

在对待道光六年彗星事件上，阮元把属于四元素说的理论解释作为实施备旱措施的依据，但他也与同时期的大多数学者一样，并不完全接纳该学说。道光十六年，阮元为梁章钜《退庵随笔》增补删订数条，并题字于卷首。②也就是说，虽然早在十年前就已接受了由四元素说理论推演而来的彗星非星观点，但阮元一直赞成四库馆臣的意见，以四元素说为非。他接受的，只是能致于实用的四元素说的“实理”。

三、晚清前期四元素说译著的重新流行

（一）四元素说及其译著《空际格致》在晚清前期的境遇

晚清前期四元素说著述被重新发现，缘于清廷对外战争的失败后，西方科学文化开始再次进入有识之士的视野。《畴人传三编》本传称戴煦：

> 伯兄文节公督学广东，曾佐校年余而归。文节以英吉利人战舰用火轮，寄言谓：“吾弟精思，必得其制。”乃由水、火、土、气四元行入手，著《船机图说》，未成。旋命受业甥王学录朝荣成之，凡三卷。③

① 梁章钜：《退庵随笔》卷八，清光绪元年（1875）《二思堂丛书》刊本，第25a页。

② 梁章钜：《退庵随笔自序》，《退庵随笔》卷一，第3a—b页。

③ 诸可宝：《畴人传三编》，冯立升主编：《畴人传合编校注》，第552页。

数学家戴煦（1805—1860）长兄戴熙（1801—1860，谥“文节”）见识到英国蒸汽船舰在鸦片战争中的重要作用，委托戴煦研究制造；后者从最基本的四元素说入手研究，再由外甥王朝荣著成《船机图说》一书。《畴人传三编》的作者诸可宝（1845—1903）与戴煦有姻亲关系，学习中西算学时即以戴煦为榜样，本传中称其为“先生”。因此上述引文既是可信的一手材料，也可以说明，在西方坚船利炮的刺激下，部分重视西学的中国士人，对以往较为忽视的西学如自然哲学也重视起来。而对于他们来说，比较容易获得的资源是明末的汉译西书。其中，系统论述四元素说的《空际格致》就因此而重新流行起来。

《空际格致》一书因被四库馆臣斥为“异端之尤”，在清代多以抄本流传。笔者寓目的有以下三种：

一、华东师范大学图书馆藏清抄本①，原为盛宣怀（1844—1916）愚斋图书馆的藏书（以下简称“愚斋本”）。此本“丘”字不避讳，很可能是雍正三年（1725）规定避孔子讳以前，抄自明刻本的抄本。

二、南京图书馆藏清抄本（以下简称“南图本”）。此本原为钱塘人丁丙（1832—1899）藏书，亦较易见，影印收于《四库全书存目丛书·子部·杂家类》和《东传福音》②，愚斋本中少量明显的错误在南图本中有所改动，除此之外后者基本继承了愚斋本的脱讹衍倒，而又另有其他讹误若干。因此南图本似乎源于愚斋本，可能是愚斋本的再传抄本。书中“丘”字写作“坵”，因而南图本的抄写年代很可能在雍正朝以后。

三、上海图书馆藏清抄本③，邵增批并跋（以下简称为“邵批本”），与南图本同源，两者很可能同出于另一未知的抄本。

① 高一志：《空际格致》，华东师范大学图书馆藏清抄本。

② 高一志：《空际格致》，影南京图书馆藏清抄本，《四库全书存目丛书》（子部第93册），齐鲁书社，1997年，第687—735页；王美秀、任延黎主编：《东传福音》第11册，第85—134页。按，《东传福音》影印本缺原书第60a页及所称应附的“《四库全书总目·空际格致二卷》提要”。

③ 高一志：《空际格致》，上海图书馆藏清抄、邵增批并跋本。

在《空际格致》的几种抄本中,第三种有邵增的批跋。通过对邵增本人及其批跋的考察,可以一窥晚清前期四元素说的传播和接受情况。

(二)邵增及其《空际格致》批跋

邵增(1831—1877)字沂承,号莘卿,江苏常熟人,19 世纪 60 年代初加入李鸿章淮军幕府,官至"河南候补知府,赏戴花翎、盐运使衔,直隶候补道"①。其官宦仕途的基础在于跟随李鸿章平定太平天国运动时所建立的军功。鉴于李鸿章的淮军新立不久,包袱较小,对于西洋军械笃信不疑,视为利器。②通过与戈登(Charles George Gordon, 1833—1885)领导的洋枪队"常胜军"的合作,李鸿章部队收复了包括苏州在内的大部分失地。③此"借洋助剿"的巨大成功,使得李鸿章十分鼓励幕府部将虚心学习西方先进事物,希望部下能学取洋人之长技④,特别是枪炮军械,"坚意要学洋人"⑤。

上有所好,下必甚焉。邵增阅读、批评明末西学著作《空际格致》时,江南制造局及其翻译馆正在创办之始。邵增的行为很可能就是对李鸿章鼓励幕府人员学习西方的一种响应。同时,邵增在《空际格致》"山岳"节的眉批引用"西人通文墨者"的话,显示他与西洋人有所接触,在认识到西人在"助剿"上的巨大威力后,对于西方也有了解的需要。就现有材料来看,邵增本人应该是不通外文的,那么阅读汉译著作是比较方便的做法。当时的汉译西书数量仍然较少,因此"四库"所收及其所著录的明末以来汉译西书不失为开明

① 邵廷桢、邵玉铨:《虞山邵氏宗谱》卷中,哥伦比亚大学东亚图书馆藏嘉会堂光绪三十年(1904)排印本,第 48b—50a 页。

② 王尔敏:《淮军志》,中华书局,1987 年,第 295—296 页。

③ 恒慕义著,中国人民大学清史研究所《清代名人传略》翻译组译:《清代名人传略》,青海人民出版社,1990 年,第 314 页。

④ K.E.福尔索姆著,刘悦斌、刘兰芝译:《朋友 · 客人 · 同事:晚清幕府制度研究》,中国社会科学出版社,2002 年,第 129 页。

⑤ 王尔敏:《淮军志》,第 295 页。

士人睁眼看世界的少数几种途径之一。如曾国藩(1811—1872)著名幕僚赵烈文(1832—1893)在咸丰八年五月初五(1858 年 6 月 15 日)的日记中,在写了姚莹(1785—1853)边疆地理著作《康輶纪行》其中三卷内容的读书笔记后,列出的"待购书目"就有"艾儒略《万国全图说》、汤若望《坤舆全图说》、南怀仁《坤舆图略》、陈伦炯《海国闻见录》"①等书。江庆柏认为,这透露出赵烈文的一种购书意向。②从该天日记看,赵氏所记为姚莹边疆地理著作《康輶纪行》的笔记,多属于西洋诸国事,而在"待购书目"后则记康熙初年疏告耶稣会士的杨光先(1597—1669)及其《不得已》③,由此可知赵烈文的意图当是想进一步阅读早期与西洋有关的中文书籍。换言之,明末清初汉译西书是晚清早期急欲了解西学的士人所关注的焦点之一,批评《空际格致》的邵增,当时的地位境况与赵烈文十分相似,应该也属于此列。

(三)邵增对四元素说的接受

在《空际格致》一书中,邵增写有批语(眉批或旁批)共 34 条,跋语 1 篇,校改 200 余处。通过邵增的批、跋和校,我们可以从以下几个方面归纳他对四元素说的态度。

1. 把"四行"理论视为"阴阳五行"理论的补充

当西方的四元素自然哲学理论以"四行说"的形式传入中国之时,它是一种与中国传统"五行说"相互竞争的理论④,中国士人也在

---

① 赵烈文:《能静居日记》,台北学生书局,1964 年,第 25 页。按赵氏所列艾儒略(1582—1649)和汤若望(1592—1666)两书未见,疑有误,而近似的艾儒略《职方外纪》、南怀仁(1623—1688)《坤舆图说》与陈伦炯(? —1751)《海国闻见录》一样,均列入《四库全书总目》史部地理类外纪之属,参见永瑢、纪昀等:《四库全书总目提要》,第 632—635 页。

② 按江庆柏称"待购书目……一行半字,后涂去,不知何故",但检原文,涂去的是待购书目上一行"然未睹要旨"后五六字。参见氏著:《赵烈文与天放楼藏书》,《藏书家》第 2 辑,齐鲁书社,2000 年,第 52 页。

③ 赵烈文:《能静居日记》,第 5—26 页。

④ 徐光台:《明末西方四元素说的传入》,第 348—349 页。

辨别两个理论孰是孰非。乾嘉时期，学者对《空际格致》四元素说的态度以四库馆臣的评价为代表：

> 西法以火、气、水、土为四大元行，而以中国五行兼用金、木为非。一志因作此书，以畅其说。然其窥测天文，不能废五星也。天地自然之气，而欲以强词夺之，乌可得乎？适成其妄而已矣。①

很明显，四库馆臣对《空际格致》中的四元素说持批判的态度，认为五大行星的存在证明了“五行说”的正确。与西人有所接触的邵增通过阅读《空际格致》全书，却持有不同意见，认为“西方有人，勿谓其书之可废”。事实上《空际格致》在论述四元素说时，首先对“行”这一概念进行了严格的定义，再进一步讨论其性质、应用。“行”即世界上不能再细分而又能相互合成其他混合物的四种基本物质，又或《空际格致》中所谓“纯体”。邵增接受了这一说理方式和关于“行”定义，认为“以纯体为行，其义明通”，“辨五行为非，其义亦晰”，又称赞“四元行之说，其义通正”。②

然而，邵增并没有完全抛弃与“五行说”相关的理论。如“五行相生”理论，《空际格致》力斥其非，邵增认为“此段议论，未能如理压心”，又谓“相生不以隔而止……西人特未之深故耳”。③又如“阴阳”理论，因“四元行”有冷、热、干、湿四种性质，《空际格致》认为“冷热属阳，干湿属阴”，似与冷/热、干/湿各为一对阴阳组合相违，又未就为何如此做进一步解释。邵增于是将此句改为“主作且阳施者为热为冷，阴受者为干为湿”；又评论说“冷热、干湿相互为根，而清浊、轻重判焉，即阴阳之道亦分也”④，显示出邵增将四元素说中的某些成

---

① 永瑢、纪昀等：《四库全书总目提要》，第 1081 页。

② 高一志：《空际格致》卷上，邵批本，第 1b、4b、14b 页。

③ 高一志：《空际格致》卷上，邵批本，第 5b、6a 页。

④ 高一志：《空际格致》卷上，邵批本，第 3a、14b 页。

分纳入中国“阴阳”理论范畴的尝试。这或与邵璿“究心医家言”，习惯于“阴阳”“五行生克”等理论的运用有关。同时也表明在邵璿视四元素说为一种补充理论，而不是与“五行说”对抗并取而代之的理论。

《空际格致》在论述四元素说基本原理后，还运用这一理论对“月下区”的自然现象进行解释。对于这些解释，邵璿部分表示认同，但负面的评价更多。这同样表明四元素说在其心中并非能解释空际自然现象的唯一完美理论。

表一　邵璿对《空际格致》的正面批语

节名(卷上)	行之名义*	行之数*	行之纯*	问金木为元行否*	地凝注之所	气行有无
批语	其义明通	确切	其辨亦佳	其义亦晰	此证最切	言之颇切
节名(卷下)	雷	电	风雨预兆	海之潮汐	地震	
批语	最为清晰	明晰	颇佳	亦适符合	确切;其理颇佳	

表二　邵璿对《空际格致》的负面批语

节名(卷上)	问金木为元行否*		地性之静			山岳	
批语	未能如理压心		必绌于是说			俱无至理;尤为拙笨	
节名(卷下)	彗孛	天河	风	露霜	蜜	海之潮汐	水之臭味
批语	无有精义	均近敷衍	未能精确	似是而非	太觉拘执	拘而无当	其辨甚拙

注:带*号者为《空际格致》中关于四元素说理论论述的章节,其余为运用四元素说对空际自然现象进行解释的章节。

2. 多种学说影响下的宇宙观

西方古典天文学认为大地是一圆球，居于宇宙中心，静止不动，明末清初的耶稣会士带来的这些知识强烈冲击中国士人的传统认识。其相关的地球四面之人如何站立的问题，如四元素说认为地球上的重物都有向土元素中心(地心)运动的趋向，做出了较好的解释。祝平一认为，西方地圆说传入之初，对这一问题的解释建基于四元素说，但这种解释对“生活在阴阳五行宇宙观的中国人”颇缺乏说服力。[1]而邵璔在阅读完《空际格致》相关章节后认为：

> 予尝谓地立天之中心，四围皆一气鼓荡，清气外疏、浊气内摄。对足而立，为浊气所摄耳。人非至清之物，其能趋向天乎？阅此不能发明其义，故广其说焉。[2]

显然他并不接受重物趋向地心的四元素说解释，而认为“对足而立”是“气摄”所致。另一方面，西方天文学的新理论“地动说”似乎也进入了邵璔的视野：

> 古人称天地如鸡子然，黄中即地也。然壳之外又何所持、何所系乎？天静地动之说，其理似谬。惟天动地静，地随天而动，其理稍通。兹谓天包地而终古不动，得无诮其板滞乎？然则天之外亦有风气水火持之否？四围之天必有顶，顶之外究何若乎？窃尝思之，谓地必不动，亦怪太拙。[3]

值得注意的是，除了传统的浑天说比喻（“天地如鸡子”）外，佛教“四大”概念（地、水、火、风）也在邵璔的知识结构中占有席位：

> 此等说俱无至理，西人尤为不通。……当未辟之前，水环包于地，风气持挚，水之大浪激土成山岳，无风之处则土平。土之大强则圆，有凸者有凹者，皆能如人搓粉团之光圆乎？故风火抟磨，水气渐涸而干土出也。[4]

---

① 祝平一：《跨文化知识传播的个案研究——明末清初关于地圆说的争议，1600—1800》，《“中研院”历史语言研究所集刊》1998 年第 3 期。

② 高一志：《空际格致》卷上，邵批本，第 16b 页。

③ 高一志：《空际格致》卷上，邵批本，第 21b 页。

④ 高一志：《空际格致》卷上，邵批本，第 28a—b 页。

事实上，从其书斋名“兜率陀室”，可以看出邵增确实受到佛家的影响。①因而，中国固有的传统、佛家传统乃至欧洲古典和近代天文学，均影响邵增对宇宙模型的思考。

3. 重视“天人感应”

邵增在《空际格致》卷上“气行有无”节眉批中谓：“此数证言之颇切，故点校之。”②换言之，他会对自认为比较确切的议论加以点校。从校改数量之多少，我们可以看出邵增较关注的重点是地震（69 处）、虹霓（29 处）等自然现象的四元素说解释。大概这些自然现象与灾异、人事相关，向来也是传统中国士人关注重点。比如他认为地震的作用不是高一志所称的造物主要警示世人，而是为了“警人主之怨”③，体现了天变主要与皇权相联系的中国传统思想。

清朝前期，《空际格致》愚斋本在文字上已有对明刻本师心自用的改易，邵批本沿袭之，对邵增也有影响。最明显的是卷下“风雨预兆”节，在述及如何判断风雨等现象即将来临时，明刻本提到：

> 云积而不行指风，风后致雨。……太阴出时，明亮清洁则晴，若红指风，黑指雨。……月望时大半清洁，指后连晴。若红指风、黑指雨；围圈始开，必指其方有风；围圈或重者，又指暴风将至。……云坐山头指雨，云润而白指雹。……山林风静时或有鸣响，必指来风之大。空际毛飞海中沫浮，亦为大风之兆。④

愚斋本、南图本及邵批本则将相应之处改为：

> 云横而不行主风，风后主雨。……太阴出时，明亮清洁则晴，若红主风，黑主雨。……月望时大半清洁，主后连晴。若红

① 佛教传说，须弥山顶最上层的天为兜率陀天。

② 高一志：《空际格致》卷上，邵批本，第 28b 页。

③ 高一志：《空际格致》卷下，邵批本，第 58a 页。

④ 高一志：《空际格致》卷下，明刻本，第 28a—28b 页。

> 主风、黑主雨；围圈始开，必主其方有风；围圈或重者，又主暴风将至。……云坐山头主雨，云润而白主雹。……山林风静时或有鸣响，必主来风之大。空际毛飞海中浮沫，亦主有大风之兆。①

以上仅举数例比较，而事实上在这一节当中，抄本的抄写者把全部"指"字替换为"主"。主某某现象等说法，正是中国传统占卜书中常见的话语。然而，这一字之差，正反映出耶稣会传教士与中国士人对于预示风雨的现象的不同理解：前者认为只是基于因果关系的预先指示，后者则认为是类似于传统占卜术，可以占测出天意如何主宰。天主教会禁止教徒迷信占卜②，传统中国士人则无此禁忌，故邵璔的批语正是"风雨占颇佳"的正面评价。

4. 对造物主的摒斥

《空际格致》同时也是一部结合天主教神学和亚里士多德《空际之学》传统的著作，在论述四元素理论的同时不忘时时提及造物主③，借以向中国士人传播天主教。因此四库馆臣评论《灵言蠡勺》《空际格致》《寰有诠》一类明清间的汉译西书为"异端之尤"，要列于存目加以驳斥，以免后学困惑。④随着政治形势的发展，邵璔通过阅读《空际格致》，虽然认识到欧洲人的这些学说不可轻视，但对于前辈摒斥西书中天主教神学方面的评价仍有沿袭。《空际格致》中多次赞颂"造物主"，邵璔或讥评或删改，"山岳"节批评其"泥于造物，尤为拙笨"⑤，"海之潮汐"节则将"造物主岂无意乎"直接改为"主岂

---

① 高一志：《空际格致》卷下，愚斋本，30b—32a 页；南图本、邵批本，29b—31a 页。

② 黄一农：《耶稣会士对中国传统星占术数的态度》，《九州学刊》1991 年第 3 期。

③ 徐光台：《明末西方四元素说的传入》，第 373 页。

④ 永瑢、纪昀等：《四库全书总目提要》，第 1081 页。

⑤ 高一志：《空际格致》卷上，邵批本，第 25a 页。

无意乎”[1]，可见一斑。

另外，《空际格致》是清康熙年间医家王宏翰《医学原始》参考引用的明末清初汉译西书之一[2]，而邵增对《空际格致》中与医学相关的论述也有校改，如将卷上“行之名义”节中“如人身骨肉属土，疾血属水”[3]改为“如人骨肉属土，津血属水”[4]，显示出邵增也同意西方对人身四行属性的归类。

结　论

从上述讨论可知，有清一代学者对四元素说的接受是断断续续进行的。清中期以后，学者所能获得和利用的四元素说著作，多为明末耶稣会士翻译的作品，乃至清朝前期学者吸收四元素说后形成的自然知识考据式的论述。因为耶稣会士的汉译著作掺入了较多的神学元素，为清代学者所排斥。另一方面，四元素说是一个经历千年发展而来的系统理论，能解释多种天文、大气、地理等现象，清代学者认为它具有“实理”的性质，与崇尚考据实证的学术思潮相契合。解释现象的这一部分内容，与基督教神学分离后，便得到了清代中后期学者的吸收、重视，乃至将四元素理论应用于实践。

---

① 高一志：《空际格致》卷下，邵批本，第44a页。

② 方豪：《中国天主教史人物传》（上册），中华书局，1988年，第153页；董少新：《从艾儒略〈性学觕述〉看明末清初西医入华与影响模式》，《自然科学史研究》2007年第1期。

③ “疾”字形似而讹，据明刻本当作“痰”。

④ 高一志：《空际格致》卷上，邵批本，第2a页。

《中国概说》插图考：欧洲出版物中最早的中国文房墨图像

中国科学院自然科学史研究所　郑　诚

17世纪前叶，尼德兰出版商埃尔泽维尔（Elzevir）家族编印了一批国别主题的拉丁文袖珍小册，凡数十种。因书名多有“Respublica”字样，后世戏称之“Elzevir Republics”。1639年印行之 *Regni Chinensis descriptio. Ex varijs authoribus*.即属这一系列。书名可直译为“多位作者对中华王国的描述”，姑且简称作《中国概说》。[①]书前献词署名B. & A.Elsevirii，即Bonaventura Elzevir与Abraham Elzevir叔侄，两人在莱顿合作经营三十余年（1620—1652），出版图书超过500种。[②]

《中国概说》前言略云：“我们献给读者的这部作品，介绍中华王国，主要根据金尼阁神父《基督教远征中国史》，以及其他作者有关中国的著述。”[③]目录开首题“金尼阁神父第一卷”（Liber primus P. Nicolai Trigautii），继而开列十一章名目。另有附录四种：一、英国人珀切斯（Samuel Purchas）有关中国诸省的论述；二、金尼阁前书对若干中国城市的描写；三、鄂本笃（Bento de Goes）印度中国行纪摘录；四、马可·波罗行纪摘录。末附索引。全书凡382页。书高11

---

① Google Books、ECHO Cultural heritage online、Early European Books等网站均可阅览《中国概说》全书书影。

② Michael F.Suarez and H.R.Woudhuysen(eds.), *The Oxford Companion to the Book*, Oxford: Oxford University Press, 2010. p.695.

③ 原文：“Sinensis Regni descriptionem hic vobis exhibemus, potissimum è P.Nicolai Trigautii libris de Christianâ expeditione apud Sinas: scripserunt alii multi de eadem materia。”

厘米，宽6厘米，厚2厘米，小巧精致。①

《中国概说》根据《基督教远征中国史》与《珀切斯游记》二书删略而成。主体内容十一章，出自耶稣会士金尼阁（1577—1628）拉丁文本《基督教远征中国史》（*De Christiana Expeditione apud Sinas*，1615）第一卷。②《基督教远征中国史》（中译本题作《利玛窦中国札记》），系金尼阁根据利玛窦（1552—1610）遗著《耶稣会与天主教进入中国史》（意大利文手稿）翻译增订而成。全书五卷，第一卷凡11章，是有关中国地理、物产、工艺、学术、政治制度、风俗、宗教的总论，内容相对独立。1615年，《基督教远征中国史》在奥格斯堡首印，1625年之前已再版5次。法文（1616）、德文（1617）、西班牙文（1621）、意大利文（1622）译本亦相继问世。③不过在1639年之前，该书第一卷似无单行本出版。④

《中国概说》附录一、附录四，皆据英国人珀切斯编印之世界旅行记集成《哈克路特遗著或珀切斯游记》（*Hakluytus Posthumus or Purchas his Pilgrimes*，1625）摘录而成。附录二、附录三，仍选自金尼阁《基督教远征中国史》。其中鄂本笃行纪出于金尼阁书第五卷第十一、十二章（1615年版，第546—562页），内容颇多删节。

《中国概说》的书名页设计独特，引人注目（图1）。书名页分上中下三栏。上栏内为莨菪叶装饰下一宽袍长须之人倚罐（酒坛？）而

① 李淑仪：《外文古籍〈*Regni Chinensis descriptio*〉初探》，《澳门中央图书馆馆讯》2006年第12期。这类袖珍本被称为“petits Elzeviers”。

② Donald F. Lach, Edwin J. Van Kley, *Asia in the Making of Europe*, vol.3. Book 1, Chicago: University of Chicago Press, 1993, p.513.

③ Carlos Sommervogel, *Bibliothèque de la Compagnie de Jésus*, Bruxelles & Paris: O.Schepens & S.Picard, vol.8, 1898, p.239.

④ Szcześniak（1954）提及拉丁文版《基督教远征中国史》第一卷有两种早期单行本，分别为 *Regni Sinensis descriptio*（1632）里昂版以及 *De regno chinae*（1633）埃尔泽维尔莱顿版。笔者未查得相关著录，恐系 Szcześniak 误记，实无其书。参见 Boleslaw Szcześniak, “Matteo Ricci’s Maps of China”, *Imago Mundi*, vol.11, 1954, pp.127 - 136, 135。

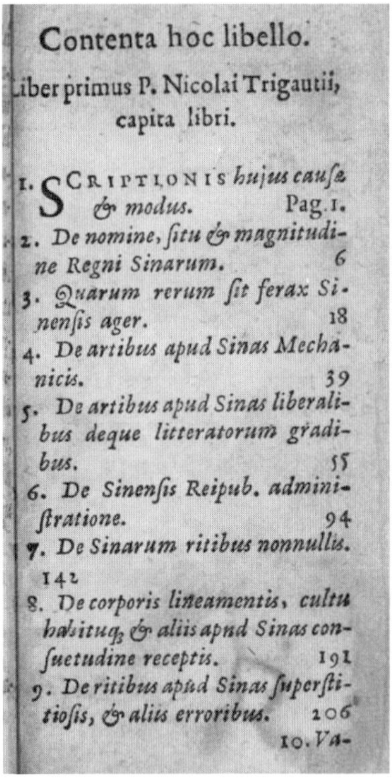
Contenta hoc libello.

Liber primus P. Nicolai Trigautii, capita libri.

图 1 《中国概说》(1639)书名页(上半部)、目录页(荷兰皇家图书馆藏本)

坐,来源不详。下部为一幅微型的中国地图(约 3×5 厘米),绘出主要水系与城市位置。典型地物如长城、朝鲜半岛、山东半岛、长江三角洲、海南岛十分明显,然未绘出中国台湾岛及辽东半岛等地。该图应出自珀切斯世界旅行记集成所刊中国地图。珀切斯地图的底本,则为 1608—1609 年间英国东印度公司船长约翰·萨里斯(John Saris)在万丹(Bantam)所得之“皇明一统方舆备览”图。①珀切斯地图原标有经纬线、省名拼音、众多城镇、利玛窦像及若干图注,《中国概说》俱为省略。原图左右下角绘有中国男女人物像,《中国概说》将其抽出,置于附录一珀切斯书有关中国诸省的介绍文字之后,各占一页。

① 杜石然、杜芳:《帕切斯著作中的中国地图》,《中国科技史料》2000 年第 1 期。

图 2 《中国概说》(1639)附录一后插页(荷兰皇家图书馆藏本)

《中国概说》书名页中心位置，自上而下依次为标题、埃尔泽维尔家族标志(树枝火焰)、出版地莱顿(Lvgd. Batav.)、出版者埃尔泽维尔书局(Ex offic. Elzeviriana)、出版年 1639 年(MDCXXXIX)。左右两侧装饰构图对称。右刻“平沙落雁”四个汉字，摹刻稚拙。“平沙落雁”四字下刻有篆书“吴印/申伯”阳文方印。左侧是一幅平沙落雁图：十三只大雁排成人字形，飞过水面，似欲落向植被茂密的沙洲。

Szcześniak(1954)认为，《中国概说》书名页地图中的长城形象与珀切斯地图有别，且“平沙落雁”图文为珀切斯书所无，故而《中国概说》所载地图另有所本。此说没有注意到《中国概说》所附男女人

图 3　《中国概说》(1639)附录一后插页(荷兰皇家图书馆藏本)

像图来自珀切斯图,且“平沙落雁”本与地图无涉。[①]

吴申伯印鉴乃一关键信息,可知“平沙落雁”图文出自一笏墨锭。按,吴申伯,万历年间制墨名家,休宁海阳镇人,别署梧竹居。尹润生(1908—1982)旧藏溪提金汁胜兴墨一笏,署“万历己亥年吴申伯制”。[②]日本德川美术馆藏有吴申伯款五牛图墨、梧竹居墨。近年拍卖市场亦出现吴申伯款梧竹居墨、五牛图墨、超超六法显精神

① Boleslaw Szcześniak, “Matteo Ricci's Maps of China”, *Imago Mundi*, vol.11, 1954, pp.127 - 136, 135.

② 万历己亥,即 1599 年。参见叶恭绰等编:《四家藏墨图录》,上海书店出版社,2006 年,第 127—129 页;尹润生:《墨林史话》,紫禁城出版社,1993 年,第 60—61 页。有研究者提出,“溪提金汁胜兴”之典故出于王嘉《拾遗记》所谓浮提国神人献金壶黑汁佐老子撰《道德经》事。该墨主体纹饰为百老图,与此铭文未见关联,则此墨当系后人据程君房百老图墨墨模改制之伪品。参见王毅、蔡鑫泉:《中国墨文化问学》,上海远东出版社,2014 年,第 188 页。

墨、五老松墨。①平沙落雁墨未闻传世，既不见于明清间墨谱，亦未见前人著录。

吴申伯墨何以出现在《中国概说》的书名页中？该书的献词和前言都未提及此事。《中国概说》选择中国风格的装饰图案顺理成章，然而在1639年的欧洲，"平沙落雁"这类富有中国文人趣味的墨锭恐怕相当罕见。吴申伯墨（或其图样）或许是某位传教士，甚至金尼阁本人带回或寄回欧洲，最终为埃尔泽维尔所得，刊入书中。

金尼阁1577年生于杜埃（Douai），时在西属尼德兰境内；1610年达到中国，曾在南京、杭州、北京游历；1613年起程返回欧洲。1614—1619年，作为耶稣会中国传教团的代表，金尼阁在欧各地旅行，宣传在华传教事业，为中国传教团募集资金，招募人员，搜罗图书，一度在尼德兰停留数月（1616年11月—1617年2月）②。1616年12月至1617年1月，鲁本斯在安特卫普（或布鲁塞尔）见到金尼阁，为其绘制了身着中式绸袍、头戴高冠（类似东坡巾）的全身像，一副明朝士绅派头。③1620年，金尼阁回至中国，游历浙江、山西、河南等地，1628年在杭州去世。④

① 2007、2010、2012年的三次拍卖会记录，参见 www.auction.artxun.com。

② 费赖之著，冯承钧译：《在华耶稣会士列传及书目》，中华书局，1995年，第115—118页。金尼阁在欧洲收集图书的行程与收获，参见 Noël Golvers, *Libraries of Western Learning for China. Circulation of Western Books between Europe and China in the Jesuit Mission（ca. 1650 - ca. 1750）*: vol.1.1. *Logistics of Book Acquisition and Circulation*, Leuven: Ferdinand Verbiest Institute KUL, 2012, pp.202 - 212。

③ Anne-Marie Logan, Liam M Brockey, "Nicolas Trigault SJ: A Portrait by Peter Paul Rubens", *Journal of the Metropolitan Museum of Art*, no.38, 2003, pp.161 - 167.

④ 金尼阁曾随教友韩霖（约1598—约1649）拜访韩氏乡试同年朱之俊（1596—1671）。朱之俊后将金尼阁西文书迹镌刻成石联，置于汾阳别墅解脱园内，白云楼前。朱之俊《解脱园记》略云："白云楼……前有石联，人不能识，西洋金先生笔也。"王士禄访解脱园诗，有"联书碧篆分"之句，自注"阁联是西洋金弥格书"。参见朱之俊：《韩雨公年丈同西洋金先生访予山中》《解说园记》，见载《砚庐诗》，民国二十四年汾阳公立图书馆铅印本，24b，36a。王士禄：《游朱沧起先生解脱园四首》，《十笏草堂辛甲集》卷三，6a，康熙六年刻本。

比利时皇家图书馆（布鲁塞尔）藏有明刻通俗类书《群书博纪》残本[①]，书衣内粘一纸，纵写汉字草书两行七字。据其旁拉丁文题记，草书系1616年12月金尼阁所题（图4）。[②]从书影看来，似为“墨”“卿”等字，不成文句。草字笔势流畅，毫头清晰，应为毛笔写就。是否应用中国墨所书，未见原迹，尚难遽定。不过金尼阁返欧之时携带若干墨锭，应在情理之中。

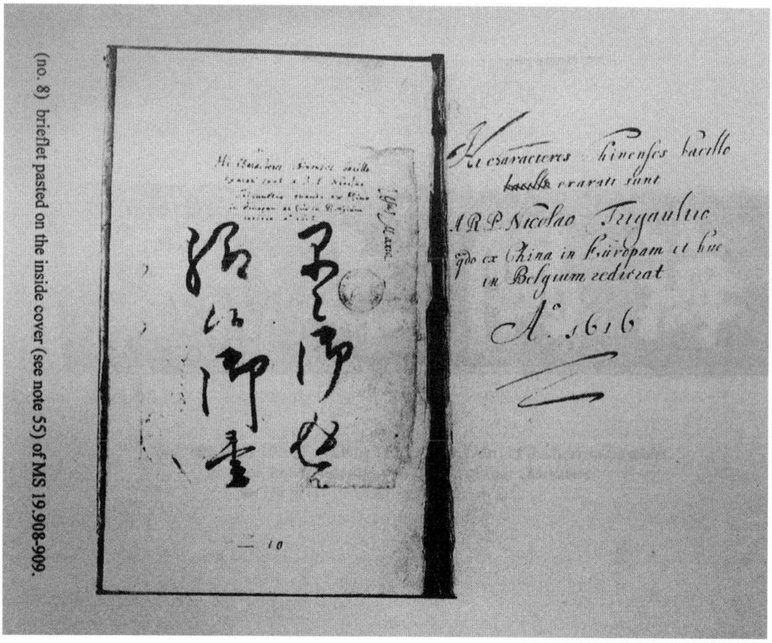

图4　金尼阁汉字手迹，比利时皇家图书馆藏《群书博纪》明刻本

---

① 《新锲闲居精选士民便用群书博纪》，存卷五，二册。

② 拉丁文题记：“hi characteres chinenses bacillo exarati sunt a R.P. Nicolao Trigualtio quando ex China in Europam et huc in Belgium redierat anno 1616”。参见 Ad Dudink. *Chinese Books and Documents*（*pre*-1900）*in the Royal Library of Belgium at Brussels*. Brussel：Archief-en Bibliotheekwezen in Belgie，2006. p.24，150。题记中“bacillum”（bacillo 的主格）字面指小棍子，此处似即指中国毛笔。金尼阁《基督教远征中国史》（1615）提及毛笔，称为“penicillum”（刷子）（“deinde penicillo è pilis leporinis，quod ad scribendum vtuntur”，pp.23－24）。感谢杜鼎克（Ad Dudink）先生提示此种差别。

图样精致的墨锭极具异国情调，当为欧洲学者喜爱。埃尔泽维尔书局创始人路易斯(Louis)在莱顿经营出版业务三十余年(1583—1617)。1617年，路易斯之子马泰斯(Matthijs, Abraham之父)与博纳文图拉(Bonaventura)兄弟接手家族事业。①书局坐镇学术中心莱顿，拥有当地最大的书店与印刷场。尽管莱顿属于新教地区，耶稣会士金尼阁会不会曾是埃尔泽维尔的主顾，抑或曾经礼尚往来呢？②同时也存在另一种可能：荷兰东印度公司商人自中国或日本带回此墨，作为东方珍玩在阿姆斯特丹出售。

总而言之，1639年版《中国概说》书名页上的"平沙落雁"图文，应是欧洲出版物中第一次出现中国文房墨形象，与程大约《程氏墨苑》(1605)刊入的圣母抱子像、《新约》故事图相映成趣，不失为近代早期中西交流史上的有趣案例。

---

① Michael F.Suarez and H.R.Woudhuysen(eds.), *The Oxford Companion to the Book*, Oxford: Oxford University Press, 2010, p.695.

② 目前尚无金尼阁曾获得埃尔泽维尔图书的证据。惠泽霖编《北堂图书馆藏西文善本目录》(1949)著录了两种埃尔泽维尔出版物(no.2764, 2995)，分别出版于1624、1639年，后者即《中国概说》。参见H.Verhaeren, *Catalogue of the Pei-t'ang Library*, Peking: Lazarist Mission Press, 1949。

应对模糊性：《礼记》之“拟如”礼仪在17世纪的文化间诠释

比利时鲁汶大学　钟鸣旦（Nicolas Standaert）撰；
王　琦译，陈妍蓉校订

当中国人向他们的祖先奉献祭品时，他们祖先的灵真的出现在祭祀中并享用了所奉的食物吗？缘于对偶像崇拜仪式的焦虑，这是欧洲传教士在17世纪所遭遇的一个主要问题。这个问题的回答非常重要，它决定着他们对待此类礼仪的态度。若说祖先确实在场并享用供品，甚至降下福佑，则此类仪式应当被认定为偶像崇拜并加以拒斥；但若不是，则此类礼仪当可被容忍。为了解决这些问题，传教士早已求助于那些指引他们去学习《礼记》等汉语文本的中国学者。然而，祖先的“灵”是否真的出现于祭祀中却并不是《礼记》及其后文本的主要聚焦议题，而且在整个中文文献传统里，此类问题也没有受到类似话题在欧洲那样广泛的讨论，如一些对“变质说”（transubstantiation）或圣体圣事中基督真实临在等问题的神学讨论。

本文聚焦于17世纪晚期中国基督徒学者严谟（约1640—约1718）对《礼记》的诠释。他的诠释在两点上意味深长：首先，其产生于文化间语境中，是与另一种文化中的学者相遇的结果，因此在严谟对《礼记》的诠释中，我们可以看到中国学者是如何从这种碰撞催生的新问题的视角，来重新解读他们自己的经典文本；其次，如严谟一般的学者并非上层官员而是下层文人，因此其诠释可以提供一些关于这些文士阅读《礼记》的观点。

此外,严谟对《礼记》的诠释亦可联系到对礼仪的新近诠释,更具体地说,即把礼仪视为创造一个共享的“拟如”的世界(a shared “as if” world)。这牵涉一系列的问题,如《礼记》中的祭祖仪式及其在17世纪的实践方法是某种创造了一个“拟如”世界的礼仪吗?是否此“拟如”世界与“真实”世界(the “real” world)迥然有别?《礼记》描述祖先是说他们“拟如”在场一般,还是说他们真的在场,还是本来就对这个话题模棱两可?若果真如此,我们又该如何应对这种模糊性?

一、严谟文本的背景与语境

从16世纪晚期开始,基督教在华传教的头一百年里,传教士们并没有对《礼记》加以特别的关注。最早出版的儒家经典译本中理所当然地含有《大学》《中庸》诸章节的翻译,但是它们是作为《四书》而非《礼记》的一部分被翻译的。①事实上,除了一些17世纪晚期手稿中的选译引文(见下文)和一些18世纪的印刷文本中的介绍说明

---

① 罗明坚(1543—1607)是第一个把儒家经典译成欧洲语言的人(1593),但这只是对最短的儒经《大学》进行了相当破碎的处理,其译本在安东尼·波塞维诺(Antonio Possevino, 1559—1611)《选集文库》(*Bibliotheca selecta*)中出版。他也于1590年把《大学》《中庸》和《论语》的一部分翻译为西班牙文手稿,但这份手稿直到1921年才在西班牙出版。据说利玛窦(1552—1610)也翻译了《大学》《中庸》《论语》,但是至今仍没能找到这些文本,这些文本也从未被出版过。1662年,耶稣会士将《大学》的完整拉丁文译本收入《中国智慧》(*Sapientia Sinica*,江西建昌)中。《中庸》的耶稣会士译本题为“中国人的政治伦理知识”(Sinarum scientia politico-moralis),其第一部分于1667年在广州出版,剩余部分于1669年在果阿出版。《中国哲学家孔子或中国知识(拉丁文译释)》(*Confucius Sinarum Philosophus, sive Scientia sinensis latine exposita*)于1686年至1687年在巴黎由丹尼尔·霍特梅斯(D. Horthemels)出版。更多参考资料与当代译本参见CCT数据库(http://www.arts.kuleuven.be/sinology/cct)Mungello(1982)、Lühmann(2003)、Meynard(2011)、Lo Sardo(2016)。

与选译片断之外①，首部欧洲语言的《礼记》全译本一直到19世纪晚期才出现。然而，人们对《礼记》的兴趣已经随着礼仪之争在17世纪晚期（八九十年代）的展开发生了改变，因为耶稣会传教士正在寻找证据来证明他们的论点，即献给祖先的祭祀并非是迷信或偶像崇拜，而仅仅是一种政治的或市民的礼仪。②在寻找证据的过程中，他们得益于中国学者的帮助，中国学者为他们指出经典文献可以支持他们主张的段落，尤其是《礼记》中的。

（一）背景

在进入本文所分析的17世纪八九十年代文本的背景之前，把目光前移80—100年，有助于理解最初有关祖先的、引发了礼仪之争的问题。自从耶稣会传教士抵达中国，他们就遇到了祭祖现象。尽管利玛窦（1552—1610）本人并没有对中国的祭祖或丧葬礼仪给过系统的评估，他的些许洞见却在日后被采纳的政策中扮演着主要

---

① 有一份匿名的简短描述，题为"Le Li ki, cinquiéme Livre Canonique du premier Ordre"，收于 *Description géographique, historique, chronologique, politique, et physique de l'empire de la Chine et de la Tartarie chinoise*, ed. by Jean-Baptiste De Halde, Paris: Mercier, 1735, vol.2, pp.318 - 319; La Haye: Henri Scheurleer, 1736, pp.381 - 382。其在谈及中国注疏家时，对《礼记》表现出一种相对消极的评价："文本已经朽坏，其中收录着那些不再实践的习俗，阅读此书应当非常谨慎。"*Mémoires concernant l'histoire, les sciences, les arts, les moeurs, les usages, &c. des Chinois, par les missionnaires de Pékin*（17 vols, Paris: Pierre Le-Mur-Treuttel et Würtz, 1776 - 1814）的第二卷完全致力于解释耶稣会士钱德明（Joseph-Marie Amiot, 1718—1793）的"L'Antiquité des Chinois prouvée par les monumens"，其中含有描述了43位《礼记》的注疏家的"Table chronologique des Auteurs qui ont ecrit sur le Li-ki"（pp. 210 - 219）。《中国[……]见闻录》（*Mémoires concernant...les Chinois*, 1779）的第四卷中有一份关于耶稣会士韩国英（Pierre-Martial Cibot, 1727—1780）所作"Doctrine ancienne et nouvelle des Chinois sur la piété filiale"的长篇论文（第1—298页），其中含有一份关于《礼记》论孝的选段翻译："Extraits du Li-Ki sur la Piété Filiale"（第6—28页）。

② 围绕祭孔也产生了类似的问题，但此处不加以讨论，因为它们不是《礼记》的直接对象。

角色。其《利玛窦中国札记》一书关于中国宗派的一章里有一个关键的段落,他描述了向已亡先祖献祭的食物、香烛以及绸绢或纸,援引《礼记》中的《中庸》一章并展开解释:

> 他们代表祖先为遵例循俗给出理由:"事死如事生。"(servirgli morti come se fossero vivi)他们并不认为死者会享用或需要上述这些东西,但他们说这是因为不知道还有什么别的方法能表达他们对祖先的热爱和感激。还有些人告诉我们,举行这种仪式与其说是为死者,不如说是为了生者,也就是说,教导他们的子孙和那些无知的人尊敬、赡养他们在世的父母,让世人看到那些大人物侍奉他们去世的祖先,仍像祖先们在世的时候一样。但不管怎样,中国人并不认为这些逝去的人就是神,不向逝者们祈求什么,也不指望人们为他们做什么,这完全不同于任何的偶像崇拜(idolatria),或许还可以说这根本不是迷信(superstitione)。但如果他们信奉天主时,最好把这种形式改为施舍穷人,以告慰祖先的亡魂灵。①

因此,利玛窦采纳的观点是,在此类礼仪中,中国人服事死者"拟如"他们还活着一般,他的结论是中国人并不相信亡者实际在场,也不相信他们是神圣的。这种实践当然不是偶像崇拜(偶像崇拜指的是那些向错误的神祇,即传教士眼里的受造物献祭的行为),也不算是迷信(迷信通常意味着对真的造物主的不当崇拜)。但由于迷信是危险的,最好还是以最终取代这些习俗为目标。实际上,传教士只是逐步接纳某些中国丧葬仪式,这主要是那些包含在《家礼》的儒家传统中并被冠以"中国风俗"(ex more sinico, conforme ao custume da China)之名的东西。②它们被认为是"市民的""政治

---

① Matteo Ricci, *Fonti Ricciane*, 3 vols., ed. Pasquale M. d'Elia, Roma: La Libreria dello Stato, 1942 - 1949, vol.1, pp.117 - 118.

② *Ex more*(*sinico*): Ricci, *Fonti Ricciane*, vol.2, pp.565, 628; *conforme ao custume da China*: vol.2, p.499.

的"礼仪，因此可以被教会接受。

其实，在传教士们留居中国的头五十年里，耶稣会士当中就已对此类礼仪表达过相当不同的意见。①争论发展到中华耶稣会士以外，源于道明会士。1663 年首批道明会士抵达中国，随后因质疑耶稣会对待中国礼仪的方式，向罗马提出异议。1645 年的首份宗座法令禁止此类实践，之后 1656 年的法令更宽容一些。广州流放(1666—1669)后，传教士们重返内地，到 17 世纪八九十年代，论战逐步重启。例如，道明会士万济国(Francisco Varo, 1627—1687)写了一本《辩祭》。作为回应，耶稣会士李西满(Simão Rodrigues, 1645—1704)邀请几位中国人批驳此书所表达的观念。另一位其时相当活跃的耶稣会士是方济各(Francesco Saverio Filippucci, 1632—1692)，他不仅收集了中国学者所辑诸书，还取来了他们所用的原始资料，包括像陈澔(1261—1341)的《礼记集说》这样的《礼记》注本。他写下他自己的分析，试图展示祭祖仪式是"政治的"礼仪。他很可能是第一位认真研究过《礼记》的传教士。然而他的绝大部分著作只有手稿留存。②

---

① 关于此处之背景，可参见 Nicolas Standaert, *The Fascinating God: A Challenge to Modern Chinese Theology Presented by a Text on the Name of God Written by a 17th Century Chinese Student of Theology*, Roma: Pontificia Universita Gregoriana, 1995, chap.1; Nicolas Standaert, "4.1.6. Rites Controversy", in *Handbook of Christianity in China: Volume One(635 - 1800)*, ed. N.Standaert, Leiden: Brill, 2000, pp.680 - 688。

② 例如，"Explicaçam de 37 Textos Sinicos, e reposta aos Apontamtos feitos sobre elles, com os quaes se pretende provar, que os Chinas ex vide suas Doutrinas e Ritos antigos, pedem merces à seus defuntos esperao nelles e crem que decem as Taboinas e seus miaos ou Aulas destinadas pera seu culto."[对 37 种中国文本进行解释，并以此回应其他据此得出的论点，依据这些论点某些人声称自己能够证明，从中国人的教义和古礼(Doctrines and ancient Rites)中就能看出，他们向亡者寻求帮助，将希望寄于其身，并相信对亡者的膜拜注定会令其降临在牌位、庙祠(*miaos*)、厅堂里。][Biblioteca Nazionale Centrale Vittorio Emanuele II, National Library, Rome, Ges. 1248/1; 1250/1(拉丁文)，1383/11(拉丁文)。]它带着注释直接对《礼记》的汉语引文(及其他)进行了讨论。亦可参见他的"Tractatus P.is Francisci Philippucci de Ritibus Sinicis quem(转下页)

随着福建宗座代牧巴黎遣使会士颜珰(Charles Maigrot, 1652—1730)在其1693年3月26日的训令中控诉中国礼仪,继而引起中国学者的再次回应,两种观念的冲突加剧。主要依赖万济国的解释,颜珰的文本包括七款,其中有一条值得引用,它有助于更好地理解下面要考察的文本的语境:

> 【第四款】传教士绝不能允许基督徒主持、服事或出席他们习惯的一年数次向孔子或祖先奉献的隆重祭祀或献祭。我们断言这些奉献已被迷信所玷污。①

从那时起,圣座开始涉足一个极其复杂的审查程序。两位耶稣会士卫方济(François Noël, 1651—1729)和庞嘉宾(Kasper Castner, 1665—1709)被遣往罗马为耶稣会的立场辩护,他们同时带去了大量源自广州—澳门的资料,尤其是带去了方济各所获得的书文合辑。②这解释了为什么《礼记》和严谟著述等文本现在被保存在罗马。③此外,为了捍卫他们的立场,卫方济和庞嘉宾还将这些文

(接上页) in suo praeludio promittit"(Biblioteca Nazionale Centrale Vittorio Emanuele II, Ges.1248/3),其中一项内容是通过大量征引《礼记》对“祭”进行广泛的讨论。他还有一篇短文“Notae super Lyky(BNC.VE, Ges.1249/9, cc.497r-510r)。见Marina Battaglini, “The Jesuit Manuscripts on China Preserved in the Biblioteca Nazionale in Rome”, in F.Masini(ed.), *Western Humanistic Culture Presented to China by Jesuit Missionaries (XVII - XVIII centuries)*, Rome: Institutum Historicum S.I., 1996, pp.38-40。

① 见Ray R. Noll(ed.), *100 Roman Documents Concerning the Chinese Rites Controversy (1645 - 1941)*, Donald F. St. Sure(transl.), San Francisco(Ricci Institute), 1992, p.9。

② 见Nicolas Standaert, *Chinese Voices in the Rites Controversy*, Rome: Institutum Historicum S.I., 2012, p.23, 47ff。

③ ARSI(Archivum Romanum Societatis Iesu)辑本有四种《礼记》之古代版本:《(闵家三订)礼记集说》(1630年,Jap. Sin. II, 103-104)及其修订版(1633年,Jap. Sin. II, 111-112);《礼记注疏》(1639年,Jap. Sin II, 105-108);《张翰林校正礼记大全》(未注明出版日期,Jap. Sin. II, 109-110)。见Albert Chan, *Chinese Books and Documents in the Jesuit Archives in Rome: A Descriptive Catalogue: Japonica-Sinica I - IV*, New York: M.E.Sharpe, 2002, pp.414-418。(转下页)

本用于他们准备的文档里，向宗座委员会为耶稣会的立场做辩护。于是，来自严谟等中国人（基督徒）的引语和来自《礼记》的引文都被译为拉丁文并出版于《刚刚来自中国经授权的新的证言（欧洲人和中国人的）的摘要》（*Summarium Nouorum Autenticorum Testimoniorum Europæorum, quam Sinensium nouissimè è China allatorum*，罗马，1703）。①然而，在罗马的枢机主教组成了一个委员会，他们的审慎考量导致了1704年11月20日的《至善天主》（*Cum Deus optimus*）法令，禁止基督徒参与祭祖，禁止祖先牌位的题字称亡者为"神主"（throne）或"神位"（seat of the spirit），但允许牌位上只写死者的名字。

（二）作者

严谟（字定猷，教名保球，或保禄，或生于17世纪40年代中期，死于1718年之后）是一位专门从《礼记》收集引文并作注的学者，他的注解将在本文得到分析。严谟的生平，只有极少部分为人所知。②他是福建漳州人。中国官方文献里唯一的相关信息显示他在1709年（康熙四十八年）成为一名（岁）贡生。③从他的基督教文本中我们得知，他是严赞化（字思参，教名盎博削）之子。④严赞化本人是1651

（接上页）陈澔《礼记集说》（1633年，ARSI, Jap. Sin. II, 111 - 112；Chan, *Chinese Books and Documents in the Jesuit Archives in Rome*, p.418）封面有卫方济的笔迹；多种严谟著作［如《条问集答》（ARSI, Jap. Sin. I［38/42］40/2；Chan, *Chinese Books and Documents in the Jesuit Archives in Rome*, p.45）］有庞嘉宾的（分类）注释。

① 这些引述的概览，见Standaert, *Chinese Voices in the Rites Controversy*, p.69ff。来自严谟的引述见*Summarium Nouorum Autenticorum Testimoniorum*, pp.66 - 69；来自《礼记集说》的《礼记》引述见*Summarium Nouorum Autenticorum Testimoniorum*, pp.73 - 74（见Standaert, *Chinese Voices in the Rites Controversy*, pp.63 - 64）。

② 关于他的生平与出版作品，参见Standaert, *The Fascinating God*, chap.1。

③ 《龙溪县志》［1762年（乾隆二十七年），1879年（广州）］，《中国方志丛书》第90册，第174页，第14卷，28b；又《重纂福建通志》，第166卷：参见林金水：《明清之际士大夫与中西礼仪之争》，《历史研究》1993年第2期。

④ 严谟《李师条问》第一行："闽漳严保球谟定猷氏集答，父严盎博削赞化思参氏鉴订。"

年的府学恩贡生①,并是福建团体一位热忱的基督徒。他是耶稣会士艾儒略(1582—1649)的学生与合作者。他和其他人一起参加了《口铎日抄》(1630—1640)和《励修一鉴》(1639)的订正工作,此二书是关于艾儒略及晚明时期福建基督徒团体活动的极重要文本。然而,到 17 世纪末,此团体之组织早已彻底改变。福建省是道明会中国传教团的中心,而耶稣会士减少他们在那里的活动。严家似乎属于下层文人,即由低阶学士、学园教师和文员组成的阶层。正如许理和(Erik Zürcher)所指出的,这些学者并非与朝廷紧密相联或涉足权力中枢的进士,而是深深根植于中国社会的无甚辉煌壮举的低级文士。尤其在福建,他们构成了 17 世纪基督徒团体的基底。②

二、文　　本

约有 17 种文本的已知作者为严谟。它们皆是手稿,一些留有多份抄本。③本文聚焦于其中相关《礼记》的两种文本——《祭祖考》④和《李师条问》(又题“条问集答”)。⑤它们最可能写于 17 世纪 80 年代或 17 世纪 90 年代早期。

---

① 《龙溪县志》[1762 年(乾隆二十七年),1879 年(广州)],《中国方志丛书》第 90 册,第 173 页,第 14 卷,25b。

② Erik Zürcher, *Kouduo richao, Li Jiubiao's Diary of Oral Admonitions: A Late Ming Christian Journal*, Translated, with Introduction and Notes by Erik Zürcher(Monumenta Serica Monograph Series LVI/1-2), 2 vols, Nettetal: Steyler Verlag, 2007, pp.13, 62.

③ 参见 CCT 数据库。

④ ARSI, Jap. Sin. I[38/42] 41/1a; *CCT ARSI*[《耶稣会罗马档案馆明清天主教文献》,12 卷,Nicolas Standaert(钟鸣旦),Ad Dudink(杜鼎克)编,台北利氏学社,2002], vol.11, pp.5 - 28。参见 CCT 数据库及 Chan, *Chinese Books and Documents in the Jesuit Archives in Rome*, pp.62 - 63。

⑤ ARSI, Jap. Sin. I(38/42) 40/2; *CCT ARSI*, vol.11, pp.115 - 216。参见 CCT 数据库及 Chan, *Chinese Books and Documents in the Jesuit Archives in Rome*, pp.45 - 46。亦见 BAV(Bibliotheca Apostolica Vaticana, Rome), Borgia Cinese 316.10;该书的两个版本拥有相同的内容,但问题的安排并不一致。

《祭祖考》是一篇相对较短的文本(十二叶),该书对祖先崇拜进行了研究:通过征引原始文献,它随后提出了献祭之原意、三代祭仪、宋儒《家礼》、后代祝文、俗祭之邪等问题,并附以严谟自己的讨论。《李师条问》是一篇明显更长的文本(五十叶),对 28 个问题作答:对每个问题,严谟先征引经典文献而后给出自己的注解。此二文本彼此相关,因为《祭祖考》几乎完整且一字不差地综合了《李师条问》中的相关问题。因此,本文参引最多的是《李师条问》。

虽未标明日期,但这两个文本最可能写于上文提到的在地方上产生的、围绕礼仪问题的冲突时期。严谟受李西满之邀而作的《辨祭》是对万济国《辨祭》的回应,该文所作时间可能在 17 世纪 80 年代早期。《祭祖考》与《木主考》是同时的作品①,《考疑》可能也作于同一时期。②《李师条问》可能也与此一时期有关,因为该书所致的李神父应该是李西满。然而该书也可能写于 17 世纪 90 年代早期,且重新使用更早写成之《祭祖考》中的材料。有几封信是在颜珰法令颁布之时由严谟和其他人所写的,其中一封写于 1695 年。③另一封随

---

① 在 ARSI, Jap. Sin. I[38/42] 41/1; *CCT ARSI*, vol.11, pp.1 - 46 中,此三篇作品和《辨祭》同捆。在由庞嘉宾题写的封面上有拉丁文题字:"Libellus de examine/oblationis rite orationes illarum/quae colen fieri in oblatio/nibus, item tabulae quae defunctis/ponitur rite discursus de litera çi/contra Pe. Varro ordinis Praedica/factus a Jen Paulo litterato Christ./a FuKien。"(审查用小册子/关于在奉献中存在的/按礼仪进行之奉献祈祷,/以及用于按礼仪安置/死者的牌位之争论/源于来自福建的/基督徒学者严保球所写之/反对道明会士万济国的书信。)《辨祭》另一个版本[Jap. Sin. I(38/42) 40/6a; *CCT ARSI*, vol.11, p.59]的结尾引用了《木主考》。

② 《辨祭》每个版本的结尾(*CCT ARSI*, vol.11, pp.46, 59)都提到它的写作早于《辨祭》。

③ 一封由包括严谟在内的六位基督徒向耶稣会士穆若瑟(José Monteiro, 1646—1720)寻求帮助的信件,即在此一时期写成。见《草稿》:ARSI, Jap. Sin. I[38/42] 41/2a, *CCT ARSI*, vol.11, pp.63 - 65。此信随附 1695 年秋之《辨祭后志》。见 Jap. Sin. I[38/42] 41/2b, CCT ARSI, vol.11, pp.67 - 72。还有一封写给穆若瑟的信和一封写给某位李神父(很可能是李西满)的信,其中提及众基督徒已有一年时间被拒绝办圣功。这些极可能也写于同一时期。见《草稿(抄白)》:ARSI, Jap. Sin. I[38/42] 41/4; *CCT ARSI*, vol.11, pp.91 - 92, 97。并随附一份《李师条问》内容表(第 93—95 页)和同一作品两个章节的修订版。亦见 Chan, *Chinese Books and Documents in the Jesuit Archives in Rome*, pp.64 - 67。

附《李师条问》的修改稿,并提及该稿写于“前年”。①似乎由于颜珰的布告,耶稣会士开始再次向他们的中国基督徒追随者询问更多的参考材料,而《李师条问》的成书可能基于李西满之前所提的问题。

事实上还有另外四种文本处理了与《李师条问》所论的28问几乎全部同样的问题:

《礼俗明辨》②,作者李九功(?—1681,同样来自福建);

《刍言》③,作者何相公(何传道员,很可能是同样来自福建的何如笭[1663年举人]);

《礼仪答问》④,作者夏大常[玛第亚(Mathias),来自江西赣州]⑤;

《礼仪问答》⑥,作者未知(很可能是一位陕西学者)⑦。

由于李九功死于1681年,他的文本也许写在接到李西满的问题后的很短时间里。其他文本也许写于同一时期(1680—1683)或稍晚几年(1689—1692),因为这些文本中的一个注释提及它们是交给副省会长毕嘉(Giandomenico Gabiani, 1623—1694)的,而毕嘉有两个副省会长任期(1680—1683及1689—1692)。因为一封提及穆若瑟的信中有可参考信息,严谟的回答可能写于稍晚一些的时期。

共有28个问题,不过不是每个文本回答所有的问题,也不以相

① 《草稿(抄白)》:*CCT ARSI*, vol.11, p.97。

② ARSI, Jap. Sin. I(38/42) 42/2; *CCT ARSI*, vol.9, pp.21-50;其他各文本,见CCT数据库及Chan, *Chinese Books and Documents in the Jesuit Archives in Rome*。

③ ARSI, Jap. Sin. I(38/42) 40/9.b; *CCT ARSI*, vol.11, pp.257-268.

④ ARSI, Jap. Sin. I(38/42) 40/7.b; *CCT ARSI*, vol.10, pp.115-144.4.

⑤ 夏大常(玛第亚)还编辑了多种累积《礼记》引文及相配注疏的文本,如《礼记祭礼泡制》(ARSI, Jap. Sin. I, 39.4; *CCT ARSI*, vol.10, pp.79-104)和《礼记祭制撮言》(1688年)(ARSI, Jap. Sin. I, 39.4; *CCT ARSI*, vol.10, pp.105-114)。

⑥ ARSI, Jap. Sin. I(38/42); *CCT ARSI*, vol.10, pp.459-478。

⑦ 这些与由中国基督徒所写的其他关于祭祖礼的文本,在耶稣会罗马档案馆日本—中国卷(ARSI, Jap. Sin)中共有28种。笔者收集,并在陈文宁《论明清中国士人信徒对祭祖礼的探讨:以耶稣会罗马馆藏明清士人信徒祭礼文献28篇为考察范围》(香港青森文化,2017)中进行了讨论。

同的顺序给出回答。[①]这些问题种类多样，反映出传教士充满着对于中国礼仪的焦虑。这些问题主要关于各种仪式的意义，而非其实际表现。例如：

日蚀月蚀行礼何如？
丧礼奠酒于地何如？
择地何义？
官长敬城隍何义？
孔子庙中春秋二祭何义？
婚礼拜天地何义？

对研究《礼记》，下面这些是更重要的问题：

来问：中国祭礼天子九献，诸侯七献，大夫士三献，其义何欤？[②]

来问：祭祖宗求福不求福？[③]

其他作者通常用他们自己的话给出简短的回答，但严谟采用一种系统的方式引用经典文献，比如对最后这两个问题，就从《礼记》引文回答。这就是为什么这篇文章着重分析《李师条问》中对这些问题的回答(部分抄录自《祭祖考》)。

---

① 关于这些不同的顺序，参见王定安：《天儒丧祭礼遭遇之辩中辨：儒家"宗教性"的比较诠释》，《汉语基督教学术论评》(*Sino-Christian Studies: An International Journal of Bible, Theology & Philosophy*) no.25(2018)，第 98—99 页，提供了一份优秀的概览。《李师条问》的两个版本[ARSI, Jap. Sin. I(38/42) 40/2; *CCT ARSI*, vol.11, pp.115 - 216 与 BAV, Borgia Cinese 316.10]中诸问顺序也不相同；且与《草稿(抄白)》(*CCT ARSI*, vol.11, pp.93 - 95)中的内容表亦不相同。

② *CCT ARSI*, vol.11, pp.129 - 139.

③ *CCT ARSI*, vol.11, pp.141 - 147.

三、《李师条问》所讨论的《礼记》[1]

在《李师条问》的开头[2],严谟给出了一份他所参阅的文献清单与说明:《尚书》《诗经》《礼记》《春秋》《周礼》《仪礼》《论语》《中庸》《白虎通》《开元礼》[取自杜佑《通典》(801)],马端临(约1250—1325)《文献通考》,朱熹《家礼》《大明集礼》。《礼记》被解释为"秦汉诸儒集录虞夏商周典礼,六经之一"。随后严谟给出了一份所引篇目清单[3]和两个他所使用的主要注本:汇集汉唐注疏的《(十三经)注疏》,以及广泛使用的元代陈澔(1261—1341)注本《礼记集说》(1322),亦称《礼记集注》或《礼记大全》。[4]

严谟通过以下方式推进他的工作:在讨论中,提出问题后紧跟着列出若干引文,清楚地表明出处(即出自某书和/或某篇),有时在整段引文当中夹杂取自官方注疏的注释。引用结束时他给出自己的评论("愚按")。因此,关于"来问:中国祭礼天子九献,诸侯七献,大夫士三献,其义何欤?"这个问题的段落,以下面的引文开头[5]:

《礼记·祭义》曰:唯圣人为能飨帝上帝,孝子为能飨亲。

---

① 文本本身未加标点;笔者主要遵循《汉籍电子文献资料库》数据库(*Scripta sinica* database)所采纳的《祭祖考》(句读本)的标点。

② *CCT ARSI*, vol.11, pp.117-119.

③ 《祭义》《檀弓》《祭统》《礼器》《郊特牲》《曲礼》《文王世子》《玉藻》《乡饮酒义》《月令》。

④ 陈澔的注本得以广泛使用,是因为对于学习者而言它是简明易懂的。其修订第三版于1633年推出(ARSI, Jap. Sin. II, 111)。Chan, *Chinese Books and Documents in the Jesuit Archives in Rome*, pp.414-415。该著作以胡广(1369—1418)编修的明代国家考试备考教科书《五经大全》(1413)等《礼记》注本为基础。

⑤ *CCT ARSI*, vol.11, pp.129-132;可与《祭祖考》,*CCT ARSI*, vol.11, p.7ff 相对照。

飨者，乡也。乡之，然后能飨焉。是故孝子临尸注：尸主也。古人祭必于孙行中取一人，代祖宗居位饮食，谓之尸。自汉以后至今不用。①而不怍，君牵牲，夫人奠盎酒也，君献尸，夫人荐豆木器，卿大夫相君，命妇相夫人。齐齐乎其敬也！愉愉乎其忠也！勿勿诸其欲其飨之也！(《祭义》25.6)②

《檀弓》曰：祭祀之礼，主人自尽焉耳。③岂知神之所飨。亦以主人有齐敬之心也。注：主人之自尽，亦岂知神之所飨，必在于此。且以表其心而已矣。④(《檀弓下》4.15)

《祭统》曰：孝子之事亲也，有三道焉。生则养，没则丧，丧毕则祭。养则观其顺也，丧则观其哀也，祭则观其敬而时也。尽此三道者，孝子之行也。(《祭统》26.3)

贤者之祭也，必受其福。非世所谓福也。福者，备也；备者，百顺之名也。无所不顺者，谓之备。言：内尽于己，而外顺于道也。忠臣以事其君，孝子以事其亲，其本一也。上则顺于鬼神，外则顺于君长，内则以孝于亲。如此之谓备。唯贤者能备，能备然后能祭。是故，贤者之祭也：致其诚信与其忠敬，奉之以物，道之以礼，安之以乐，参之以时。明荐之而已矣。不求其为。此孝子之心也。(《祭统》26.2)⑤

---

① 不清楚在这条注释中严谟在多大程度上采纳了古典解释及加上自己的评论。"尸，主也"之解释可以在郑玄对《礼记》和《仪礼》的多条注释中找到。在梁益《诗传旁通》，卷六，pp.11a－b，*SKQS*(《(文渊阁)四库全书》，1500卷，台湾商务印书馆，1983—1986年)，vol.76，p.860中也能找到以下相似的解释："古者祭祀必有尸，尸主也。筮择一人使坐以象神，谓之尸。"

② 本文中的《礼记》篇章段落编号采自《礼记逐字索引》，香港商务印书馆，1992年。

③ "耳"，《礼记》作"尔"。

④ 《礼记集说大全》，胡广、陈澔等编，1605年[Harvard-Yenching Rare Book T 110 1247b(36－53)]，卷二十二，p.19b；原始文本有一个疑问标记："主人之自尽，亦岂知神之所飨，必在于此(乎)。且以表其心而已矣。"亦可与《祭祖考》对照："注：主人自尽。亦岂知神之所飨必在于此。亦以表其心而已矣。"(*CCT ARSI*，vol.11，p.7)

⑤ 方济各也分析了这条引文，见"Explicaçam de 37 Textos Sinicos"，fols. 6r－v(Texto 12)。

这些引文取自《礼记》三个不同的篇章。①就像下文绝大多数引文一样,它们在本质上是一种描述。首先,它们似乎并不与礼仪之争有关,也没有揭露多少严谟的立场。这些解释,包括第一条引文中被解释为“上帝”的“帝”,取自通用的注解,比如《礼记集说大全》,引用石林叶氏(叶梦得,1077—1148)。②来自《檀弓》的第二条引文留下了一种不定性或模糊性:主要的主祭者并不知道灵体是否享用了所献之物,只是强调要把其心意置于首位。如果我们不知道严谟的看法,那这种两可之言就不能得到决断。第三条与第四条引文主要强调了孝子的“行”与“心”,它们同样解释说祭祀不为求福。

然而,在为这些引文所做的注解中,严谟清楚地表达了他的观点。③首先,他解释了为什么古先王要创制祭祀之礼:

> 故古先王因人心,制为祭祀之礼,建之庙以貌之,立之主用木题名其上谓之木主以象之,设其裳衣,陈其时食以思之,始死朝夕奠哭,既葬四时献享。此皆欲藉有形以寓无形,使之如有所凭依,长如在目前。

通过解释物质(有形的)为非物质(无形的)提供寓所,严谟似乎采取了一种礼仪行动的观点,认为仪式的意义所指对象的真实本质超越了仪式本身。他两次指出,为祖先举行的仪式中所用的物质性内容创造出一种“拟如”的情境。这一关于仪式创造“拟如”的世界

---

① 除此之外还有两条额外的引用来自《祭统》(26.6、26.15),以及来自《礼器》的引用:“一献质,三献文,五献察,七献神。”可与《祭祖考》,*CCT ARSI*, vol.11, pp.7ff 诸版本(附注)对照。

② 《礼记集说》卷二十二(p.19b):“主人之自尽,亦岂知神之所飨,必在于此(乎)。且以表其心而已矣。”《祭祖考》:“注:主人自尽。亦岂知神之所飨必在于此。亦以表其心而已矣。”(*CCT ARSI*, vol.11, p.7)

③ *CCT ARSI*, vol.11, pp.132-139。基于《祭祖考》(*CCT ARSI*, vol.11, pp.21-28)的部分严谟评注的拉丁译文,见 *Summarium Nouorum Autenticorum Testimoniorum*, pp.67-68。

的构想是近来研究仪式的路径，本文随后将会对此加以讨论。严谟立即明确地发展了他的观点，他用经典文献中三个关键的“拟如”的句子解释此类仪式。

《论语》所谓祭如在，《祭义》所谓如将见之，《中庸》所谓事死如事生事亡如事存，孝之至也。

“祭如在”引自《论语》3.12，后半句是“祭神如神在”。[①]第二段取自《礼记·祭义》篇，该篇解释通过献祭表达出来的“孝”“敬”的意义。该引文取自一段解释，原文说祭祀既不能太多也不能太少，因而春秋二祭最理想。“春，雨露既濡，君子履之，必有怵惕之心，如将见之。”(《祭义》25.1)更长的引文在严谟回应下一个问题“来问：祭祖宗求福不求福”时被引用。最后的引语来自《中庸》第十九章(《礼记》32.13)[②]，该句经常出现在关于礼仪之争的各种文本里。本文开头所引之利玛窦文段便是这样：“事死如事生。”[③]严谟在随后关于求福的问题下引用了来自《祭义》的相似文句[④]：

文王之祭也：事死者如事生，思死者如不欲生，忌日必哀，称讳如见亲。祀之忠也，如见亲之所爱，如欲色然；其文王与欤？(《祭义》25.7)

① “祭如在，祭神如神在。子曰：‘吾不与祭，如不祭。’”

② 《荀子》第十九篇《礼论》也引用了该句。

③ 其他例子，可参见 Nicolas Standaert, *The Interweaving of Rituals: Funerals in the Cultural Exchange between China and Europe*, Seattle: Univ. of Washington Press, 2008, p.144；更多例子可在中国人(基督徒)发往罗马的信件中发现，见 Standaert, *Chinese Voices in the Rites Controversy*, p.233, n.43。此条引文也在方济各“Explicaçam de 37 Textos Sinicos”, fols.9v－11r(Texto 19)一文中有分析。

④ *CCT ARSI*, vol.11, pp.142－143；亦见《祭祖考》，*CCT ARSI*, vol.11, p.11。

事实上由于所用文字的简洁性与多义性，这些引用有不同的理解。[①]例如，《中庸》的引文可以被理解为对事死与事生的比较：“服事死者如同(as)服事生者，服事逝者恰如同(as)服事那些还在世上的人。”[②]我们可以在《礼记》相关“服事”的其他句子里找到这种比较的用法：“是故，仁人之事亲也如事天，事天如事亲”(《哀公问》28.7)[③]，“妇事舅姑，如事父母”(《内则》12.3)。但“如事生”与“如事存”也能被诠释为一种假定(虚拟的)：“服事死者拟如(as if)他们还活着，服事亡者拟如(as if)他们在场。”[④]甚至在这样的翻译里也还能得到多种诠释。这个句子可能意味着某人假设死者还活着(即使他并不确定是否如此)，因此对死者是否在场的问题，这里还有一个模糊的区域。但是假定也可以是一个反事实，即在事实上认定死者肯定不在场。严谟所遵守的就是后一种诠释。其注解更进一步地明确了这个结论：“《论语》：‘祭如在。’夫以为如在，则不在可知矣。”因此对于严谟而言，这些仪式只是(only)“拟如”的虚拟仪式；换言之，人们不应该相信亡者在场。

严谟在一些关于祭祀的分支问题中发展了这种“拟如”面向：“灵”并没有真的吃喝祭品；祖先的“灵”不存在于牌位中；祭祀时人们不能看见或听见祖先，这只不过是人类心灵的产物；最后，人们不能向他们求福。这些观点的论证是基于《礼记》及其注疏，以及其他经典、注解或历史资料的。

---

① 更详细的讨论，见 Standaert, *The Interweaving of Rituals*, pp.89－90。

② Plaks(2003), p.37：“事奉死者同于某人事奉生者，事奉逝者恰同于某人事奉那些还在世上的人：这是其孝则最完美的实现。”

③ 这条引文也在方济各“Explicaçam de 37 Textos Sinicos”, fols. 7r－v (Texto 15)一文中[作为对《(孔子)家语·大婚解》的引用]得到分析；李九功《证礼刍议(抄本)》也引用了此条：“仁人事天如事亲。”ARSI, Jap. Sin. I, 42.2c, p.13b; *CCT ARSI*, vol.9, p.88。

④ 可与 Legge(1991), vol.1, p.403 的翻译对照：“因此他们事奉死者同于(as)他们假似(would have)事奉还活着的他们；他们事奉逝者同于(as)他们假似(would have)事奉仿佛还继续和其同在(had they been continued among them)的他们——孝之极致。”

对于“以为【误谓】①鬼神亦须饮食如佛教所云者”②，严谟指出：“不知遍考之六经中，古人之制祭礼，未尝有说鬼神须饮食者。”此处，他引用了《檀弓下》的一个段落，此段也在关于求福的下个问题里被完整引用③：“《檀弓》明说未有见其飨之者(《檀弓下》4.27)，表孝子之心而已矣。”④严谟接着说，如果有人说献祭是为了灵体可以吃喝祭品，则“祖宗不几于尽饿毙乎?”因为一年只有四次祭祀，天子只祭七代祖先，百姓只祭一代。甚至“尚飨”也只是表达：“庶几其飨乡之，非必之之词也，爱而期之之词也。”

第二个关于祭祖的论题是“人遂误认谓神在庙在主，不知古人虽立庙设主未尝谓神在是”。严谟引用两条来自《诗经》的注释来澄清“明明说主在庙，神在天”⑤：

> 《诗经·文王》篇曰：文王在上于昭于天，文王陟降在帝左右，注曰：文王既殁而神在上，昭明于天，一升一降，无时不在上帝之左右。⑥
>
> 《清庙》篇祭文王诗曰：对越在天，骏奔走在庙，注曰：既对越其在天之神而又骏奔走其在庙之主。豊城朱氏曰：文王之神虽在天而文王之主则在庙，对越其在天之神，即所以事其在庙之主也。骏奔走其在庙之主，即所以事其在天之神也。

---

① 《祭祖考》：*CCT ARSI*, vol.11, p.22。

② *CCT ARSI*, vol.11, pp.133－134；参照《祭祖考》，*CCT ARSI*, vol.11, p.22。

③ *CCT ARSI*, vol.11, p.141。同样也是《祭祖考》的第一条引用：*CCT ARSI*, vol.11, p.7(附带陈澔的注疏)。

④ 此句也是一场关于方济各认为此乃中国基督徒丧葬指南内涵的争论之主题。见 Standaert, *The Interweaving of Rituals*, pp.170ff。

⑤ *CCT ARSI*, vol.11, p.135；参照《祭祖考》，*CCT ARSI*, vol.11, pp.22－23。

⑥ 《诗集传》卷六；《诗集传》，朱熹集注，中华书局，2011 年，第 233—234 页。此条引文和注释也在方济各“Explicaçam de 37 Textos Sinicos”, fols.2r－v (Texto 2)一文中得到分析。

这些引用以前述《论语》中的解释结尾:“《论语》:‘祭如在。’夫以为如在,则不在可知矣。”

关于第三个论题看见或听见灵体只是我们思想的造物,严谟以一条《诗经》的引文开头,并借《礼记·祭义》的两个段落展开解释[①]:

> 《诗·商颂·那》祭汤之诗之篇曰:汤孙奏假、奏乐,而格于祖考绥我思成。郑氏[②]注曰:安我以所思而成之,人谓神明来格也。此即《礼记》所谓:齐之日:思其居处,【思其】笑语,【思其】所欲所嗜,至如见所为齐者。[③]及祭之日,僾然如见,肃然如闻,至忾然如闻叹息之声。[④]此之谓思成。苏氏[⑤]曰:其所见闻,本非有也,生于思耳。朱子曰:齐而思之,祭而如有见闻,则成此人矣。[⑥]观此言,则古人间有云:来格来享者皆成于思有耳,非谓真也。惟为其无在,是以故意立一二着实字目以维系之,而其无在之意。尝不已明明说出也。

来自《礼记·祭义》的第二条引文也和先前已多次提到的其他引文一起出现在随后关于向祖先求福的部分里。这条引文为“拟如”诠释附加了新的论证。[⑦]

第四个也是最后一个“拟如”诠释的分支问题:关于人们是否在

---

① *CCT ARSI*, vol.11, p.136;亦见《祭祖考》,*CCT ARSI*, vol.11, pp.12, 24。

② 不清楚是郑玄还是其他学者。

③ 全句为:“齐之日:思其居处,思其笑语,思其志意,思其所乐,思其所嗜。齐三日,乃见其所为齐者。”见《祭义》25.2。

④ 全句为:“祭之日:入室,僾然必有见乎其位,周还出户,肃然必有闻乎其容声,出户而听,忾然必有闻乎其叹息之声。”见《祭义》25.3。在下一个关于求福的问题里该句被完整引用。

⑤ 见苏辙《诗集传》卷十九,p.17a, *SKQS*, vol.70, p.529:“此皆非有也而生于其思。”

⑥ 以上全部包括郑氏注、《礼记》引文(形式略有不同)、苏氏注以及最后的朱熹注,该注属于《诗集传》卷八;《诗集传》(2011),第324—325页。

⑦ *CCT ARSI*, vol.11, p.142;亦见《祭祖考》,*CCT ARSI*, vol.11, p.10。

祭祀时向祖先求福。这个议题是另一个单独的主题(“来问祭祖宗求福不求福”),像其他的问题一样,它以许多来自《礼记》的引文开头。这些引文中的绝大多数已在前面的分支问题中提到过。[①]有一些新的引文着重强调孝子之心,为未求之福提供了一种解释[②]:

> 贤者之祭也,必受其福。非世所谓福也。福者,备也;备者,百顺之名也。无所不顺者,谓之备。上则顺于鬼神,外则顺于君长,内则以孝于亲。如此之谓备。唯贤者能备,能备然后能祭。是故,贤者之祭也:致其诚信与其忠敬,奉之以物,道之以礼,安之以乐,参之以时。明荐之而已矣。不求其为。应氏曰:不求其为,无求福之心也,所谓祭祀不祈也。此孝子之心也。(《祭统》26.2)

接下来严谟给出了他自己的解释。按照严谟的看法,礼祭祖宗只是“思念死者之意,非有求福也,礼经明据可考。后代祝文现在,自唐迄今,上至天子,下至士庶之家,祝文一然,并未尝有一毫涉求福之词”。

接下来他引用了一段来自《仪礼》第十六章《少牢》的话,好像是为了指出其中的矛盾。有一段话说的是主祭者与逝者的扮演者彼此祝酒。

> 唯《仪礼·少牢》有曰:主人酳尸,尸酢主人,佐食,取黍授尸,尸执以命祝,祝受嘏主人曰“皇尸命工祝,承致多福于汝孝孙,来汝孝孙,使汝受禄于天,宜稼于田,眉寿永年,勿替引之”之语。[③]

---

① 还有三条引用来自《祭义》和两条引用来自《祭统》:《祭义》25.10、25.4、25.5,《祭统》26.11、25.2。

② CCT ARSI, vol.11, pp.146–147;参照《祭祖考》,*CCT ARSI*, vol.11, pp.25–26。

③ 选自《仪礼》第十六篇。

严谟由此得出结论:“不知者因此或疑祭有言福之事,其实非也。”为了强调这些言辞只不过是言说了一种“拟如”仪式,他把这些和人们彼此问候或祝酒的仪式联系起来。在这些文雅礼貌的日常表现中,人们不求福。①

> 盖古人每相见,或饮酒不论尊卑平等皆互相祝愿曰:万寿无疆,眉寿永年云云今于祭时,主人献尸,尸酢主人,互相称愿,于礼犹然,非有求福也。且其词曰:受禄于天,【既以禄归天】。②何尝敢言祖宗福之也。

在严谟眼中,如果还有愚夫愚妇在祭祀时念叨他们的个人祈求,就像他们祈请佛陀保佑,则“稍有识者无不鄙笑其非礼”③。严谟在《祭祖考》中加上了一条结论④:

> 总之:祭祀者止是沿习古礼,敬思亲之心耳,非有魔鬼之说。行之,无碍于圣教信德之事;不行之,人未解更有圣教深微之礼,但见其外面,必相诬以不认祖先,大不道,非人类矣。

结论中,严谟在无碍基督教信仰和有碍于此两者之间做了平衡。如此,他简洁地指出了许理和所称的“文化强制性”(cultural imperative)⑤:人们有义务遵从宗教、仪式、社会及政治上被认为是“正”的准则。这种强制性也能在《礼记》中找到其原始表述。

---

① *CCT ARSI*, vol.11, pp.146 - 147.

② 参照《祭祖考》,*CCT ARSI*, vol.11, p.27(其前还有一个额外的段落,给出了类似表达的经典例子)。

③ CCT ARSI, vol.11. p.147.

④ 《祭祖考》,*CCT ARSI*, vol.11, pp.27 - 28。

⑤ Erik Zürcher, “Jesuit Accommodation and the Chinese Cultural Imperative”, in *The Chinese Rites Controversy* (Monumenta Serica Monograph Series 33), edited by David E.Mungello, Nettetal: Steyler Verlag, 1994, pp.40ff.

四、应对“拟如”仪式

严谟对《礼记》的研读可以帮助我们理解涉及礼仪之争的人们对待仪式的方式，也让我们了解到底层的中国文人学者阅读《礼记》的方式。这种研读（重读）是一种与欧洲传教士文化间互动的结果：欧洲传教士对中国祭祖礼仪提出的问题促使像严谟这样的学者去思考一系列过去极少被提出的问题。这带来了一种新的阅读，也不必违背经学传统。中国经典文本的确很少解释仪式的意义，古注也很少给出举行这些仪式的理由。因此他们几乎没有详细讨论过礼仪问题，比如祖先之灵是否真的临在于祭祀的那一刻这样的问题。正如一些当代作者所指出的，重点是做（doing）与正确展示（orthopraxis）①，而非展示背后的原因。

正如我们在严谟所用引文中所见，《礼记》在祖先是否临在的议题上所言不详，且使用了许多可以被理解为虚拟之“拟如”（subjunctive “as if”）的句子。这样的“如”句在《礼记》中出现得相当频繁。此处是关于描述祭祀与其他仪式的更多例子：

> 始死，充充如有穷；既殡，瞿瞿如有求而弗得；既葬，皇皇如有望而弗至。练而慨然，祥而廓然。（《檀弓上》3.19）
>
> 凡祭，容貌颜色，如见所祭者。（《玉藻》13.32）
>
> 盛服奉承而进之，洞洞乎，属属乎，如弗胜，如将失之，其孝敬

---

① Judith A Berling, “Orthopraxy”, in *The Encyclopedia of Religion*, ed. Mircea Eliade, New York: Macmillan, 1987, vol. 11, pp. 129 - 132; Watson, “The Structure of Chinese Funerary Rites: Elementary Forms, Ritual Sequence, and the Primacy of Performance”, p. 10; Catherine Bell, *Ritual: Perspectives and Dimensions*, Oxford: Oxford University Press, 1997, pp. 191 - 197; Adam B. Seligman, Robert P. Weller, Michael J. Puett & Bennett Simon, *Ritual and Its Consequences: An Essay on the Limits of Sincerity*, Oxford: Oxford University Univ. Press, 2008, p. 4.

之心至也与!(《祭义》25.10)(同样被严谟在求福之问下引用)

孝子之祭也,尽其悫而悫焉,尽其信而信焉,尽其敬而敬焉,尽其礼而不过失焉。进退必敬,如亲听命,则或使之也。(《祭义》25.12)

孝子如执玉,如奉盈,洞洞属属然,如弗胜,如将失之。(《祭义》25.14)

及祭之日,颜色必温,行必恐,如惧不及爱然。其奠之也,容貌必温,身必诎,如语焉而未之然。宿者皆出,其立卑静以正,如将弗见然。及祭之后,陶陶遂遂,如将复入然。(《祭义》25.47)

孔子在卫,有送葬者,而夫子观之,曰:“善哉为丧乎!足以为法矣,小子识之。”子贡曰:“夫子何善尔也?”曰:“其往也如慕,其反也如疑。”子贡曰:“岂若速反而虞乎?”子曰:“小子识之,我未之能行也。”(《檀弓上》3.19)

其往送也,望望然、汲汲然如有追而弗及也;其反哭也,皇皇然若有求而弗得也。故其往送也如慕,其反也如疑。求而无所得之也,入门而弗见也,上堂又弗见也,入室又弗见也。亡矣丧矣!不可复见矣!故哭泣辟踊,尽哀而止矣。心怅焉怆焉、惚焉忾焉,心绝志悲而已矣。(《问丧》36)

这些“如”的情形不仅与哀悼者的情感(如“慕”“疑”)和姿势(“奉”“求”“追”)有关,也通常与他们跟死者临在的关系相关(“如亲听命”“如见所祭者”)。这些引文似乎证实一点,即在中国所有与死亡相关的仪式都被展示为“拟如”生者与死者之间还有一层可延续的关系,这正是詹姆斯·沃森(James Watson)所指出的。仪式的参与者是否真的相信献祭对于死者有什么影响,这不重要。要紧的是,礼仪要按照公认的程序来举行。①

① James L. Watson, “The Structure of Chinese Funerary Rites: Elementary Forms, Ritual Sequence, and the Primacy of Performance”, in James L., Watson and Evelyn S.Rawski, eds., *Death Ritual in Late Imperial and Modern China*, Berkeley and Los Angeles: University of California Press, 1988, pp.9 - 10.

这些“拟如”句也能与新近由亚当·塞利格曼(Adam B.Seligman)、魏乐博(Robert P.Weller)、普鸣(Michael J.Puett)和班尼特·西蒙(Bennett Simon)提出的对仪式的诠释关联起来。这些作者认为,仪式创造了一种虚拟的“拟如”或“拟能”宇宙(“as if” or “could be” universe)。这种创举使得一个共享的社会(shared social world)成为可能。他们论证说,创造一种共有的虚拟状态意味着承认了社会生活及其中的诸多关系的内在模糊性,包括我们与自然世界(the natural world)的关系。他们把仪式性的世界观与他们所称的“真诚的”世界观相对照,后者并非聚焦于“拟如”,而是一种“如是”(as is)的眼光,可以形成整体的、一清二楚的视界,可以切实反映现实(as it really is)。真诚这种修辞存在于我们对这些东西的极大关注当中,我们在意“真实性”(authenticity)、在意个体抉择、在意我们相信自己能够在坚定不移的内心中获得我们“真地”(really)感到或想到的事物。真诚,这个词本身似乎就意味着排除了模糊性。①

正如前文所指出的,严谟引自《礼记》的“如”句留下了一种模糊性,因为那些引文从未明确地提及祖先出现在祭祀中或真的吃喝祭品,或反之,说他们没有出现或没有享用祭品。②注释部分有时能给

① Seligman et al.(2008), pp.8, 11, 20, 117 等。

② 可与迈克尔·普伊特对《论语》3.12“祭神如神在”的解释对照,该解释留出了两可空间:“在《论语》中,孔子被问及祖先崇拜。他说此种仪式绝对是必要的,但是灵体是否参加并无区别,他说:‘我们向他们祭祀就好像(as if)他们存在一样。’重要的是完全地参加仪式:‘如果我不参加祭祀的话,就好像(as if)我没有祭祀一样。’”(Michael Puett, & Christine Gross-Loh, *The Path: What Chinese Philosophers Can Teach Us About the Good Life*, New York: Simon & Schuster, 2016, p. 31.)亦见 Michael Puett, “Ritual and Ritual Obligations: Perspectives on Normativity from Classical China”, *The Journal of Value Inquiry* 49:4(2015), pp.547 - 548:“但是是否灵体真的现在或不在是不相干的。仪式是作为一种空间服务的,在这种空间中人们可以‘假若’(as if)他们存在而行动。”注意某些注者清楚地否定了灵体现在,如在康熙教导记录中同样段落里:“夫鬼神无形无声,非真有在。”这条引自《四书日讲》(又题为“奉旨颁行日讲四书解义”,1677);ARSI, Jap. Sin. I, 13, *juan* 4, fol. 49b;它被用于 *Summarium Nouorum Autenticorum Testimoniorum*, p. 71(见 Standaert, *Chinese Voices in the Rites Controversy*, p.61)。

出一些马后炮,更明确一些,有时也对祖先临在与否的问题发出质疑,但他们从未以系统的方式提出议论,大多数时候只是模棱两可。即便是更加明确的《檀弓》"未有见其飨之"之语,似乎否认了祖先参与祭祀,但也不是一种定论。最决定性的文段是苏辙、朱熹这样宋代学者,他们宣称礼仪表演者的所见所闻只是他们自己思想的造物。因此《礼记》这种"作为一种关于仪式理论的文本"似乎在确证[①],这些礼仪创造出一个"拟如"或共有的虚拟世界("as if" or shared subjunctive world),在人之将死之时、一切都混乱崩塌的那一刻,仪式表演者暂时地行动其中,"拟如"他们活在一个有序的世界中。然而,正如吴荣桂(Michael Ing)所指出的,问题是这种"仪式世界"(ritual world)是否被看成一种与"现实世界"(real world)断然不同的"虚幻世界"(illusionary world),还是说它被看作如(as)现实世界,只是,仪式的表演者希望礼仪可以给这紊乱而混沌的世界制定规则秩序。[②]

严谟对待"拟如"世界的模糊性确实涉及了不同的方法。首先,他的焦虑并不是关于仪式的正确举行和做法——这通常是像《礼记》这样的中国仪式文献的首要关切,严谟关心的却是与仪式相关的正确信念。潜在的意思是,如果抱有一个错误的信念,即认为祖先之灵存在于牌位中,享用祭品,给予福祉,这不仅会是"误"的、"谬"的[③],甚至是"邪"的[④],这明显像(佛教的)焚烧纸钱那样,是与"正礼"[⑤]相悖的。如何应对这种焦虑呢?严谟的方案是设法消除

① Michael D.Ing, *The Dysfunction of Ritual in Early Confucianism*, New York: Oxford Univ. Press, 2012, p.209.

② Ing, *The Dysfunction of Ritual in Early Confucianism*, p.209.

③ 例如 *CCT ARSI*, vol.11, pp.133, 134。其他例子见:pp.168, 170, 176, 181, 182, 191, 198, 201。

④ 例如论祭祀部分的最后一句:*CCT ARSI*, vol.11, p.139。其他例子:pp.149, 170, 176, 181, 182, 201。

⑤ 例如论祭祀部分的最后一句:*CCT ARSI*, vol.11, p.139。关于"正"的其他例子:p.201。

《礼记》文本内在的模糊性。在经典作者的支持下，他的解释强有力地肯定说，灵体不能吃喝祭品，不存在于牌位中，也不能降福。他的论证，使用了明确的陈述（如“不在可知矣”）、清楚的否定（如“非有求福也”“其实非也”），以及声明这一类说辞从未被表述或听闻过（如“未尝有说鬼神须饮食者”“未尝谓神在是”“未尝有一毫涉求福之词”）。严谟自己的陈说不给其诠释留下多少两可的余地。他通过援引传统的或传统性稍低的（陈澔、朱熹、苏辙、朱善之）注疏，通过使用其他经典文本及其注疏（参照“文王在天”），通过援引其他文本（如唐至其时的祝文）以及通过援引日常仪式（如问候或祝酒）来得出结论。在严谟的陈说中，他既没有质疑仪式的真诚性，也没有采取一种反仪式（antiritualistic）的态度。他通过坚持这些仪式仅仅只是“拟如”而移除了其中的模糊性，并因此为仪式注入了一种新的真诚性——强调对他而言是“真地”（really）在仪式里发生了的事情。在他眼中，礼仪举行者是理性代理人，他们明知祖先不在牌位里。为了令仪式得以作为仪式存留下来，而不是完全拒绝祭祖仪式把它作为异端礼仪，他把“拟如”（as if）当作“真的”（rcal）。通过坚持这只不过是“拟如”的情境，他消融了两可性并将其锻造为一份纯粹的个体意识。这种“真实的”信念可以说服他自己，允许自己继续从事祭祖活动，把它作为一种表达孝道的礼仪，而这并不违背基督教的“信德”（virtue of belief）。基于这种纯洁的信念，礼仪才能真的举行。

从一个方面看，这样一来，严谟令自己置身于“拟如”传统之中，而另一方面，他又对此给出了一个新颖的解释。对于严谟而言，正如普鸣所指出的：“家庭成员需要献祭是因为他们的所行——拟如先人们还存在着——能带来内在于他们自身的改变。”[①]在这一点上，严谟追随了传统。但是普鸣同样指出，在这个传统中：“重要的并不是信念，而是创造一个仪式空间，在这个空间中人们可以有所

① Puett & Gross-Loh, *The Path: What Chinese Philosophers Car Teach Us About the Good Life*, New York: Simon & Schuster, 2016, p.32.

行动,拟如某种情境的确存在。但是,关键点在于,仪式自身的作用是强调这种'拟如'的性质。通过强调仪式空间所创造的世界与外在于仪式空间而存在的世界二者之间的断裂,仪式才能精确地运行。"①严谟给出了另一份不同的诠释:关键点在于(is)信念,因为肯定祖先不在场才创造了那个仪式的空间。因为只有人们相信祖先不在那里,相信他们只能"拟如"祖先在那里才能有所行动,那些仪式才能被允许实践,并带来内在于人们自身的(正确)改变。因此,正如吴荣桂所指出的,仪式并不与现实世界对立,反而是一个现实世界,因为它作用于日常生活。②就像文雅礼貌的日常表现是为了维持共有的社交世界而不是相信大家能交换福气一样,祭祖也可以被允许,它的举行是为了创造一个与祖先同在的世界,而不是相信祖先能够降福。

为了强调严谟路径的特质,我们可以将其与他对感恩祭(Eucharist)的可能态度相比。我们也许可以假定像严谟这样的中国基督徒不会认为感恩祭(被称为"圣祭",同样是"祭")是一个"拟如"仪式,而是相信基督"真实"临在;同时,严谟相信祖先确实不在牌位中,并且因此认为这些只不过是"拟如"仪式。但无论如何,这两种仪式都会被举行。他由此展示出,对他自己而言,仪式世界与现实世界之间并不是敌对的。有趣的是,他的构想凸显出为了执行仪式,"相信"并不是必要条件,但是相信的内在状态将会决定某人是否可以被允许去举行仪式。在感恩祭的例子中,对基督的真实(而不仅仅是一个"拟如")临在的真实信念是举行或参与感恩祭的原因。在祭祖的例子中,相信祖先的灵只不过是"拟如"临在,才使得祭祖仪式被允许执行;相反就不能。

严谟从一个新视角研读《礼记》。他对《礼记》提出的问题受到了欧洲传教士所提问题的启发。他的理解当然不是人们阅读《礼记》的唯一方法,但是这对我们理解《礼记》的"拟如"特质以及如何应对文本中的模糊性提供了新的观点。

---

① Michael Puett, "Critical Approaches to Religion in China", *Critical Research on Religion* 1(2013), p.98.

② Ing, *The Dysfunction of Ritual in Early Confucianism*, pp.206 - 209.

“安菲特利特”号旅行报告

国王的船只“安菲特利特”号旅行报告：1698年，从好望角往广州*

中山大学中文系　郭丽娜译；
中山大学哲学系　梅谦立注

（巴黎，法国国家档案馆王室档案，编号：Sect. Hist. K. 1375. N.4，共8页。誊写：中山大学哲学系梅谦立）

阁下已读过德·索瓦西神父①的游记，我就无须再谈及荷兰人在好望角的贸易机构了。

风平浪静好几天了，1698年6月【具体日期缺失】，我们从好望角起帆，当时顺风，风力强劲，夹杂着雨点，能感受到寒意，可是既然行走于海上，就必须为了赶路而做好面对任何恶劣气候的心理准备。这种天气一直持续到7月15日。我们重返航线时，风速逐渐减弱，没那么冷了。

26日，我们处于航线2度、东经120度30分处，当时爪哇岛位于航线6度、东经120度处。这是我们的领航员和船上的耶稣会神父测量出来的结果，那是一位耶稣会修生和一位意大利耶稣会士画家。我们的处境相当艰难，除了缺少补给，还担心晚上迷路，因为有好些天无法测得纬度。后来终于测到了，才发觉我们本应该往偏东航行；合理的解释是水流太急，然而我们的引航员专业知识不足似

* 本文获“《广州大典》与广州历史文化研究资助专项”（法国商船“安菲特利特”号与广州，项目号：2018GZZ05）资助。

① “Mr l'Abbé de Choisy”，即弗朗索瓦·迪莫莱昂（François Timoléon，1644—1724）。他一直在亚洲传教，1697年返回法国。

乎也是原因之一。尽管并未过于偏离航道，船长德·拉·罗克(Mr de la Roque)及其副手还是决定改变路线，绕道亚齐(Achin)。8 月 18 日，我们到达亚齐，在那里找到一位叫德隆(Dellon)的英国先生，他一直在当地经营生意，获利颇丰。他热情地接待我们，为我们提供食物、柴火和饮用水。葡萄牙人家里的两名当地引航员承诺引导我们去中国。不过在离开之前，我得向阁下汇报当地的相关信息。

亚齐王国位于苏门答腊岛北端，马六甲的一侧。苏门答腊岛从巽他海峡一直延伸到亚齐，长 300 古里，宽 60—70 古里。①

苏门答腊岛和亚齐王国之所以引起关注，是因为当地盛产胡椒，富含金子。在那里采集金子根本无须开矿，水流把这种贵金属从高山上冲刷下来。有一座山竟因而得名"金山"。

亚齐市有某种特色，让从未去过中国和印度的外国人感到吃惊。当地四五个不同的民族混杂居住：摇着扇子的羸弱中国人；带着武器、神情傲慢的马来人；留着大胡子、穿着长袍的摩尔人；脖子上挂着念珠的葡萄牙人，人数不多。

街道上人来人往，色彩斑驳陆离，两边种着奇异的树木，在一排排茅屋、竹房之间，时而穿梭着一群大象，或一群水牛，河道上风景优美，漂浮着古老的小舟，所有这一切对于我们来说都很新奇，让人目不暇接，浮想联翩。船只的锚地深入内陆，非常优良，天气恶劣时，可以停靠 2 000 艘商船。8 月 23 日②，我们做好补给，引航员上船引领我们离开亚齐，穿过马六甲海峡。可是很快我们意识到新引航员是多么没经验，8 天之后，他们差点让我们全部死于非命。

尽管如此【字迹不清】，我们还是在 9 月 9 日到达马六甲市。

当天，德·拉·罗克骑士登岸，受到荷兰人的热烈欢迎。

---

① 亚齐(Achin)，今亦称为亚济(Aceh)。苏门答腊岛最长为 1 790 公里，最宽为 435 公里。

② 原为 26 日，后涂改为 23 日。

总督为我们提供了必需的补给。我们在那里找到了两位素质良好的英国籍引航员，他们曾多次到中国旅行，有一些好地图和好日志。他们很乐意加入我们的船队，于是我们辞退了之前的那两位。

9 月 11 日，总督在一座美丽的花园里接待我们。那里树木茂盛，锣鼓声阵阵，欢声笑语，宴请一直持续到夜晚。晚上，我们想回到船上。这时起风了，下起瓢泼大雨，四周一片漆黑，我一直担心我们回不到小艇上。

当时海浪滔天，海水涌进小艇里。大伙齐心协力排水，有人用帽子，有人用木桶。我们费了九牛二虎之力回到小艇上，可是祸不单行，当我们回到锚地时，发觉船只被风吹走了，船长赶紧下令，耶稣会神父和其他人合力把船开回锚地，因为如果船只再被风吹出 4 法寻①之外，大家可就一无所有了。

马六甲位于一处硬土地海岸上，以前叫作“Aurea Chersonesus”②，在苏门答腊岛的对面。100 多年前，葡萄牙人占领了这处属于亚齐人的地盘。1640 年至今，这里一直属于荷兰人，是除巴达维亚之外最好的土地。③当地贸易发达，宗教信仰自由，甚至可以进行偶像崇拜。唯一的真正宗教却被禁止，天主教徒必须藏匿在丛林里做礼拜。马六甲有各种印度水果，比其他地方的水果都好。

城堡修建得非常坚固，四周都有良炮，可是守卫并不森严。卫戍的兵士处境不好，他们不是专业士兵，都是强征而来的，一半以上是天主教教徒。城堡与城市之间隔着一条河，孤悬于海上。

海湾深入内陆，形成一处天然锚地【字迹不清】，一年四季可以泊船。可是船开出去并不容易，越是如此，我们就越急于赶往中国。9 月 12 日，我们和两位英国引航员一起离开马六甲。

---

① 法寻，旧水深单位，1 法寻约合 1.624 米。

② 拉丁语，意为金子半岛。

③ 1511 年 8 月 24 日，葡萄牙人征服了马六甲。1641 年 1 月，荷兰人打败葡萄牙人，在 1825 年之前一直控制着马六甲。

19日，尽管海峡非常危险，我们还是走了出去。由于季风提前，而且我们想在年内到达中国，所以引航员打算走近路，可是这却差点要了我们的命：航标丢失。9月29日，我们来到一块长150古里、宽30—40古里的大岩石前；当天下午4点，船只再往前开3尺，就会撞上岩石，好在上天保佑，我们及时发现，改道而行；晚上8点，我们终于脱离险境。①神父们唱起《赞美颂》(Te Deum)，大家都虔诚地参与。此类事情总会让大家变得虔诚。

10月4日，我们来到了中国海岸边。由于逆风，我们只能停靠在中国上川岛，那是沙勿略离世之地，10月14日，船只抛锚。我们对当地几乎一无所知，那里渔船很多，可是渔家不愿到我们船上，一望到我们就跑。8日，白晋神父乘坐小艇到七八古里外的广海小镇，从那进入广州，请当地人允许我们把船驶入河道。10日，所有神父都参观了我们的保护者沙勿略的墓地。12日，白晋神父给我们派来了引航员和两名中国苦役犯。13日，我们再次起帆，经过千辛万苦，我们终于到达澳门。澳门是葡萄牙人的城市，他们征服印度不久之后在那里定居。22日，我们看到了一艘商战两用的葡萄牙船只，船长约18—20岁，很有修养，他给德·拉·罗克先生送来许多食物。他和大副来到船上，我们热情地接待了他们。次日，即23日，德·拉·罗克先生登岸，也受到款待。我们见到了"白屋"(la Poste Blanche)②的官员，他是白晋神父的好朋友。他安抚我们，说白晋神父和好几名苦役四处寻找我们，而我们却自己来了。26日晚上，白晋神父和四名苦役也回来了。28日，我们起航。我为阁下提供如下澳门信息。

葡萄牙人长期居住在这个港口。他们修建了一座欧式城市，不是很大，但很漂亮。清政府允许他们加强城防。据说城里放置了200门大炮。对于葡萄牙人而言，只要在澳门能与日本和菲律宾做

① 此处指中国南海西沙群岛东北端的礁石群，法语写为"groupe Amphitrite des îles Paracel"。

② "Poste blanche"，葡萄牙语是"Casa blanca"，即香山县前山镇的衙门，明清时期管理澳门，今归属于珠海市。

生意，只要葡萄牙人仍是葡萄牙人，他们就很满意。可是如今他们仍是澳门的葡萄牙人，教堂还在那里，非常漂亮，大炮的底座也在，不过中国人的人口是他们的二至三倍，印度人也随处可见。印度人基本贫穷卑微，这是可以想象的。他们还得向中国人支付 22 000 埃居的保护费，我不知道他们是怎么挣到钱的。

总之，11 月 2 日，我们经过重重险阻，终于到达广州的河边，在水深 7 法寻的河道抛锚，水流缓慢，非常安全，距离市区 3 古里，但是我们不能继续往前开，因为水深不足。

可敬的白晋神父已经为我们开路，我们受到款待。阁下知道，他是中国皇帝派往法国的特使，三年来，中国皇帝一直在等待他的消息，每年都从北京遣使到广州垂询，这回他受到隆重的接待。总督为他准备了一处公馆(即皇家客栈)，派遣大量随从，还有一架四人抬的大轿子，因为当地不能乘豪华四轮马车。皇帝也给他准备了各式龙纹徽章，还有一顶华盖。白晋神父和所有人(包括随从)在广州逗留期间，可谓极显荣华。白晋神父也为德·拉·罗克骑士争取到一处公馆，为儒尔丹公司的经理争取到特许，可以在他们看中的地点购买一处房屋，存放和销售商品。他给北京写了信，总督派人快马加鞭送去。

1699 年 1 月 23 日，德·拉·罗克骑士收到北京传教团负责人洪若神父(1643—1710)的信件。①信件写于 1698 年 12 月 2 日，告知我们，皇帝已经在鞑靼得知我们到达的消息，他派出三名使者，为我们提供所需帮助，给予我们最大的荣耀。信件中也说到，太子胤礽很高兴，命令在广州的亲信款待来自西方的法兰西官大人(即白晋)，务必令其满意。

1 月 26 日，三名使者到达广州，带来圣旨。一位是鞑靼大人赫世亨，另外两位分别是葡萄牙耶稣会士苏霖和法国耶稣会士刘应。②

---

① 洪若(Jean de Fontaney，1643—1710)，1687 年法国国王路易十四遣华的五位数学家耶稣会士之一，是传教团负责人。

② 康熙派遣的三位钦差，即武英殿总监造赫世亨(约 1645—1708)、葡萄牙耶稣会士苏霖(José Soares，1656—1736)、法国耶稣会士刘应(Claude de Visdelou，1656—1737)。

27日，他们去了耶稣会神父下榻的公馆。赫世亨宣读了圣旨，他们下跪恭听【字迹不清】，皇帝命令瞿敬臣（Charles Dolzé）、南光国（Louis Pernon）、颜理伯（Philibert Genoix）等神父，修士卫嘉禄（Charles de Belleville）和画家聂云龙（Giovanni Gherardini）进京①，至于其他耶稣会士，皇帝允许他们在帝国内传道，在他们想停留的地方居留。②宣读圣旨时，公馆大门打开，赞誉之声不断。神父们跪着听旨，向北朝拜，因为北边是北京皇宫所在之处。他们跪拜三次，每次叩三个头。莫斯科使团和中国皇帝的所有藩王都行这种礼仪。太子也不例外。③德·拉·罗克骑士则是例外的，因为他是西方最有权势的君主路易大王的官员和获圣路易勋章的骑士。中国君主制存在4 000年，破例允许他不用行叩头礼，而是用法式礼仪朝北行礼三次。④他向总督和其他官员表达了感激之情，感谢皇帝在港口款待使团，豁免船只的所有税收，允许儒尔丹公司经理和法国商人在此设点贸易，尤其是允许传教士在辽阔的帝国内部传教。⑤

总督进入白晋神父的公馆，白晋神父为他和所有法国人奉上茶水。他们谈话时，白晋神父充当翻译。总督告辞时十分客气，说皇帝乐意每年见到法兰西皇帝的商船出现在港口，总督个人则乐意见到法国能在北京宫廷获得不同于其他国家的待遇。

德·拉·罗克骑士呈上书面文书，赞誉皇帝。白晋神父和刘应神父把它翻译成中文：

---

① 四位法国耶稣会士分别是瞿敬臣（1663—1701）、南光国（1664—1704）、颜理伯（1667—1699）、卫嘉禄（1657—1730），还有意大利画家聂云龙（1654—1723）。

② 信件作者在此说明法国耶稣会士对于康熙谕令的理解，即“随便传教”，而历史事实是康熙限制法国耶稣会士在内地购房。

③ 作者应该是从白晋处得到这些信息，来解释他们的行为。

④ 按照作者的意思，这些礼仪表示康熙与法国国王是平等的，然而，中国人并不这样看。

⑤ 作者提及“vice-roi”（总督），不过从其他文献记载可知，法国船长是在广州巡抚萧永藻面前行礼的，而不是在两广总督石琳面前。

> 中华帝国皇帝英明，恩泽四方。法兰西王国虽距中华帝国上千古里，但一直能感受到皇恩。皇帝派遣白晋神父到法兰西，陈述更多细节。陛下的美德可以和天地媲美，与日月同辉。君主天资聪慧，运筹帷幄，继往开来。他知晓哲学、天文和地理，掌握几何知识，通晓音律，平息云南王吴三桂、福建王耿精忠、广东王尚可喜之乱，剿灭大盗噶尔丹(Rasdan)，保证帝国内外之安宁和国民之幸福。这样的功绩是其他国家君主难以取得的。此外，陛下他传下谕旨，允许臣民习教，保护传教神父，允许他们建堂传播福音。法兰西上自国王下达臣民，均感受到皇帝的恩典，高如天穹，广阔如大地。法兰西国王是西方最有权势的君主，特遣我护送白晋神父回中国。中国皇帝皇恩浩荡，豁免船只税收。我等感激不尽。呈上文书。[①]

关于这个国家，我无须赘言。李明神父[②]已返回巴黎，他写过一部著作，相信阁下已阅读过。我想说的是，这是世界上最美丽的国家。广州似乎比巴黎还大。河流非常美丽。城市前面有大量的渔船，估计家庭数达到 5 000 以上。广州没有未开发之地，什么也不缺，商品很便宜。广州人很和气，但也危险，因为他们爱行骗和盗窃，不过这在中国并不算恶习。他们做买卖时，会坑蒙拐骗，一旦被发现，他们会道歉，可是不会改正，下次只会采取更加隐蔽的方式，不容易被察觉。在那里，随时随地可以学习行骗，就像学习撒谎一样。

此外，在那里设立一个代理机构，有一个好公司支持，是可以从事贸易的，获利应该丰厚。到这里做买卖须有充足资金，无须带来太多商品，少量，精挑细选即可。要想办法设立账房，无须从法国取钱。在这里用银子换金子，有 60%—70%的利润，然后带回金子。

---

① 未找到白晋等人的译本。

② 即"Louis Lecomte"(1655—1729)。

但最好还是带回生丝或编织精美的各色丝绸，还有瓷器、清漆、中国和日本的工艺品，压舱的白铜、黄铜、红铜或金铜，还有大量的药品和颜料。一般 17 个月内可以往返，装满船只，我乘坐的英国船就是这样经营的。不过不要相信公司派遣的经理。如果这些先生熟知业务的话，我们早就熟门熟路，发大财了，而不是像现在这样，长途跋涉，而盈利甚少。现在我们只能等到 11 月才能返航，回到法国大概是 1700 年 5 月或 6 月。神保佑我们早日回家。我静候季风来临。①

1699 年 2 月 23 日于中国广州。

① 在整封信件中，作者留意到贸易问题，并且批评儒尔丹公司（Compagnie de la Chine）的三位经理。因此可以推测，作者应是儒尔丹公司内部职员，可能是公司秘书拉加尔德（Lagarde），也可能是法国印度公司的顾问佩什贝蒂（Jean Pechberty）或德厄（Jean Dieu）。